누구를 위한 통일인가

Separated at Birth

고든 쿠굴루 지음
황해선 옮김

길산

누구를 위한 통일인가

초판 1쇄 인쇄 2005년 6월 1일
초판 1쇄 발행 2005년 6월 7일

지은이	고든 쿠굴루
옮긴이	황해선
발행인	이종길
펴낸곳	도서출판 길산
디자인	신성희
교열	양은미, 주영하
마케팅·관리	송유미, 이선경

ADD 경기도 고양시 덕양구 화정동 970-2
TEL 031.973.1513
FAX 031.978.3571
E-mail keelsan@keelsan.com
http://www.keelsan.com
ISBN 89-91291-02-3 03900

값 17,000원

Separated at Birth:How North Korea Became the Evil Twin
Copyright ⓒ 2004 by Gordon Cucullu
Korean Translation Copyright ⓒ 2005 by Keelsan Books

Korean edition is published by arrangement
with The Lyons Press, a division of The Globe Pequot Press
through Duran Kim Agency.

이 책의 한국어 판권은 듀란킴 에이전시를 통한
The Lyons Press사와의 독점계약으로 '도서출판 길산'이 소유합니다.
저작권법에 의하여 한국 내에서 보호를 받는 저작물이므로 무단전재와 복제를 금합니다.

Separated at Birth

*

한국에 민주주의 나무를 심기 위해
피와 땀을 흘린 모든 참전용사에게 이 책을 바친다.
그들이 얼마나 훌륭한 성과를 이룩했는지 생각해보라!
출간한 책을 봤으면 좋아하셨을
돌아가신 아버지께도 바친다.

| 목차

        책을 출간하며 · 6
        프롤로그

제 1장   고통스러운 분단 · 22
        갑작스러운 종전 / 승리, 그리고 평화 / 분단이 몰고 온 고통
        전후 계획 / 돌발상황 / 잘못 디딘 첫걸음
        분단의 고착화 / 새로운 일본이 출현하다 / 다가오는 전운

제 2장   김일성 우상화 작업 · 45
        소련식 사회주의의 시작 / 김일성, 북한을 건설하다
        소련의 대규모 북한 지원 / 전략적으로 우월한 지위 / 북한의 남침

제 3장   잊혀진 전쟁 · 64
        유엔의 참전 / 부산 방어선 / 인천의 거센 파도 / 커지는 전쟁
        중국의 기습적인 대규모 참전

제 4장   친숙해진 한국 · 95
        해변의 몬터레이 / 위안부 동원이라는 끔찍한 범죄행위
        가슴 아픈 생존자들 / 열강의 손에 맡겨진 한국의 운명
        외세의 개입 그리고 합병

제 5장   전후의 북한 · 123
        박 대통령 암살 계획 / 청와대 습격 / 국립극장에서 울린 총성
        땅굴의 명수, 북한 / 외교전쟁 / 고정간첩과 어부
        남침을 위한 부대 배치

제 6장   전후의 남한 · 141
        문 앞에 정렬! / 미군 재배치 / 은밀한 위협 / 간첩, 공작원, 그리고 반체제 인사
        고립된 지도자 / 박정희 정권에 대한 비판 / 베트남 전쟁, 그 이후

제 7장 긴장의 시기 · *167*
도끼살인사건 / 비극의 원인이 된 나무 / 다시 시작된 위험
주한미군 철수 논쟁 / 흔들리는 우방 / 인권정책이 오히려 상황을 악화시키다
국방 산업의 강화 / 자주국방에 도움을 준 미국인들

제 8장 불확실한 시대 · *202*
암살의 여파 / 암살범 체포 / 추웠던 12월 어느 겨울 밤
펜타곤에서 온 손님 / 광주항쟁 / 국방산업의 성장

제 9장 민주주의를 꽃피운 한국 · *240*
북한의 올림픽 방해 공세 / 서울 올림픽의 성공적 개최 / 비무장지대의 현재

제10장 폭정이 북한을 파괴하다 · *257*
어두운 이미지 / 김일성 일가가 독식하는 북한의 권력 승계
북한 독재자의 죽음

제11장 커지는 핵 위협 · *283*
천문학적인 통일 비용 / 대규모 간첩단 검거 / 북한의 도발적 태도
한국에서 민주주의가 다시 승리를 거두다 / 핵 위기

제12장 한국의 미래는? 관찰 결과와 다양한 의견 · *310*
중국의 주도적 역할 / 양자 협상인가, 다자 협상인가?

감사의 글 · *342*

| 책을 출간하며

　　이제껏 우리는 통일이야말로 한반도의 번영과 직결된다고 생각해왔다. 반세기 동안 지속된 분단 상황 속에서 통일을 일종의 민족적 소명으로 여겼던 셈이다. 하지만 그 이전에 우리는, 과연 우리가 그럴 만한 준비를 마쳤는지를 돌아보아야 한다. 입으로는 통일을 외치면서도 정작 그 앞을 가로막고 있는 북핵 문제의 심각성, 통일 이후 필요한 엄청난 통일 비용 등 부정적 문제들에는 한쪽 눈을 감고 있다는 느낌을 지울 수 없다.
　　이 책을 쓴 사람은 분단 이후 한국에서 근무했던 전 그린베레 장교다. 그는 한반도 분단의 폭풍 속에서 가장 일선에 서서 행동했으며, 민족적 감정이나 편견 없이 이 사건을 바라볼 수 있었다. 또 한반도 분단과 냉전시대의 냉혹한 전유물인 이데올로기의 대립, 격동의 남북관계 등 그가 20년간 한반도에서 체험한 모든 역사적 순간들은 그로 하여금 이 책을 쓰게 만든 강력한 힘이 되었다.
　　저자는 고통스러운 역사를 걸어온 한민족이 통일하기 위해서는 상당한 준비가 동반되어야 한다고 강조하는 동시에, 통일을 감정적으로 바라볼 경우 자가당착의 오류를 범할 수 있다고 경고한다. 그의 북한에 대한 시각은 다소 우경적인 측면이 없지 않으나 전 세계가 핵 문제로 들썩이고 있는 지금, 그의 주장은 적절한 동기와 근거를 가진다.

_ Separated at Birth

    1990년 서독은 통일 후 14년간 옛 동독에 1,740조 원(폰 도나니 보고서)을 쏟아 부었다. 우리나라 2004년도 국가 예산 약 117조 원이라는 점에서 볼 때 엄청난 비용이 들었음을 간과 할 수 없다. 하지만 여기서 반드시 주지해야 할 부분은, 독일 통일의 자발성이다. 동독은 서독 정권의 조장으로 '흡수' 당한 것이 아니라 자유선거와 민주적 절차로 서독으로 '편입'을 결정함으로써 인류역사상 가장 민주적이고 평화로운 통일을 이룩해냈다. 냉전의 종식과 더불어 몰락의 길을 걷게 된 공산주의의 패배를 독일 국민들뿐만 아니라 전 세계가 온몸으로 체험한 셈이다.

    하지만 우리 한반도의 현실은 다르다. 현재 북한은 핵 방망이를 휘두르며 세계의 안위를 위협하고 있을 뿐만 아니라, 계속되는 한국 정부의 협상 요구를 주도권 게임처럼 바라보는 불성실한 태도로 일관하고 있다. 뿐만 아니라 독재정권 하에 고통 받고 있는 북한 주민들은 사선을 건너는 마음으로 하루하루를 살아간다.

    그렇다면 북한의 미래는 어떠한가?

    이제 김정일 이후 북한은 남한과 통일할 수도, 또다시 평양 연고권을 주장하는 중국 동북공정의 속국으로 편입될 수도 있다. 다시 말해 김정일 정권의 붕괴에 누가 어떻게 개입하느냐에 따라 북한의 운명이 결정된다는 뜻이다.

| 책을 출간하며

과거 북한은 구소련의 철저한 지배를 받았다. 그리고 이번에는 북한이 중국의 속국이 되지 않도록 베이징 일각의 흐름에 주목해야 한다. 뿐만 아니라, 인권과 대규모 탈북사태 등 실질적인 문제에도 눈을 돌려야 한다. 이는 생각조차 하고 싶지 않은 일인 동시에, 우리가 살고 있는 이 땅에 언젠가 일어날 일이기 때문이다.

이제 더 이상 우리는 통일을 감정적으로 바라보는 오류에 빠져서는 안 된다. 정말로 완성도 높은 통일을 원한다면, 심지어 통일을 반대하는 이들의 논리 또한 받아들여 분석하는 치밀함이 있어야 한다. 고3입시 수험생이 지옥 같은 대학 입시 준비를 하듯, 다각도의 이론과 실전 연습으로 구축한 통일 시나리오만이 통일 시대의 번영을 이루는 지표가 될 수 있음을 잊지 말자.

| 프롤로그

　　그는 구두 없이 맨발로 키를 쟀을 때 158센티미터며, 땅딸막한 키를 감추려고 5센티미터나 되는 키높이 구두를 신는다. 거기에다가 기름을 발라 머리카락을 세워 키를 커보이게 하고 목동에게나 어울만한 지팡이를 짚고 다닌다. 어쨌든 그런 노력 속에서, 그는 얼핏 보기에 실제보다 훨씬 크게 느껴진다. 또 그는 마오쩌둥이나 스탈린이 보면 흡족한 미소를 지을 만한 강제수용소를 여러 개 운영하고 있다. 강제수용소에 갇힌 주민들은 열악한 환경 속에서 중노동에 시달리며, 일부는 사형집행으로 목숨을 잃는다. 또 그의 폭정으로 사람들은 공포에 질리고 배고픔에 허덕이며 살아간다. 100만 명 이상이 이미 기아로 사망했다는 보고까지 있을 정도다. 북한은 자신들이 부족함 없이 잘 살고 있다고 주장하지만, 최초로 달에 착륙한 쪽은 소련 우주인이었다고 선전하는 나라의 주장을 누가 믿을 수 있겠는가?
　　그는 금수강산이라 불릴 정도로 아름다운 국토와 저불어 잘 배우고 충성심 강한 국민들을 물려받았지만, 이제 이 나라는 전염병이 만연하는 제3세계 국가로 전락했다. 그는 외국 정치인을 암살하고, 민간 항공기를 격추시켜 무고한 시민을 희생시키는 테러에 전력을 쏟는가 하면, 세계 각처에서 암약하는 테러리스트 집단에 무기를 팔기도 한다. 또 기아에 시달리는 주민들은 아랑곳 않고 자원을 오용해 나라에 아무 도움이 되지 않는 핵무기를 개발하려 들고, 이렇게 생산한 대량살상무기를 외국 테러리스트에게 판매해 현금을 얻으려 한다. 또 그는 추종자와 아첨꾼에 둘러싸여, 현실에 걸맞지 않은 호사스런 생활을 즐기고 핵무기로 주변국가와 세계를 위협한다. '친애하는 지도자'로 불리는 이 사람은 지금 여러분의 삶을 위태롭게 하고 있다.

그렇다면 이 괴상한 자는 과연 누구일까? 바로 비상식적인 행동을 일삼고 있는 조선민주주의인민공화국, 즉 북한의 독재자, 김정일이다.

조지 부시 대통령이 2002년 상하양원 합동 연설에서 북한을 '악의 축'으로 규정한 데는 합당한 이유가 있다. 북한이 악의 축으로 낙인찍힌 중요한 계기는 스탈린식 개인 숭배를 강요한 김일성에서 시작되었다. 우리는 북한의 실상을 파헤치면 칠수록 수십 년간 은밀히 감춰져왔던 어둡고 불쾌한 비밀과 마주치게 된다.

여러분도 그 비밀과 접하게 되면, 미국과 남한 그리고 다른 자유국가들이 왜 그토록 북한을 증오하는지 어렴풋이나마 이해하게 될 것이다.

과연 북한 지도자들이 얼마나 오래 진실을 왜곡하고 권력을 유지해 북한을 수렁으로 빠뜨릴지 의문이다. 그들은 제2차 세계대

_ Separated at Birth

전 와중 나치의 탄압을 피해 숨어 지내다가 결국 체포되어 목숨을 잃은 독일계 유태인 소녀의 가슴 아픈 이야기 《안네의 일기The Diary of Anne Frank》를 제멋대로 해석할 만큼 독단에 가득 차 있다. 그들은 안네의 이야기가 '나치와 같은 전쟁광' 미국이 북한을 지배했을 때 어떤 일이 발생할지를 상세하게 보여준다고 주장한다. 떠벌리기 좋아하는 김정일은 미국과 미국 대통령을 나치가 지배한 독일, 히틀러와 다름없다고 말한다. 그런데 여기서 한 가지 의문이 생긴다. 똑같은 역사적, 지리적 기원에서 출발한 형제인데도 어째서 북한은 불과 몇 십 년 만에 남한과는 전혀 다른 끔찍한 나라로 변했을까?

이 책의 원제는 《태어나면서 헤어진separated at birth》이다. 이 제목은 아놀드 슈워제네거와 대니 드비토가 주연한 〈트윈스Twins〉같은 영화와도 친숙하고 일맥상통하는 부분이 있다. 이 영화에 등장하는 쌍둥이 형제는 태어나자마자 헤어진다. 그리고 한 사람은 건장하고 성실하게 성장한 반면, 다른 한 사람은 땅딸막하고 별 볼일 없는 사기꾼이 되었다. 태어나면서 서로 헤어져 다른 삶을 산다는 내용은 다소 진부하지만 현재 남북한에게 꼭 맞는 내용인 듯하다. 통일국가로 천년의 역사를 간직한 한반도는 일본 강점기가 끝나고 자유국가로 발돋움하던 시기, 임의적으로 분단을 맞이했다. 그리고 분단 이후 두 국가는 정반대의 길을 걸었다. 북한이 국민을 탄압하는 독재국가가 된 반면, 남한은 비록 과정은 순탄하지 못했지만 경제적 번영과 정치적 자유를 누리는 자유시장 경제 체제로 훌륭히 발전해 개발도상국가의 모범이 되고 있다.

한국전쟁 때부터 계속 그래왔지만 북한은 현재 독재자 김정일 체제 하에서 남한을 위협하고 동북아시아의 안정을 해치고 있다. 김정일 정권은 대량살상무기를 보유하고 있다고 주변국가에 과시하고 그들을 위협한다. 또 무모한 행동을 할까봐 걱정하는 주변국가로부터 더 많은 경제 원조를 받아내기 위해 계속해서 대량살상무기를 운운하고 있다. 부시 대통령이 이라크, 이란과 더불어 북한을 악의 축으로 규정했을 때, 이 발표를 들은 미국 사람들은 한 번쯤 '북한이 이 발언을 자국에 대한 위협이라고 생각한다면 어떤 일이 발생할까?' 하는 생각을 해봤을 것이다. 그리고 내가 이 책을 쓴 목적 중 하나도 바로 여러분이 이런 궁금증을 해소하고 부족한 지식을 보충해 수수께끼 같은 북한을 잘 이해할 수 있도록 도움을 주는 것이다.

사실 미국인들에게 한국은 지역적으로 먼 별 상관없는 나라일 수 있지만, 내게 있어 한국은 매우 특별한 나라이다. 일단 나는 제2차 세계대전 종전 이후 한국을 오가며 미 공군에서 근무하던 아버지 덕에 한국에 대해 일찍 눈을 떴다. 내 어린 시절, 아버지와 동

Separated at Birth

료들은 도쿄에 있는 우리 집에 모여 탁자 위에 담배꽁초로 가득한 재떨이와 고급 스카치위스키(주로 헤이그앤헤이그 핀치Haig & Haig Pinch)가 담긴 술잔을 놓고, 현재 진행되고 있는 전투상황에서 시도해볼 수 있는 공격과 방어, 그리고 승리할 방법 등을 토론하곤 했다. 탁자 위의 전략 지도는 물론 자욱한 담배연기가 전장의 포연을 연상시켜 전쟁 상황을 더욱 그럴듯하게 재현하고 있었다. 또 그들은 전술과 전략, 공략목적, 네이팜 탄의 공격력, 중국의 인해전술과 트루먼 대통령이 맥아더 장군을 해임한 사건 등을 토론했다.

그러던 어느 날이었다. 아버지가 다소 격앙된 목소리로 한국 전쟁 때, 오산 근처 공군기지에 설치된 막사에서 자다가 이른 새벽 멀리서 들려오는 포격소리에 잠을 깼다는 이야기를 시작했다.

"나는 밖으로 나갔단다. 차가운 새벽 공기에 정신이 번쩍 들어서 북쪽 하늘을 보니 멀리서 불타고 있는 서울이 어렴풋이 보이더구나. 낮게 깔린 구름에 포화가 반사되어 북쪽 하늘은 벌겋게 물들었고 말이지. 나는 멍하니 하늘을 바라보다가 다시 자러 막사로 돌아왔지. 몇 시간 뒤에 다시 일어나 밖으로 나갔지만 여전히 서울 하늘은 붉게 불타고 있었단다."

아버지는 한국을 북한의 야만적인 침략과 전쟁으로 인해 극도로 피폐해지고 파괴된 나라라고 설명했다. 아버지는 "전쟁이 남긴 폐허를 다시 회복하기는 힘들 거야. 아무 희망도 없어"라고 침울한 어조로 이야기를 끝맺었다.

이후 아버지는, 내가 베트남에서 돌아온 지 한 달 만에 암으로 돌아가셨다. 당시 아버지는 52세, 나는 22세였다. 지금 보면 둘 다 한없이 창창한 나이였다. 이후 나는 한국으로 파견되어 처음에는 육군 장교로, 나중에는 GE항공GE Aerospace 직원으로 일하게 되었고, 아버지가 들려준 이야기를 생각하며 한국 곳곳을 여행했다. 그리고 그때마다 놀랍게 발전한 이 모습을 아버지께 보여드릴 수 있으면 얼마나 좋을까 아쉬워했다.

지금까지 몇 번인가 퇴역 장병이나 민간단체 사람들에게 한국을 안내할 기회가 있었다. 특히 퇴역 군인들에게, 그들의 희생으로 많은 사람이 행복한 삶을 살게 되었는지를 설명하는 것은 매우 보람찬 일이었다.

사람은 대부분 자신이 경험한 모습만을 간직한 채, 그 장소를 떠나게 마련이다. 한국전 참전용사들도 마찬가지다. 그들은 한국을 떠올리면, 오래된 흑백뉴스나 영화 〈매쉬MASH[1]〉에 담긴 전쟁의 폐허만을 기억한다. 하지만 나는 그들에게 바로 당신들의 희생으로 5천만 명이나 되는 사람들이 자유와 경제적 번영을 누리며 살고 있다고 말해주고 싶다. 남한이 완전한 폐허에서 일어나 눈부시게

---

1. 한국전쟁 당시 야전병원을 소재로 한 1970년 영화로 한국을 부정적으로 묘사하고 있다.

Separated at Birth

발전했고 활기찬 민주적인 국가로 성장했다는 사실은 놀랍기 그지없다. 한국전쟁에 참전한 병사들은 자신들의 희생이 한국의 놀라운 발전에 큰 기여를 했다는 점에서 자긍심을 가질 만하다. 하지만 아쉽게도 한국전 참전용사 대부분은 스스로가 얼마나 위대한 일을 했는지 잘 알지 못하기 때문에 자신들이 참전했던 전쟁을 '잊혀진 전쟁'이라고 부른다.

전역을 앞두고 국무부에서 근무하던 무렵, 나는 일리노이 주의 작은 농촌마을인 메이튼에서 열리게 될 한국전쟁 참전용사를 위한 헌정식에 다녀오라는 지시를 받았다. 국무부 사람들은 세련되고 그럴싸해 보이는 업무를 좋아해 시골 마을에서 열리는 행사는 꺼려했으므로 결국 그 일이 내게 넘어온 것이다. 하지만 번드르르하고 편한 일만 찾으려는 그들 덕에, 나는 오히려 내 인생에서 중요한 부분을 차지하게 될 좋은 경험을 했다.

그곳에 도착하자 내 아버지 뻘 사람들이 마중을 나와 나를 참전용사 클럽에 초대하더니 참치 샐러드를 넣은 맛좋은 샌드위치를 대접했다. 나는 일리노이 주 정부를 대표해, 제2차 세계대전과 한국전쟁에 참전했고 독일에서 포로생활을 했던 퇴역군인 등 다른 두 명의 내빈과 함께 축사를 할 예정이었다.

행사 계획에 따라 우리는 마을 광장 떡갈나무 그늘 아래로 향했다. 그곳에는 기념비가 있었고 그 기념비 옆에는 단상이 마련된 트럭이 주차해 있었다. 트럭 위 단상에 선 나는 기념비를 보자마자 그 크기와 모양에 놀라지 않을 수 없었다. 기념비는 인근에서 채굴한 화강암으로 만들었고 한반도 모양이 조각되어 있었는데, 가만히 들여다보면 한국의 주요 도시가 섬세하게 새겨진 멋진 작품이었다. 더 놀라운 것은, 인구 5천 남짓인 메이툰과 이 지역 출신 미군들 중 한국전쟁에서 목숨을 잃은 모든 이들의 이름이 새겨져 있다는 점이었다. 놀랍게도 전사자는 모두 14명이나 되었다. 미국 중부지방의 이 작은 마을에서도 14명이나 한국전쟁에서 목숨을 잃었던 것이다.

기념비 헌정 위원회는 가능한 한 많은 전사자 가족들과 친지들을 참석시키기 위해 많은 노력을 기울인 듯했다. 행사 계획에 따라 가족과 친지들은 모두들 붉은 장미를 손에 든 채 기념비 앞에 앉았다. 그리고 나를 포함한 내빈 세 명은 각자 연설을 했는데, 연설이 끝나고 전사 장병 이름이 하나하나 호칭될 때마다 가족들이 그 기념비에 붉은 장미를 바쳤으며, 자원봉사자들은 전사자 가족들에게 기념으로 흰 장미를 선사했다.

헌정식이 열린 토요일은 8월의 사막 한가운데처럼 더운 날이었다. 길거리에 서있는 풍성한 떡갈나무가 그나마 그늘을 드리웠지만, 넥타이와 정장까지 갖춘 내 복장은 냉방 잘 되는 사무실에나 어울릴 법했고, 나는 더위에 허덕이며 비 오듯 땀을 흘렸다.

Separated at Birth

    나는 준비된 원고를 들고 연설을 하면서, 그 연설이 청중들 가슴 깊이 다가가기를 바랐다. 그날 나는, 이 모든 전사자들이 머나먼 나라에서 목숨을 걸고 전투를 벌였으며, 야만적인 침략으로부터 그 나라 사람들을 해방시키려 했다고 강조했다. 이후에도 나는, 한국전쟁에서 귀환한 병사들이 혼란과 좌절 속에서 살고 있다든지, 내 아버지처럼 대다수가 한국을 전쟁의 공포로 가득 찬 황폐한 국가로 기억한다든지 하는 이 연설 내용을 자주 인용했는데, 사실 메이툰에 갔던 그때, 무엇보다도 한국이 과거와는 사뭇 달라졌다는 것을 알려주고 싶었다. 참전용사들은 비판적이고 냉소적으로 이 '잊혀진 전쟁'을 바라봤고 지금도 그런 이들은 자신들이 무엇 때문에 목숨과 젊음을 희생해야 했는지를 잘 모르고 있다. 또 누구도 기념비에 새겨진 이들을 포함해 3만 6천 명이나 되는 미군들이 한국전쟁에서 목숨을 바쳐야 했던 이유를 설명하지 못했다. 사실 이 전사자들은 불평만 일삼는 우리 세대들과는 다르다. 그들은 조국을 위해 자원입대했고 부상과 고엽제 후유증 등 전쟁 때문에 인생을 망쳤다고 불평하는 수많은 베트남 참전용사들과는 달리 아무 불평 없이 일상생활에 복귀했다. 그들은 국기를 불태우지도 않았고, 징집을 피해 대학에 오랫동안 숨어들거나 캐나다로 도망치지도 않았다. 그리고 바로 그랬던 그들이 이 전사자 기념비 주변에 서 있었다.

그들은 진심에서 우러나오는 존경과 애정을 담아 경례를 했다. 강인함, 용기와 인내를 상징하는 키 큰 떡갈나무 아래서, 참전용사들은 아침에 교회 예배에서 입었던 제복을 차려입고 행사에 참여했다(다행히도 이날 행사에서는 베트남 참전용사 집회에서 흔히 보이는 괴상한 위장복과 얼굴 변장이 보이지 않았다. 사실 이런 복장은 실제로 참전한 병사보다는 일반 군중들이 행렬에 참가하기 위해 하는 경우가 많다).

나는 참석자들에게 전쟁이 끝난 1953년의 한국은 아무 희망 없어 보였지만 지금은 수천만 명의 사람들이 북한에 비해 얼마나 큰 자유와 경제 혜택을 누리며 살고 있는지를 말했다. 또 위협과 비방을 서슴지 않고, 끊임없이 공격 야욕을 보이는 북한이라는 위험한 존재에도 불구하고 놀라운 성공을 거두었음을 이야기했다.

내가 메이툰에서 연설을 한 1984년은, 한국에서 근무를 마치고 되돌아 온 지 3년 정도 흐른 뒤였다. 그 무렵 나는 미국에 견주면 웨스트포인트West Point라고 할 수 있는 대한민국 육군사관학교에서 가르쳤던 생도 중 10명이 소위로 임관한 지 얼마 안 돼 비무장지대DMZ의 지뢰와 전투로 목숨을 잃었다는 안타까운 소식을 접했다.

나는 찌는 듯 무더웠던 일리노이 주 메이툰에서 전쟁의 폐허 속에서도 불사조처럼 일어나 현대식 고층 빌딩과 아파트 숲을 만들어낸 서울의 모습을 제대로 설명하려고 노력했다. 앞서 말했듯,

Separated at Birth

한국 경제는 빠른 성장에 힘입어 선진국 대열에 들어서고 있으며 1인당 국민소득도 크게 증가했다. 이제 한국 가정들은 큰 어려움 없이 원하는 것들을 구입할 수 있으며 높은 교육 수준을 유지하고 있고, 목표를 달성하겠다는 굳은 의지 속에서 어려움을 극복하고 세계를 이끌어가는 국가로 빠르게 변모하고 있다. 그러나 메이튠 기념비에 깊이 새겨진 전사자 14명의 이름과 그 이름이 상징하는 희생정신과 비교할 때, 내 연설은 그저 공허할 뿐, 스스로 생각해도 청중에게 감명을 주기에는 턱없이 부족하게만 느껴졌다.

연설이 끝나자 저만치 전사자의 친척들이 비석 앞에 빨간 장미를 내려놓고 서로 인사를 건네며 삼삼오오 모여 있는 것이 보였다. 그들 중 연한 꽃무늬 드레스를 입은 우아하고 키가 큰 70대 후반 여성이 내게 다가왔다. 그녀가 손에 든 하얀 장미가 곧바로 내 시선을 사로잡았다. 우리는 서로 악수를 나누며 인사했다.

"그동안 나는 내 아들이 왜 목숨을 잃어야 했는지 그 이유를 말해줄 사람을 기다려 왔습니다."

그녀는 부드럽지만 단호한 어조로 조용히 말했다.

"내 아들이 무얼 위해 죽었고 그 죽음으로 무엇을 이뤘는지 설명해 줄 사람을 기다린 겁니다. 그런데 오늘 당신이 내게 그 이유를 설명해 주었습니다. 얼마나 고마운지 모르겠군요. 당신의 연설은 정말 감동적이었고, 이제 나는 아들을 잃은 이유를 알게 돼 마음이 훨씬 가볍습니다. 그 아이는 가치 있는 일에 목숨을 바친 겁니다."

그날도 그랬지만, 지금도 그때를 생각하면 나도 모르게 눈시울이 젖어든다. 이후로 나는 내가 군대 생활에서 가장 중요한 경력은, 바로 그 뜨거운 여름날 일리노이 주 메이툰에서 한 연설이라고 이야기하곤 했다. 또 그 상냥한 노부인이 내게 그 사실을 이야기해 주지 않았더라면, 아마 나는 그것을 미처 깨닫지 못했을 것이다. 나는 그 노부인에게 감사하며, 또 그녀와 전쟁에서 목숨을 잃은 그녀의 아들을 위해 기도한다. 아울러 그들은 신의 축복을 받을 만한 자격이 있다고 생각한다.

그리고 이번 경험 속에서 나는 한국에 대해 이야기할 때 정말 위험한 것이 무엇이고 달성해야 할 임무가 무엇인지 확실하게 깨달았다. 영토 방어 자체도 물론 중요하며, 지금 미국과 한국은 이를 위해 긴밀히 협력하고 있다. 하지만 우리에게 주어진 임무는 단지 한국의 영토를 방어하는 이상의 것이다. 아직 나도 모든 걸 이해하지는 못했지만 여러 면에서 이질적임에도 미국과 한국 사이에서 문화적, 지리적, 차이처럼 사소한 차이를 초월한 공통 목표를 발견했다. 즉 적의 공격에서 영토를 수호하는 기본적인 임무 외에, 한국을 비롯한 어떤 분쟁 지역에 있는 어느 누구도, 비인간적인 조건에서 살지 않도록 인도주의적 노력을 해야 한다는 사실이다. 그리고

Separated at Birth

우리는 이 같은 임무를 한국에서 달성했다.

북녘 사람들은 여전히 잔인한 압제 하에 살고 있다. 그들은 우리가 자신들을, 끝없이 이어질 것 같은 억압에서 해방시켜 주기를 간절히 바란다. 죽음의 수용소, 비밀경찰, 터무니없는 선전과 선동, 기아, 까닭 없는 증오, 독재 아래에서 1분 1초라도 더 살아야 한다는 좌절과 비극에서 벗어나기 위해 우리의 도움을 필요로 하고 있다.

나는 이 책을 특별히, '인간의 자유'라는 궁극적 목적을 위해 썼다. 동시에 이 안에, 모든 인간들이 그렇듯이 언젠가 북한 주민들도 자유롭게 살 수 있는 날이 오기를 바라는 확고한 바람과 기대를 담고자 했다.

| 제1장 |

고통스러운 분단

내가 태어나기 전인 제2차 세계대전 당시, 아버지는 육군항공대 장교로 활동하고 있었다. 그 무렵 아버지는 버마[2]-인도 작전 지역에서 중국으로 병력을 수송하는 임무를 맡고 있었지만, 곧 다른 부대원들과 함께 일본 군국주의를 소탕하기 위해 중국이나 필리핀으로 투입될 예정이었다.

1945년 여름, 전세는 연합국에 유리하게 흘러가고 있었으나 아직도 갈 길은 멀어 보였다. 유럽에서 이탈리아가 먼저, 그 뒤로 히틀러가 자살하면서 독일까지 무조건 항복을 선언했다. 그렇게 독일 제3제국은 막을 내렸고 세계를 정복하겠다는 나치의 꿈도 수포로 돌아갔다. 이어서 미국과 동맹국들은 태평양에서 일본을 굴복시키기 위해 총력을 기울였고, 전쟁을 완전히 끝내기 위해서

---

2. 현재 미얀마Myanmar

는 가장 먼저 오키나와를 공격해야 한다는 주장이 터져나오자 결국 오키나와 공습을 감행했다. 하지만 오키나와는 방어에 유리한 섬이었기 때문에 몇 배의 사력으로 맞서면서 미군 희생도 점차 커지기 시작했다. 태평양 전쟁 지역 중에 가장 치열하고 규모가 큰 전투가 벌어졌던 오키나와의 참혹한 풍경은 일본 침략전쟁의 종말을 상징하는 것만 같았다.

일본군은 처음에는 별다른 저항을 보이지 않았다. 그러나 미군이 섬에 상륙하자마자 죽음을 무릅쓰고 섬 전체가 피로 물들 정도로 미 육군과 해병대에 치열한 공격을 퍼부었다. 실제로 오키나와 전투는 주민 20만 명 중 10만 명이 죽거나 다쳤을 정도로 참담했다. 함락이 임박하자 가족과 함께 오키나와에 거주했던 일본군들은 심지어 아내와 자녀에게도 할복을 강요하거나 섬 남단의 가파른 산호 절벽에서 사나운 파도 속으로 뛰어들라고 등을 떠밀었다. 오늘날까지도 이 절벽은 일본의 유명한 관광지 중 하나로 긴지노토 또는 자살절벽이라 불린다. 이처럼 오키나와 전투는 모든 육상 해상 전투를 통틀어 많은 희생자를 낸 전투였으며, 비행기를 몰아 군함에 자폭하는 소위 '가미카제'라 불리는 자살 전투기 조종사가 처음으로 등장한 것도 이때였다.

신풍이라 불렸던 '가미카제'의 기원을 알려면 일단 역사적으로 거슬러 올라갈 필요가 있다. 오래 전 일본은 한반도를 교두보로 일본을 침략하려는 몽골군 때문에 두 차례나 심각한 위험에 처했다. 13세기 방대한 제국을 건설하면서 국력이 절정에 달한 몽골이 일본으로 눈을 돌리면서 대규모 선단을 조직해 일본 침략을 시도한 것이다. 사무라이 전사들은 죽을 각오로 남부 혼슈와 규슈에 배수진을 쳤지만, 몽골군에 비해 수적으로 지나치게 열세했다. 하지만 이 두 번의 침략 동안 기적이 일어났다. 몽골 선단이 위용을 자랑하며 대마도 해협에 나타나는 순간, 중국해에서 불어온 강력한 태풍이 몽골 선단을 전복시켜 수천 명의 몽골군이 바다에 빠져 죽은 것이다. 이 태풍에서 간신히 살아남아 육지로 기어오른 몽골군들도 기다리고 있던 일본 병사의 손에 잔혹하게 목숨을 잃었다. 일본 병사들은 자신들의 땅은 결코 외적이 침입할 수 없으며, 그 침입을 허락하지도 않겠다는 국민적 단결과 의지를 천명하기 위해 살해한 몽골군의 머리를 꼬챙이에 꽂아 일본 본토로 보냈다. 이때부터 사람들은 그 돌연한 태풍, 바람의 전설을 신이 보내주신 '성스러운 바람'으로 여겨, '가미카제'라 부르기 시작했다. 다시 말해 일본인들에게 가미카제란 침략자를 물리치고 일본을 지킨 상징적인 사건인 셈이다.

    제2차 세계대전에서도 자살 공격은 계속됐다. 일본은 전쟁 막바지에 몰리자 대부분 10대 소년들로 구성된 자살 전투기 조종사들을 이용해 위험에 빠진 조국을 구하려 했다. 가미카제라는 명칭을 서슴없이 10대 조종사에게 부여하고, 전투기를 미 군함에 자폭하도록 훈련시킨 것이다.

    엄청난 화력을 자랑하는 미국도 예외 없이 국가적 위기상황 속에서 나타난 일본의 자살공격을 피해갈 수 없었다. 곳곳에서 일본이 미국을 공격하기 위해 모종의 준비와 함께 전 국민을 동원하고 있다는 첩보가 들어왔다. 일본 정부는 심지어 전투에서 벗어난 지역의 아이들에게까지 죽창이나 젓가락, 칼이나 유리조각, 연필 같은 날카로운 도구로 미군 병사의 배나 등, 허벅지를 찌르라고 부추겼다. 아이들의 목숨이 위태로울 수 있었지만 일본 군국주의 정부는 모든 게 '천황폐하의 영광을 위한' 일이니 자랑스럽게 공격하라고 선전했다. 심지어 스티븐 앰브로즈Stephen Ambrose는 이에 대해, "일본인들은 최후의 한명까지 싸울 준비가 되어 있다"고 언급하기도 했다.[3]

결국 미국은 여러 가지 첩보를 수집한 뒤, 자살 공격을 수차례 감행해온 일본의 과거로 볼 때, 이 전쟁에서 승리하기 위해서는 최소한 2년이 걸릴 것이며, 일본 본토 공격만이 일본을 종전 협상 테이블로 끌어낼 수 있는 유일한 방법이라고 판단했다. 하지만 한 치 양보도 없이 계속해서 시체의 산을 쌓고 있는 오키나와 전투만 봐도, 본토 공격이 얼마나 큰 대가를 불러올지는 불 보듯 뻔했다. 앰브로즈는 일본 본토를 공격할 경우 사상자가 80만명이 넘을 것이며 민간인 숫자까지 고려하면 수백만 명에 육박할 것이라 추정했다. 다시 말해 본토 공격을 위해서는 상상을 초월하는 희생이 필요하다는 결론이었다.

하지만 일본 본토 공격은 시시각각 다가오고 있었다. 일본에게 항복을 받아내기가 쉽지 않을 것이라는 전망이 도출되자 유럽에 주둔하고 있던 전투부대들까지 수송선을 타고 태평양 작전지역으로 이동했으며, 미국 본토의 군수공장에서는 비행기와 탱크 생산에 박차를 가하는 등 미국은 힘겨운 상황 속에서도 일본을 굴복시키기 위해 필사의 노력을 기울였다. 한편 군 수뇌부가 극비리에 진행하고 있었던 원자폭탄 개발 계획 '맨해튼 프로젝트

---

3. 앰브로즈 관련 내용은 돈 오버더퍼의 책, 《두 개의 한국(The Two Koreas)》에서 인용

Manhattan Project'가 한때 희망으로 떠오르기도 했지만, 성공 여부가 불투명해 재래식 전투방식도 배제하지 않았다.

그러던 1945년 봄, 미국 정계에 커다란 변화가 일어났다. 그간 여러 번 대통령직을 연임했던 프랭클린 루스벨트가 갑작스럽게 세상을 떠나면서 부통령이었던 해리 트루먼이 대통령직을 승계해 총사령관이 된 것이다. 문제는 트루먼이 국내외적으로 잘 알려지지 않은 인물이라는 점이었다. 국제사회에서는 신임 대통령이 이번 전쟁에서 어떤 정책을 펼칠지 정확히 파악하지 못해 전전긍긍하고 있었다.

트루먼에 대해 간략히 설명하자면, 미주리 주 출신으로 정치적 성향도 불투명하고 세간의 주목도 끌지 못하다가 1944년 선거에서 루스벨트 대통령에게 러닝메이트로 지명되어 부통령이 된 인물이었다. 하지만 트루먼은 그간 정책이나 정치적 견해에서 루스벨트 대통령과 큰 공통점이 없어 정책 결정과 정치적 자문에서 배제되어 있었고, 특히 전쟁과 전후문제와 관련해서는 눈에 띄는 활동을 펼치지 못한 상태였다. 스스로도 앞에 나서는 대신 그림자처럼 지내는 편이 자신에게 어울린다고 고백했듯이, 트루먼은 백악관에서 시간을 보내는 것보다 의회 친구들과 함께 오후에 상원회의실에 모여 큰 컵에 버번을 따라 마시며 포커게임을 할 때가 훨씬 즐거웠다고 회상하곤 했다. 그러나 사실 루스벨트 대통령이 집권하면서 권력집단으로 성장한 북동부 출신 엘리트들이 암암리에 중서부 출신 촌뜨기로 취급하는 상황에서, 그가 루스벨트 측근들과 친해지려 한들 냉대를 받지 않으면 심부름꾼 노릇이나 했을 가능성이 컸다.

이처럼 여러 가지 상황을 종합해 볼 때, 이제 막 취임한 트루먼의 눈앞에는 독일과의 전후문제를 논의하기 위한 포츠담의 세계 지도자 회의에서 자신의 기량을 증명해야 한다는 중요한 과제가 놓여 있었다. 포츠담 회의에서 트루먼을 처음 만난 윈스턴 처칠과 조제프 스탈린은 이 새로운 미국 대통령을 신뢰하지 못한 채 신중하고 다소 딱딱하게 행동했다. 그러나 소련 지도자 스탈린과 협조 체제를 구상하고 있던 트루먼은 이미 마음속으로 핵폭탄 개발 계획이 거의 완성 단계에 접어들었다는 점을 언급하기로 결심한 터였다. 그리고 트루먼은 스탈린과 단둘이 만난 자리에서 '새로운 강력한 무기'에 관해 언급했지만, 이미 첩자를 통해 미국의 중대한 프로젝트를 훤히 꿰뚫고 있던 스탈린은 그저 "알고 있습니다"라며 담담하게 대답했을 뿐이다.

이제 워싱턴으로 돌아온 트루먼은 일생일대의 결정을 내려야 했다. 일단 트루먼은 원자폭탄 개발 프로젝트가 완성 단계에 이르자 뉴멕시코 주 외진 사막인 화이트샌즈에서 원자폭탄 시제품을 실험하라고 지시했고, 실험은 성공적으로 끝났다. 하지만 로스 알라모스Los Alamos 연구소에서 개발에 참여한 많은 과학자와 기술자들은 이 무기를 실전에 사용해도 좋을지 확신하지 못했다. 일부는 원자폭탄을 공중에서 투하했을 때 불발할 가능성을 염려했으며, 또 일부는 이 폭탄이 가진 무시무시한 파괴성에 강력한 우려를 표했다. 또 보유한 두 개의 원자폭탄 중 하나를 공개적으로 폭발시켜 일본에 경고를 보내자는 의견이 있었던 반면, 원자폭탄이 두 개밖에 없다는 점을 걱정하는 이들도 있었다. 하나를 폭발시켰는데 기능적인 결함으로 불발할 경우 일본이 원자폭탄을 우습게 여겨 항복을 하지 않을 수 있으며, 설사 하나가 성공한다 해도 일본이 아랑곳 않으면 남은 폭탄이 하나밖에 없으니 효율성이 떨어지지 않겠냐는 의견이었다. 이외에도 원자폭탄을 도시에 투하하자는 쪽과 그래서는 안 된다는 쪽 등, 상충되는 의견과 주장이 끊임없이 쏟아져 나왔다.

트루먼은 스스로 집무실에 걸어놓은 '모든 책임은 내가 진다The Buck Stops Here'는 표어처럼 보좌관의 의견을 일부 수렴한 후 스스로 결정을 내려야 했다. 결국 그는 스스로 가장 설득력 있다고 생각하는 의견을 결정 기준으로 삼았다. 바로 '전쟁을 일찍 끝낼 수 있는 무기를 사용하지 않음으로써 앞으로 더 많이 생기게 될 전사자들의 부모를 무슨 낯으로 만나겠는가?'라는 의견이었다. 사실 원자폭탄을 사용하지 않을 경우 수십만 명의 젊은이들이 목숨을 잃게 된다는 사실은 트루먼에게 커다란 정치적 부담이 아닐 수 없었다. 결국 트루먼은 과감한 결단으로 일본 본토 원자탄 투하 작전을 승인했다.

투하가 임박하자 미국은, 일본 도시에 신무기 공격 예정을 담은 전단을 살포했다. 이때 무기의 위력은 자세히 설명하지 않았는데, 사실 당시로서는 원자폭탄의 정확한 살상력과 잇따르게 될 후유증을 자세히 아는 사람이 아무도 없었다. 그리고 1945년 8월 6일, 폴 티베츠Paul Tibbets 대령의 전폭기 에놀라 게이Enola Gay가 첫째 원자폭탄 리틀보이Little Boy를 히로시마에 투하했다. 사흘 뒤, 팻맨Fat Man이라는 이름을 가진 둘째 원자폭탄이 나가사키에 떨어졌다. 당시 기록을 보면, 일본 각료들은 원자폭탄 공격을 받은 상황에서도 천황에게 끝까지 항전하자고 건의했다. 또 온 나라가 화염에 휩싸인 가운데 항복 대신에 세푸쿠Seppuku, 즉 일본 전통 할복자살을 하자는 각료도 많았다. 하지만 현명한 견해가 힘을 얻어 천황은 결국 항복을 선택했다.

| 갑작스러운 종전

거대한 B-29 폭격기는 도쿄와 다른 도시들, 그리고 공업 지역을 돌며 몇 주간 무차별 폭격을 감행했다. 공격 목표로 지정된 곳은 맹폭격으로 거의 형체조차 남지 않을 정도였다. 또 불꽃을 일으키며 떨어지는 마그네슘 소이탄이 투하되면서, 일본 국민들은 유해한 가스에 고스란히 노출되었다.

1952년, 우리 가족은 도쿄에 살고 있었다. 당시 부모님은 바쁜 일이 있을 때마다 나를 며칠씩 일본인 가정에 임금을 지불하고 맡기곤 했다. 그 집 큰 딸은 가끔씩 나를 데리고 도쿄 중심부에 있는 깊고 넓은 연못으로 둘러싸인 에도 성으로 놀러가곤 했는데, 한번은 그 연못을 가리키며 한때 이곳에 폭격을 피해 도망치다가 떨어져 익사한 시체들이 가득 찼다는 이야기를 들려주었다.

원자 폭탄 투하와 잔인한 본토 공격이 시작된 1945년 전까지만 해도 전혀 수그러들 기세를 보이지 않았던, 히로히토Hirohito 천황은 돌이킬 수 없는 사태가 벌어지자 항복을 선택했다. 도쿄 만에 정박한 미 구축함 미주리 호 갑판에서 정식 항복을 받아낸 미 수뇌부와 관계자들이 점령지 치안을 확립하기 위해 곧이어 본토로 향했다. 하지만 얼마 후 예상치 못한 일이 벌어졌다. 생각보다 종전이 빨랐던 탓에 미처 일본 국내 상황을 파악하지 못한 것이다. 하지만 그중 유능한 점령군 장교들이 신속히 계획을 수정해 재건 계획에 박차를 가하기 시작했다. 그 와중 일부 참모들은 한국 문제를 제기했는데, 그중 몇몇은 처리 방법을 고민하는 동안에 소련군이 한국에 진주할지 모른다는 불길한 예감을 토로했다. 아니나 다를까, 소련은 일본에 원자폭탄이 떨어지자 곧바로 태평양 전쟁에 참전해 자신들의 권리를 주장하고 나섰고, 예상대로 곧 한국에 군대를 보냈다. 남진을 거듭해 만주를 건너 한국으로 오면서 닥치는 대로 일본군 포로를 잡아들이고 공업 지역을 확보해 전리품을 챙긴 것이다. 하지만 강력한 저항을 할 것이라는 예상과 달리 미국과의 전쟁에서 상당한 손실을 입은 일본군 주력부대는 무기력하게 만주를 소련군에게 내주었고, 소련은 신속하게 잔여 세력을 제거한 뒤 수만 명에 달하는 일본군 포로를 동원해 공장을 해체하고 그곳에서 얻은 전리품을 기차에 잔뜩 실어 소련 본토로 보냈다.

포로들은 약탈한 물자와 함께 맨 마지막 기차에 태워졌는데 이렇게 끌려간 일본군 포로들은 아무 기약도 없이 시베리아에 있는 수용소로 보내져 강제노동에 시달렸다. 그 중 살아 돌아온 사람은 극히 일부였다.

| 승리, 그리고 평화

여러모로 볼 때, 미국은 평화 정착에는 고민의 끈을 놓은 채 몇 년간 승리에만 집착했다. 잘 알려진 이야기지만 당시 루스벨트 대통령은 전쟁이라면 무조건 승리해야 한다는 정책을 펼쳤고,

그 때문에 미국인들도 전쟁을 오직 승리에만 치우친 미국식 스포츠처럼 여겼다. 미군은 전쟁이 끝나자 곧바로 만족스러운 승전고를 울리며 고향으로 돌아왔다. 당시 미국은 미군들이 해외 주둔지에서 말썽을 일으킬까 불안감을 느꼈고, 실제로 많은 부대에서 고향으로 돌려보내 달라는 폭동이 일어나기도 했다.

사실 당시로서는 별로 중요하지 않다고 생각해 내린 결정도 시간이 지나면 예상치 못한 결과를 초래하는 경우가 있다. 하지만 안타깝게도 미국 정책 입안자는 자국 문제 처리에 바빠, 전후 약소국과 소수 민족들의 독립에 대한 열망을 배려할 만한 여유가 없었다. 또 이 시기는 식민 지배를 받던 여러 민족들이 독립에 대한 의지와 열망을 강하게 내비치던 때라 강대국 정치가들은 분쟁 지역을 분할해 국제문제를 가장 신속하게 처리하는 편리한 방법을 선호했다.

실제로 이러한 분할 정책은 유럽에서도 적용되었고, 중동지역의 경우에는 이 정책이 이스라엘을 팔레스타인에서 분리 독립시키는 결정적인 역할을 했다. 국경 분할 정책으로 많은 국가들이 새로이 등장하게 된 것이다. 하지만 분할 정책은 미봉책에 불과하니 어디까지나 근본적인 해결책을 찾을 때까지 임시방편으로 사용해야 한다는 비판을 제기하는 사람들도 있었다.

그러나 소련이 다른 분쟁 지역에서처럼 아시아 전역에 걸쳐 세력 확장을 시도하자, 미국은 이에 대응하기 위한 방편으로 분할 정책을 선택할 수밖에 없었다. 다시 말해 미국은 타이완이나 그리스, 또는 동유럽 국가들의 전례를 깨고 한국 전후 문제만 특별한 방식으로 처리할 수 없다고 판단한 것이다. 하지만 미국에 우호적인 태도를 보였던 한국인들조차 38도선을 따라 임의적으로 한반도를 나눈 처사는 잘못되었다고 반발했고, 수정주의 역사가들이나 한국적 관점을 지닌 논객들도 한반도 분할 통치 합의는 지나치게 급급한 처사였다고 비판한다. 물론 그럴지도 모른다. 하지만 당시 누구도 미래를 정확히 내다보기 힘들었듯이 분할 정책을 입안한 사람에게 무작정 비난할 수만은 없다.

워싱턴의 정책 입안자들은 소련군이 세력을 확보하기 위해 부산까지 거침없이 내려오는 상황에서 시급하게 대책을 마련할 수밖에 없었다. 나중에 국무장관까지 지낸 딘 러스크Dean Rusk 중령은 38도선 이남에 주둔한 일본군에게서 항복을 받아내도록 미군을 한반도 이남에 배치하는 계획을 수립했다. 이 계획은 남한에 주둔한 일본군을 무장해제시키고 일본이나 독일에서처럼 민간 통치기구를 설립한 후, 자유선거를 통해 남북을 통일시키자는 방안이었다.

| 분단이 몰고 온 고통

소련이 미국 정책에 순순히 협조하리라는 예상은 애초부터 헛된 바람이었지만, 당시 상황에서 미국의 계획은 나름대로 최선책이었다. 하지만 일본의 40년에 가까운 잔인한 식민 통치를 겪으며 완전한 독립을 열망한 한국인들은 미국의 분할 통치 정책에 실망감을 감추지 못했다. 그러나 미국이 취할 수 있었던 다른 대안은 거의 없었다. 과연 이 방법 외에 소련군을 압록강 북쪽에 묶어 둘 만한 또 다른 방도가 있었을까? 사실 힘들지 않았을까 생각

한다. 당시 소련군은 한반도 가까이 근접해 있었고 남진 속도도 빨라 완전한 저지가 힘들었다. 그렇다면 미국은 한국을 놓고 소련군과 싸울 의사가 있었을까? 정확히 말하면 전혀 그렇지 않았다. 미국은 소련이 동유럽 국가를 점령했을 때도 별다른 개입을 하지 않았다. 오히려 한국보다 동유럽을 우선순위에 두었는데도 말이다(하지만 1939년 9월, 독일이 폴란드를 침공하면서 제2차 세계대전이 시작되었다는 사실을 상기해 볼 때 미국이 소련에게 동유럽을 순순히 내준 것은 역사의 아이러니라 할 만하다. 전쟁이 끝난 1945년, 미국은 폴란드를 비롯해 헝가리, 체코슬로바키아, 발틱 해 연안국가들, 발칸반도 국가들이 소련의 위성국으로 전락하는 모습을 애써 못 본 척 넘어갔다).

1945년, 사실상 미국은 한국을 식민 지배하에 있던 그저 그런 약소국으로 간주해, 한반도 문제도 처리가 불가피한 전후 국경 분쟁의 하나라고 가볍게 생각했다. 물론 이것은 철저한 오판이었다. 당시 미국이 결정한 두 가지 해외 정책이 미래에 예상치 못한 결과를 불러오면서 두 지역의 상황도 의도와 다른 방향으로 흘러가게 된다.

그 두 가지 잘못된 결정이란 첫째 한반도 분할 정책, 둘째 프랑스가 인도차이나를 재점령하도록 허용한 일이었다. 훗날 이 두 가지 결정은 아시아에서 일어난 가장 비극적인 전쟁의 원인이 되었다. 그러나 당시 미국으로서는 다른 대안을 마련하기 매우 어려웠다. 마지막으로 한국 분할을 추진하며 많은 비난을 받았던 정책 입안자의 입장을 한번 이해해 보자.

당시 그들은 한반도 이남이라도 지금의 한국처럼 자유를 누리고 자유시장 경제에 기초한 민주주의 제도를 세우기를 바랐다.

그냥 쉬운 길을 택해 소련군의 부산 진주를 방관했다면 한반도는 지금과는 사뭇 다른 모습이었을 것이다.

하지만 완고한 민족주의자들은 분단된 조국보다는 공산주의 체제일지언정 통일된 국가가 옳았다고 주장하고 있다. 재미있는 사실은 이런 주장을 하는 대다수가 한국이나 자유국가에서 살고 있으며, 직업 또한 엘리트 층인 학자, 예술가, 언론인, 학생, 또는 전문 선동가들이라는 점이다.

| 전후 계획

열강들의 애초 계획은 표면적으로나마 38도선 이북에서는 소련군이 일본군의 항복을 받아내고, 이남에서는 미군이 그렇게 하자는 것이었다. 일단 질서를 회복한 뒤 전국 선거를 통해 통일 한국의 새로운 체제와 지도자를 선택하는 쪽에 무게를 둔 것이다. 하지만 소련은 내심 한반도의 자유와 공개선거에는 관심이 없었 한반도를 수중에 넣으려한 증거들만 무수히 남겼다. 심지어 소련은 이미 남한, 특히 도시 지역에 요원들을 파견해 공산주의 조직 세포를 형성한 상태였다.

결국 열강은 별 의미를 부여하지 않은 상태에서 38도선을 경계로 남북한을 분할하기로 결정했다. 하지만 이 결정은 남북한의 경제적 현실을 무시했다는 오류를 범했다.

일본 패망 당시 대부분 산업시설과 경제적 부는 38도선 이북에 밀집해 있었고, 남한은 자원이 부족해 절대적으로 농업에 의존하고 있었다. 결과적으로 분단 초기에는 북한이 남한보다 경제적으로 유리했던 셈이다.

| 돌발상황

1945년 당시, 북쪽에 진주한 소련군에 비해 미군은 남측 점령 준비를 거의 갖추지 못한 상황이었다. 정책자 대다수가 극비사항이었던 원자탄 개발 계획 맨해튼 프로젝트를 몰랐던 상황에서, 당연히 태평양 전쟁이 최소 2년 이상 갈 것이라 예상해 일본 본토 침공을 준비했기 때문이다.

미 군정청 AMG, Allied Military Government은 유럽에서와 마찬가지로 일본군을 쫓아내며 그들이 지나간 자리마다 재빨리 문민 통제권을 구축해나가는 전략을 펼쳤다. 또 지역 단위로 활동하면서 전범 용의자나 파시스트 정권 관련자들을 색출하거나, 경찰, 공공시설, 통신과 같은 사회 질서를 회복시키고 식량 배급, 의료 시설 확충 등 복잡하고 다양한 업무를 수행했다. 일단 각 미 군정청 팀은 유럽에서처럼, 배정된 구역에 따라 일본 곳곳에 신속히 투입되었고, 지리, 경제, 지역 성향, 언어 등 지역과 관련된 사항을 교육받는 한편, 일본군을 쫓아 일본의 네 섬 중 최남단에 위치한 규슈로 진입할 수 있는 만반의 태세를 갖췄다.

1976년, 한번은 나와 해외주둔 장교교육Foreign Area Officers Course을 함께 받았던 한 육군 예비역 대령이 미 군정청 경험을 들려준 적이 있었다. 그는 1945년 8월 젊은 장교였던 시절, 미 군정청 지역 전문가로 오키나와에 머물며 임무 하달을 기다리고 있었다. 그의 팀은 본래 규슈의 벳푸 인근 지역에 배정을 받았는데,

원자 폭탄이 투하되고 일본이 갑작스레 항복을 선언하자 새로운 변수로 떠오른 한국 분단 문제를 수습하기 위해 급히 서울로 재배치를 받았다.

하지만 앞에서도 말했듯이 원자폭탄이 투하되기 전까지만 해도 모두들 전쟁이 1947년까지 계속될 것이라 예상했기 때문에, 미 군정청 요원들 또한 한국과 관련된 임무를 수행할 만한 준비가 되어 있지 않았다. 다시 말해 미국은 오직 전쟁 승리에만 총력을 기울였고, 일본 본토에서 전투를 치러야만 전쟁을 끝낼 수 있다고 생각해 온통 일본에만 관심을 쏟고 있었던 것이다.

"우리는 한국말도 모를뿐더러 배정받은 지역에 대해서도 아는 것이 없습니다. 한국에 가도 무엇을 해야 할지 모르겠습니다"라는 불만이 쏟아져 나왔지만, 미 군정청 팀은 명령에 따라 즉시 서울로 이동했다.

| 잘못 디딘 첫걸음

일각에서 예상한 대로 상황은 처음부터 잘못된 방향으로 흘러갔다. 한국인들은 40여 년의 혹독한 식민지배 뒤에 찾아온 갑작스런 해방에 충격을 느끼면서도 완전한 자유 속에서 독립정부를 수립해 새롭게 출발하기를 간절히 바라고 있었다. 그러나 이런 열망과는 달리 한국인들은 자신들보다 더 혼란스러워하는 미 군정을 맞이해야 했다.

미 군정청 팀은 한국에 도착하자마자 주요 일본군 부대를 소집해 무장해제 시킨 뒤 철저하게 감시했다. 일본군 관련 임무는 차질 없이 진행되었지만 한국의 치안질서와 행정기능 확립에는 많은 어려움을 겪었다. 미 군정청 요원도 부족한 면이 있는 인간이었기 때문에 자력으로 행정권을 장악하기 전까지는 어쩔 수 없이 기존 일본 통치자와 관리官吏를 그대로 두어야만 했다. 하지만 이것은 미군정 당국이 지나치게 근시안적이며 사태의 심각성을 올바로 인식하지 못하고 있다는 증거였다.

사실, 일본 패전 후 미군정 관계자들은 그 동안 일본 문화와 관습을 교육받으며 일본어까지 배웠고, 따라서 일본인을 대하는 것이 더 편했다. 또 오로지 결과에만 몰두한 나머지 기존 행정시스템을 잘 모르는 한국인보다는 일반행정에 경험이 많은 본래의 일본 관리를 활용하는 것이 행정 이행에 효과적이라고 판단했다. 또 일본 관리들은 미국이 의도한 바를 차질 없이 수행해내는 것이 가능했던 반면, 그 역할을 대신할 만한 한국인은 찾기가 힘들었다.

하지만 일본인을 행정업무에 동원하면서 상황은 더욱 악화되었다. 1분 1초라도 더는 일본인의 지배를 참을 수 없었던 한국인들은 미 군정청의 태도에 분노하고 실망했으며 당혹감을 감추지 못했다. 그들은 미 군정청 당국 건물 밖에서 하루도 쉬지 않고 시위를 벌이며 정당한 자치권을 요구했고, 이 같은 혼란이 가라앉기까지 한국과 미국은 극단적인 갈등을 겪었다.

한국인들이 기대했던 장밋빛 미래는 해방과 동시에 미군이 진주하면서 쓰디쓴 실망으로 변했고, 이로 인해 한국인들은 미국을, 과거사로부터 얻은 교훈을 몸소 실천할 만큼 진중한 나라는 아니라고 생각하게 되었다.

외교관 출신인 그레고리 헨더슨Gregory Henderson처럼 한국문제를 집중적으로 연구해온 학자들은 한국의 분단 결정, 점령 초창기 정책과 이어진 남한 정부 수립까지, 당시 미국이 보여주었던 태도를 강하게 비판해왔다. 틀린 지적은 아니지만 이 비판은 당시 미국이 다른 국제 문제에서와 달리 한국에서만 이 정책을 펼쳤다는 가정 하에서만 일리가 있다. 그 무렵 미국은 일본 점령 과정(일본의 네 섬을 단계적으로 점령한 것이 아니라 일시에 일본 전체를 갑작스럽게 점령해야 했던 상황)과 다른 지역(필리핀과 타이완) 문제를 다루는 동시에, 한국의 해방과 점령이라는 또다른 숙제까지 짊어져야 했다. 당시 나와 함께 활동했던 어느 대령은 이 상황을 다음과 같이 요약했다.

"물론 우리가 상황을 어렵게 만든 건 사실이네. 미국은 일본 점령은 미리 준비했지만 한국 문제는 그렇지 않았지. 하지만 우리는 좋은 의도로 한국에 가서 당시로서 할 수 있는 최선을 다했네. 그 과정에서 한국 사람들 감정을 상하게 만들었을지도 모르고……. 그렇다면 잘못한 일이겠지만, 어쨌든 우리는 소련의 입김으로 한국 전체가 공산화되는 최악의 결과를 막았지 않나. 난 그 점에 자부심을 느낀다네."

| 분단의 고착화

미군이 서울에 도착한 얼마 후 일선에서 놀라운 보고가 접수되기 시작했다. 북쪽 지역에서 한국인까지 포함된 소련군 조직이 여론 조사를 수행하며 38선을 따라 장애물을 설치하는 광경이

목격된 것이다. 그들에게 접근했던 남한 민병대와 시민 조직은 위협을 받고 쫓겨났다. 미군정과 남한 지도자는 이 보고에 주목하면서 소련의 태도에 큰 변화가 일어나기 시작했음을 직감했다.

노스웨스턴 대학교의 브루스 커밍스Bruce Cumings 교수처럼 북한 체제에 호의적인 역사학자나 일부 수정주의자들은, 한국에게 거만한 미국 관계자들이 한국의 공산주의 통일을 막기 위해 통일 방해 공작을 모의 한 결과 자유공개선거까지 방해했다고 주장해왔다. 또 소련이 북쪽에 공산주의 정권을 수립한 것은 미국의 적대 정책으로 인한 마지못한 선택이었다고 말한다.

하지만 이것은 소련이 신속하고 철저하게 북한을 접수하기 위해 용의주도한 계획 하에 광범위한 준비를 했음을 무시한 주장이다. 일부 사람은 여전히 '무고한 소련을 비난하지 말라'고 주장하지만, 38도선 이남 정치인들이 선거를 거부한 것은, 북한을 종용해 '한 사람이 한 번에 한 표씩'이라는 거창한 구호를 앞세워 소련이 내세운 독재자를 뽑도록 만들려 했던 소련에 반발한 것뿐이다.

당시 이남 정치인들은 자유롭고 공개적인 선거가 보장되지 않는 이상, 한반도는 소련이 원하는 공산체제로 통일될 것이라고 주장했다. 결국 남한 정치인들은 소련의 사주를 받아 비타협적으로 나오는 북한 앞에서 단독으로 선거과정을 준비했고, 소련은 기다렸다는 듯이 남한의 단독 선거를 맹렬하게 비난했다. 하지만 소련의 부정한 행위를 옹호하는 사람들은 아직까지도 남한의 독자적인 선거를 '통일 한국을 수립하는 과정에 해가 되는 행위'였다고 비난하고 있다.

| 새로운 일본이 출현하다

　한국에 분단이 고착화되어갈 무렵, 중국 본토에서는 장제스의 국민당 군과 마오쩌둥의 적군Red Army이 치열한 내전을 벌이고 있었다. 그리고 1949년 국민당이 패배하면서 마오쩌둥이 지휘하는 공산당이 중국 본토를 차지하자 워싱턴에도 큰 파장이 일기 시작했다.
　한편 점령군 사령관으로 도쿄에 부임한 뒤 매우 빠른 속도로 일본의 민주화와 자유시장 개혁을 지휘하고 있었던 더글러스 맥아더 장군은, 거센 저항을 잠재우며 봉건적이고 파시스트적인 일본 제국을 완전히 개혁하는 성과를 거두었다.
　사실 그는 한가한 은퇴 생활을 할 나이였지만, 여전히 대단한 정열을 불태우며 어려운 임무를 성공적으로 마쳤다. 하지만 맥아더는 동북아시아 정책을 본국 정부와 상의하지 않고 혼자 결정하려는 독단적인 성향이 있었다. 대표적인 사례로 소련이 일본을 분할하려는 움직임을 보이자 아무 상의 없이 강경하게 대처한 경우를 들 수 있다. 자세한 이야기는 다음과 같다.
　1945년 9월, 일본에 도착한 소련군 수송선에서 한 소련군 고위급 장군이 내렸다. 그는 환송 나온 차량을 타고 미 군정청 극동지역 총사령부 건물로 향해 맥아더 장군을 만났고, 곧바로 소련군이 사할린 섬과 쿠릴 제도에 진주했다는 사실을 통지했다. 곧이어 자신의 부대가 일본 네 섬 중 가장 북단에 위치한 홋카이도에 진주할 계획이라는 말도 덧붙였다. 다시 말해 소련은 도쿄를 비롯한 주요 도시가 있는 북부 혼슈를 신속히 차지하겠다는 의도를 품고 있었고, 그 장군은 독일 항복 후 4개국이 베를린을 분할 통치했던 복잡한 방식 대신 미·소 양국이 도쿄를 균등하게 양분하자는 소련의 협상을 전하러 온 것이었다. 결국 소련은 태평양과 지리적으로 먼 영국과 프랑스를 배제하고, 미국과 단둘이 태평양 지역을 나눠 영토를 확장하고자 했던 것이다.

그러나 맥아더 장군의 반응은 냉랭했다. 그는 말없이 손목시계를 바라보더니 공항으로 되돌아가려면 20분 정도 걸리며, 20분이 지나도 떠나지 않으면 이곳에 온 모든 소련군을 체포해 감옥에 처넣겠다고 말했다.

또 소련군이 홋카이도에 한 발짝만 들여놓아도 자신이 쓸 수 있는 모든 무기와 병력을 동원해 맞서 싸울 것이며 감히 일본 본토를 침입할 경우에는 가차 없이 보복을 감행하겠다고 경고하고, 일본에 발을 디디려는 어떤 행동도 침략 행위로 간주해 적절한 대처를 하겠다며 말을 끝맺었다. 분명히 맥아더는 도쿄를 분할할 필요가 없다고 생각했던 것이다.

만일 이때 소련이 일본에 개입했다면 아시아 역사는 상당 부분 달라졌을 것이다. 사실 맥아더가 소련의 개입을 저지한 일은 그가 일본 총독으로서 일궈낸 모든 업무 중에서 가장 큰 업적이며, 그 대담한 행동은 아직까지도 한반도 역사에 큰 영향을 미치고 있다. 또 그는 일본 천황을 상징적인 지위에 머무르게 해야 한다고 주장하며, 일본에 영국식 군주제를 도입해야 한다고 강조했다.

전쟁을 일으킬 만한 권위를 빼앗는 대신 왕과 왕가를 국가의 상징으로 세움으로써, 과거부터 존경한 천황의 존재가 일시에 사라질 때 발생할 일본 국민들의 혼란을 방지하려 한 것이다.

이어서 맥아더는 일본 전체를 개혁하기 위해 심혈을 기울여 새로운 헌법을 제정했는데, 그 중 국가 정책 수단으로서 전쟁을 포기한다고 선언한 헌법 제4조는 특히 유명하다. 이 조항은 매우 급진적인 내용으로 일본은 이 새 헌법에 따라 외부 침략으로부터 나라를 보호한다는 명목을 가진 자위대만 유지하게 되었다. 하지만 일본 자위대도 일반 군대와 마찬가지로 육군과 공군, 해군으로 구성되어 있어 다른 나라의 군대와 별 다를 바가 없었다. 또 이 자위대는 시간이 흐르면서 급속히 현대화되고 있지만, 아직도 일본과 미국은 자위대의 막강한 군사력이 단지 방어를 위한 것이라고 둘러대며 재무장 의도를 부인하고 있다.[4]

| 다가오는 전운

일본이 재무장할 것이라는 전망은 새로운 전쟁이 발발한 1950년 여름에는 결코 주목받지 못했다. 당시 남북한은 서로를 인정하지 않은 채 각각 독립을 선포하고 정통성을 주장했다. 남한은 통일을 대비해 이북 5도청을 설치한 뒤 38도선 이북의 잃어버린 지역을 회복하겠다는 의지를 표명했으며, 북한도 비슷한 정책을 펼치는 등 서로의 체제를 부정하며 치열한 외교전쟁을 벌였

---

4. 베트남 전쟁 이후, 미국 군사력이 커짐에 따라 많은 미국 지도자들은 아시아에서 지나친 부담을 덜어야 하고 이곳에 배치한 군사력을 감축해야 한다고 생각했다. 아울러 일본 반경 1천 마일 이내 지역의 안보를 일본이 책임져야 한다는 일련의 암묵적 합의를 보았다. 여기서 일본으로부터의 해양 거리는 단지 참고 개념으로 한국에 대한 반경 의미를 그런 맥락에서 이해할 수 있다

다. 이에 발맞추어 세계 각국도 냉전시대에 자국이 속한 진영에 따라 남북한 중 하나를 공식적인 국가로 인정했다. 즉 공산 진영에서는 북한을 공식 체제로 인정하고, 자본주의 국가들은 남한을 공식 체제로 인정했다.

남북한은 특히 중립국이나 비동맹국가에 주목해 치열한 경쟁을 벌였는데, 이 경쟁은 결국 누가 더 많이 외교 관계를 수립하느냐 하는 숫자 싸움으로 변했다. 외교 관계가 없던 국가와 새롭게 관계를 맺으면 이것을 상대방에 대한 외교적 승리로 간주한 것이다. 다소 어리석은 면이 있지만 남북한의 이 무리한 외교전쟁은 1988년 서울 올림픽이 열릴 때까지 지속되다가, 노태우 대통령이 북방정책 하에 공산주의 국가와도 외교 관계를 수립하겠다고 천명하면서 일단락을 맺게 되었다.

그럼에도 남북한은 영구적인 분단은 꿈꾸지 않았고, 그 상황을 받아들일 수도 없었다. 특히 남한은 무력을 사용해서라도 통일을 이뤄야 한다는 사람들도 있는 반면, 대부분은 유엔UN 감시 하에 선거를 치러 통일을 달성하자는 희망을 표시했다. 그러나 그 일 또한 쉽지 않았다. 공산당이 북한 지역을 장악해 선거를 조작할 가능성이 높았고, 이미 다른 나라에서 공산당의 통제 아래 치러진 선거를 목격한 경험이 많은 남한 사람들로서는 조작된 선거가 진실을 왜곡할 수 있다고 믿었다.

한편 북한에 진주한 소련군과는 달리, 한국에 주둔하고 있던 미군은 기능과 역할이 제한되어 있었고, 한국 내부 문제에도 직접적으로 개입하지 않았다. 물론 미국 대사관이나 한국군 자문 그룹을 구성하는 소규모 미군 장교들이 있었지만, 그들의 원조는 거의 동정적인 수준이라 그 정도로는 정기적인 사격 훈련조차 할 수 없었다.

반면 일부 미 자문관들은 당시 한국군이 보유한 경무장으로는 북한의 남침 야욕을 저지하기에 불충분하다는 점을 불안해하며, 소련의 막강한 원조를 받고 있는 북한 부대가 38도선 인근에 집중 배치된 채 선전포고도 없는 공격 명령을 기다리고 있다는 보고서를 본국에 보냈다.

| 제2장 |

김일성 우상화 작업

비밀에 쌓여 있는 여느 지도자들과 마찬가지로, 김일성 역시 제2차 세계대전의 혼란 속에서 갑작스레 등장한 인물이었다. 서방국가들은 그의 이름도 얼굴도 모르는 상황이었다.

김일성은 화려한 영웅담으로 포장된 채 모습을 드러냈다. 소련 비밀 정보국은 그를 일본에 맞서 게릴라전을 벌인 항일투쟁 영웅으로 선전했고, 당사자인 김일성도 스스로를 일본군에 격렬한 저항을 펼친 민족적인 항일 운동가이자 해방된 조국을 새롭게 건설할 인물이라고 주장했다. 그리고 이런 선전은 대중에게 호소력을 가지며 김일성을 영웅적인 애국자로 만들었다. 특히 그는 산악에서 항일운동을 펼쳤던 시기를 운운하며 마오쩌둥이 중국 공산혁명에서 거두었던 업적을 상기시켰는데, 이 항일운동 이야기는 정치사상적 견해와 상관없이 모든 한국인들에게 깊은 인상을 남겼다. 그 누가 조국을 해방시키기 위해 험준한 산악에서 적과 싸우며 역경을 참아낸 근대적인 한국인 영웅을 싫어하겠는가?

또 김일성의 신비로운 게릴라 전사 이야기는 이승만처럼 일본 강점기에 미국 하와이로 망명했던 지식인 독립 운동가들의 무미건조한 투쟁 이야기와 대비되어 대중에게 훨씬 큰 설득력을 가졌다. 실제로 공산주의자들은 이승만 같은 이들이, 투쟁보다는 안락하고 사치스럽고 퇴폐적인 생활을 즐겼다고 강하게 비판했다. 또 김일성은 악랄한 탄압에 맞서 항일 투쟁을 벌였으며 지식인들의 독립운동은 김일성의 항일투쟁과는 비교도 되지 않는다는 선전활동을 벌였다.

하지만 이제 우리는 진실을 알고 있다. 김일성은 젊은 나이에 항일운동에 투신해 산악에서 게릴라 활동을 벌였지만, 결국은 젊은 나이에 소련 비밀경찰에 포섭되어 소련의 야욕을 대행하는 역할을 하기 시작했다. 그리고 소련은 한반도를 완전히 자신의 지배하에 두기 위해 김일성을 한반도에 투입했다.

소련의 정보기관인 국가안보위원회KGB 전문가들이 김일성을 지도자로 탄생시킨 과정은 하나의 예술 작품을 방불케 한다. 그들은 김일성의 이력을 용의주도하게 포장해 산악지역에서 자유를 위해 투쟁하고 일본의 압제에 맞서며 훌륭한 전과를 올린 영웅으로 만들었다. 아울러 마르크스 레닌주의 혁명을 통해 조국의 억압받는 농민과 노동자에게 사회주의 낙원을 가져다 줄 인물로 미화했다. 하지만 소련의 붕괴 후, 공산주의가 만든 이상사회는 공산주의 철학을 제멋대로 해석해 국민을 공포로 몰아넣는 개념에 불과했다는 사실이 증명되었고, 이제 사회주의적 이상낙원을 건설하겠다는 주장은 공허하고 기만적인 선전으로밖에 들리지 않는다.

KGB 요원들은 김일성이 직접 가담하지 않았던 항일투쟁까지 일정한 근거로 조작해 김일성을 항일투사로 부각시켰다. 예컨대 김일성이 있었다는 항일단체는 실제로 산과 계곡을 본거지로 활동을 전개했다. 하지만 그 시기 김일성은 대부분을 모스크바나 이 도시의 동부에 위치한 비밀 훈련캠프에서 보냈을 가능성이 크다. 그는 베트남의 호치민이나 유고슬라비아의 티토 같은 용감한 게릴라 전사는 아니었던 셈이다. 또 조국 해방과 함께 귀국한 소련의 하수인들에게는 적절한 사상 훈련과 걸맞은 배경이 무엇보다 중요했고, 제2차 세계대전이 끝나자마자 소련 군복을 입고 한국에 나타난 김일성도 모스크바의 파열된 하수도관처럼 요란하게 공산주의 강령을 외치고 다녔다.

소련 시절 김일성은 역사상 누구보다도 대량학살을 많이 저질렀던 조세프 스탈린에게 충성을 맹세하며 독재자 교육을 받았다. 스탈린과 마찬가지로 김일성도, 대중에게 자신을 유일한 지도자로 각인시키는 일이 얼마나 중요한가를 간파하고 있었다. 따라서 그는 모든 북한 민중이 자신을 '위대한 지도자'로 여기게끔 세뇌 작업을 시작했다. 영웅처럼 묘사된 김일성의 사진과 그림이 도처에 걸렸다. 흉상, 조각과 입상이 보기 흉한 잡초 싹처럼 여기저기 설치되었다. 포스터와 벽화로 벽을 도배하다시피 했으며 엄청난 콘크리트 조각상이 곳곳에 세워졌다. 재능 있는 북한 음악가들은 위대한 지도자, 김일성을 찬양하는 오페라와 노래를 만들었다. 마치 나라 전체가 김일성을 찬양하는 놀이공원처럼 변하는 순간이었다. 즉, 북한은 김일성 왕국이 되어가고 있었던 것이다.

하지만 이는 시작에 불과했다. 갈수록 우상화 작업은 수위가 높아지고, 김일성을 '위대한 지도자'가 아닌 다른 이름으로 부르는 사람은 가혹한 처벌을 피할 수 없었다. 그가 태어난 곳을 비롯해 다녔던 학교와 방문한 장소 모두가 김일성을 추앙하는 인민의 성지가 되었고, 김일성이 앉았다는 의자조차 기념물이 되었다. 그리고 이 어처구니없는 우상화 작업은 정점으로 치달아 북한 내부에서 김일성은 점점 더 신적인 존재로 변모해갔다. 외부 시각에서 보면 이 우상화 작업은 우스꽝스러웠지만, 북한 내부에서는 이를 매우 당연하게 여겼다.

사실 김일성의 우상화 작업은 스탈린을 넘어서 레닌과 마오쩌둥까지 능가했다. 마치 다른 시대, 다른 문화로 퇴행하듯, 신이자 인간인 고대 이집트 파라오의 경지에까지 이르게 된 것이다. 60미터나 되는 김일성 동상과 북한 주민이 항상 옷깃에 달고 다니는 김일성 배지는 북한에서 벌어지는 우상화 작업 가운데 외부로 드러난 빙산의 일각에 불과하다. 사실 서양인의 시각에서 본 북한의 김일성 우상화 작업은 우스꽝스럽기 그지 없다.

하지만 김일성 우상화의 현실은 결코 우스꽝스럽지 않다. 사실 개인 우상화의 성공과 실패는 국가 통제와 깊은 연관이 있다. 이따금 미국에서도 스포츠, 연예, 비즈니스, 종교 또는 정치계 인물들이 자신을 미화하는 것을 볼 수 있다. 이러한 시도는 경우에 따라 성공하기도 하지만, 오래 지속되지 않고 모두에게 영향을 미치지도 못한다. 자유사회 미국에서는 자신의 의지대로 선택권을 행사할 수 있기 때문이다. 하지만 엄격한 통제가 실시되는 전체주의 국가에서는 자유국가에서는 조롱을 받을 만한 흔하고 비현실적인 행동도 심각하게 받아들여진다.

역사적으로 독재자들은 독재체제를 유지하기 위해 비밀경찰을 풀어 철저한 감시를 하고, 필수적으로 곳곳에 강제수용소를 운영했다. 정도의 차이는 있겠지만 독재체제를 유지하려면 끊임없는 명령과 통제가 필요하기 때문이다.

억압적인 통제와 감시의 눈초리가 사회 구석구석까지 미치는 사회에서는 심지어 의심스럽다는 이유 하나만으로도 누군가를 사형시키거나 강제수용소로 보낼 수 있다. 따라서 모든 사람은 권력자가 정한 사회적 기준에 무조건 따라야 하며, 북한의 경우에는 위대한 지도자 김일성이 그 사회 기준을 정하는 절대 권력자였다. 그리고 앞으로 살펴보겠지만 김일성 우상화 작업은 그의 사후에도 멈추지 않고 계속되었다.

| 소련식 사회주의의 시작

1945년 8월, 전쟁이 갑작스럽게 종결되자 수많은 소련인들과 소련식 교육을 받은 한국인들이 북한으로 들어왔다. 자신들이 원하는 방향으로 사회를 통제하기 위해서였다. 그들은 외진 마을이나 오지 사람들조차 새로운 지도자 김일성의 출현을 눈치챌 정도로 활발한 활동을 전개했다. 앞에서도 언급했듯 스탈린은 거의 30년간 무수한 숙청작업 등, 사회를 통제하기 위한 수단으로 공포와 위협을 사용했다. 그렇게 사회적 불안을 조성한 뒤 국민들로 하여금 자신이 계획한 방식을 따르도록 통제한 것이다.

소련의 사주를 받고 북한에 투입된 조직들도 김일성을 새로운 지도자로 옹립하기 위해 사전 작업을 진행했고, 뒤이어 북한 사회를 장악하기 위해 몇 가지 추가 조치를 취했다. 예를 들어 무장하지 않은 민중은 통제가 쉽다는 원칙에 따라 모든 무기를 압수했는데, 특히 일본군과 치열한 전투가 벌어졌던 북한과 중국 국경 부근의 무기와 장비들은 사냥용이건 방어용이건 완벽하게 거두어 들였다. 아울러 모든 사람들에게 새로운 중앙 정부에 이름을 등록하도록 시켰고, 이를 통해 새 지도자는 주민들의 기술과 직업까지 속속들이 파악하며 통제를 할 수 있게 되었다.

북한이 가장 먼저 벌인 작업은 역시나 숙청이었다. 예를 들어 '인민의 적'이 될 만한 사람을 첫째 숙청 대상으로 간주해 즉시 제거했다. 다음으로는 교사, 종교인, 공무원과 지식층이 숙청의 도마 위에 올랐다.

그중에는 도서관 사서나 말단 공무원처럼 무고한 사람들도 많았지만 숙청과 제거는 거의 무차별적으로 진행되었다. 심지어 안경을 착용했다는 이유만으로 지식인으로 분류되어 의심과 불신 속에서 숙청되는 경우도 있었다. 숙청을 당한 사람들은 일단 '재교육'을 받는다는 명목으로 강제수용소로 끌려갔지만 되돌아온 사람은 거의 없었다.

이 강제수용소는 주민들을 억압하고 공포심을 불러일으키기 위해 북한 건국 초기에 만든 것이지만 지금도 건재하다. 또 숙청당한 사람들이 사라진 자리는 훈련을 받은 공산주의 지도자, 교사와 관리들이 메웠다. 그리고 소련은 사회 통제와 숙청 등 기초적인 작업이 끝나자 한반도를 접수할 준비를 완벽하게 갖추었다. 통상적으로 하나의 국가를 공산화시키기 위해서는 많은 시간과 노력이 필요하지만, 소련은 충분한 사전 준비를 통해 북한 주민들이 저항할 시간조차 주지 않고 사회를 재편하는 기본 조치를 단기간에 성공적으로 완수했다. 북한 주민들이 사태의 심각성을 깨닫고 남한으로 도망치기 전에 북한 사회를 철저히 통제할 만한 시간적 여유를 확보한 것이다.

사실 제2차 세계대전 이후, 김일성은 스탈린의 허락 없이는 거의 아무 일도 벌일 수 없었다. 또 김일성은 크렘린Kremlin의 환심을 산 누군가가 자신의 자리를 빼앗지 않을까 해서 중국의 마오쩌둥과도 조심스럽게 관계를 구축했다.

1945년 당시 공산주의를 바라보는 세계 각국의 시각은 조금씩 가치와 판단은 달랐지만 대다수는 거부감 혹은 체념에 가까웠다. 당시 공산주의 지도자들은 서로 단결해 외부 세력에 대항하고 있었는데, 역사적으로 볼 때 중국과 소련은 주로 불편한 경쟁 관계였지만 1940년대만큼은 그 어느 때보다 서로에게 우호적이었다. 이 시기 김일성은 스탈린을 비롯한 소련 지배자들에게 불손하고 배은망덕하게 비춰지지 않도록 노력하는 동시에, 의도적이지만 조심스럽게 중국 공산당과도 관계를 쌓아나갔다.

또 김일성은 북한에서 지위를 강화하는 와중에도, 북한을 거점으로 남한을 침략해 한반도를 통일하겠다는 궁극적인 목표를 결코 잊지 않았다. 물론 그 통일의 주역은 스스로가 되어야 한다고 생각하며, 필요하다면 무력도 서슴지 않을 만한 준비가 되어 있었다. 그리고 이러한 목표 하에 체계적인 군대 양성 작업에 박차를 가하고, 소련에서 탱크와 야포, 비행기 등 군사 장비를 지원받으면서 공격적인 군사훈련 프로그램을 실시하기 시작했다. 새로이 정비된 북한군은 소련 군복을 본 따 만든 제복을 입고 야포 지원을 받으며, 군사력을 결집한 집중공세로 최대한의 타격을 주는 소련식 전략을 학습했다.

| 김일성, 북한을 건설하다

북한은 군사력을 빠르게 키워나갔다. 소련제 T-47 탱크 등 소련의 전폭적인 지원을 받은 북한 인민군은 동북아시아 변방에서 가장 효율적인 군대로 급변했다. 인민군은 소련식 군사편제를 충실히 따랐고 소련제 야포를 다수 공급받았다. 보병은 소련제 PPSH 경기관총과 SKS 소총으로 무장했고, 여기에다가 중대와 소대 단위까지 박격포와 기관총을 보급했으며, 대규모 사격훈련 등 실전에 가까운 군사훈련을 실시해 실전 감각을 익혔다.

이즈음 김일성은 미국의 방치 아래 놓인 남한 정부가 방향을 잡지 못하고 있다는 점에 주목했다. 그는 남한 사정이 매우 불안하고 유동적일 뿐만 아니라 민주주의도 충분히 뿌리를 내리지 못했으며, 경제적 자생능력도 없다는 점을 정확히 간파했다. 즉, 남한은 칼날 위에 위태롭게 서서 곡예를 하다가 발을 베이기 직전의 상황이었다. 그리고 김일성은 혼란에 빠진 남한에 결정타를 가하기 위해 필요한 병력을 규합하기 시작했다.

한편 김일성은 특이한 습성이 있었다. 여행을 할 때는 비행기는 제외하고 육상교통수단, 그중에서도 주로 자동차를 이용했다. 또 소련에 자문을 구하러 모스크바에 갈 때도 늘 철도를 탔는

데, 길고 긴 여행 끝에 도착해도 스탈린을 만나러 접견실로 들어가기까지 대기실에서 여러 시간 기다려야 했다. 김일성은 그것을 내심 이해할 수 없었지만, 사람을 오랫동안 기다리도록 만드는 것은 스탈린 고유의 길들이기 방식이었다. 자기보다 지위가 약한 사람에게 모욕을 주고, 사람들이 자신을 만나기 위해 줄을 서서 기다리는 것에 본능적인 만족을 느꼈던 것이다. 스탈린의 충복인 김일성도 예외는 아니어서 스탈린을 만날 때면 손에 모자를 들고 군소리 없이 차례를 기다려야 했다.

한편 당시 중국은 한창 혁명의 불길 속에 놓여 있었던 만큼, 김일성은 중화인민공화국과 소련 사이에서 줄다리기를 할 수가 없었고 나중에야 중국과 소련 사이에서 등거리 외교를 펼쳤다. 1949년에서 1950년 사이 스탈린은, 북한을 수많은 위성국가들 중 하나라고 생각해 거의 희롱에 가까운 태도를 보였지만, 김일성은 그 동안 이후로도 전례가 없는 인내심을 발휘해 조용히 스스로를 굽혔다.

스탈린은 처음에는 북한의 남침 계획에 이렇다 할 반응을 보이지 않았다. 당시 그는 다른 나라에 관심을 쏟고 있었고, 제2차 세계대전 직후 짧은 기간 동안 동유럽에서 거둔 성과에 매우 흡족해하고 있었다. 물론 몇 번의 실패는 있었다.

그리스와 이란을 공산화하려던 시도가 좌절되었고, 유고슬라비아에서는 티토 장군이 스탈린의 기대를 뿌리치고 독자적인 움직임을 보였으며, 베를린에 소련군을 공중 투입해 연합군을 몰아내는 작전도 실패로 돌아갔다.

하지만 그럼에도 동유럽은 확고하게 소련의 지배하에 편입되었으며, 중국도 역시 공산화 과정을 겪고 있었다. 또 인도차이나, 말레이 반도, 필리핀, 인도네시아, 아프리카와 라틴 아메리카에도 공산주의가 뿌리를 내리고 있었고, 일본을 침략하려던 명백한 의도는 좌절되었으나, 일본 내부에서도 공산주의 운동이 성장하고 있었다. 게다가 스탈린은 미국의 핵 비밀을 훔치는 일생일대의 작전이 성공을 거두자 큰 기쁨을 표했다. 그는 미국에서 활동했던 소련 첩자가 훌륭하게 임무를 수행해 원자폭탄의 비밀을 손에 넣어오자마자, 서둘러 핵무기 개발에 들어갔다. 핵무기를 보유하면 미국과의 군사적 불균형에서 벗어나 자국의 의지를 쉽게 관철할 수 있게 되는 셈이었다.

다시 말해 이 첩보 작전의 성공은 세계 역사를 뒤바꾼 아주 중요한 사건이었는데, 만일 소련이 가공할 만한 핵무기를 손에 넣지 않았더라면 훗날 이 '악의 제국'이 저지른 나쁜 행동, 수백만 명의 사람들이 피를 흘리는 비참한 상황도 없었을지 모른다.

소련이 원자폭탄을 보유하자, 미국과 소련 두 나라도 이전과 다르게 서로를 대하기 시작했다. MAD Mutually Assured Destruction[5] 원칙을 지키면 제3차 세계대전을 피할 수 있다고 생각한 미·소 양국은 직접적인 전쟁을 벌이는 대신 대리전 양상을 띤 국지적 전쟁을 벌이기 시작했다.

그리고 이 국지전은 수십 년간 치고 빠지기 작전으로 점철된 새로운 형태의 대결 양식을 낳았다.

---

5. '상호 확실한 파괴'라는 뜻으로 미·소 핵강대국이 서로 상대방이 자신을 완전히 파괴할 수 있다고 확신할 정도로 핵무기를 충분히 비축하는 것이 핵강대국들로 하여금 핵공격의 유혹을 피하게 함으로써 핵의 재앙을 피하는 지름길이라는 주장

| 소련의 대규모 북한 지원

　스탈린은 김일성이 처음으로 방문했을때, 그다지 우호적인 반응을 보이지 않았지만, 북한에 군사 지원을 늘리고 자문단을 파견하며 동북아 정세를 면밀히 주시하겠다는 부분에는 동의했다.
　지루한 시베리아 횡단 철도 여행을 마치고 평양으로 돌아온 김일성은 곧바로 북한 주민을 엄격하게 통제하고 군사력 증강에 박차를 가하기 시작했다. 더불어 비밀경찰 조직을 통해 사회를 더욱 철저히 통제하고 국민들로 하여금 김일성을 '위대한 국가 지도자'로 인식하도록 만들었다. 그러자 차차 북한 주민들의 마음속에도 미묘한 변화가 일기 시작했고 김일성은 때를 놓치지 않았다. 그는 자신을 국가를 대표하는 지도자를 넘어 국가와 동일시하는 새로운 이미지 관리에 들어갔는데, 실제로 그는 스탈린의 충실한 학생이자 역사상 누구보다 나라 전체를 장악하는 능력이 출중한 독재자였다. 더불어 김일성은 미국이 그저 일상적인 지원을 할 뿐 남한에 큰 관심을 보이지 않으며 정치인들 사이에도 내분이 일어나 남한 사회가 무력해지고 있음을 감지하자 전쟁 준비에 박차를 가했다.
　그러는 사이 미국인 아내와 함께 미국에서 망명생활을 하다가 귀국한 지식인 출신 이승만이 남한 대통령으로 선출되었고 남한에 파견된 북한 첩보원들은 남한의 군사력이 별 볼일 없다는 보고를 타전해왔다.
　한편 김일성은 남침 건의를 스탈린이 보인 시큰둥한 반응에 다소 낙담했지만, 인민군을 동원하면 얼마든지 무력으로 통일을 달성할 수 있으리라 확신했다. 하지만 북한이 공격을 시도했을 때 미국도 어떤 태도와 행동을 취할지 모른다는 스탈린의 우려도 일리는 있었다. 스탈린은 승리의 확신이 없는 한 쉽게 전쟁을 벌이지 않는 사람이었다. 또 일단 전쟁을 시작하면 압도적인 힘으로 신속히, 성공적으로 끝내야 한다고 생각했다. 때문에 스탈린은 북한의 침공 계획에 불안을 떨쳐버리지 못하고 승인을 주저하고 있었다. 그 와중에도 북한은 소련으로부터 물자, 무기, 군사자문단 등을 지원받았지만, 막상 스탈린의 승인을 받기까지 오랜 시간을 기다려야 했다.

당시 북한은 마오쩌둥이 중국 공산혁명 과정에서 거둔 놀랍고 경이로운 성공에 큰 자극을 받았다. 또 소련에서 온 수많은 김일성 자문단들도 중국 공산화 과정에서 미국이 취한 태도를 유심히 살폈다. 당시 중국 본토에서는 장제스의 국민당 군이 전투에 패배해 수세에 몰리고 있었지만, 미국은 지원 여부조차 확실히 밝히지 않는 등 별다른 조치를 취하지 않고 있었다.

그리고 이 같은 미국의 미온적인 태도를 본 북한은, 한반도에서 전쟁이 일어나도 미국이 적극적으로 개입하지 않을 것이라고 분석했다. 중국 문제를 외면한 미국의 미지근한 태도는 한국을 포함한 아시아 대륙에 관심이 식고 있다는 확실한 신호였으므로, 상황은 북한에 유리하게 돌아가고 있었다. 그러나 한반도를 손아귀에 넣고 그 전체를 지배하겠다는 김일성의 오랜 숙원 앞에서는 주변 정세의 변화도 공격 지시에 결정적인 변수가 될 수 없었다.

북한의 군사력 향상과 남한에 대한 최신 첩보 보고서에 자신감을 얻은 김일성은 스탈린을 만나기 위해 승용차를 대동하고 모스크바 행 시베리아 횡단 열차에 올랐다. 곧이어 한반도 주변 정세를 검토한 스탈린 군부와 정보 관계자들은 미국의 미온적 입장을 청신호로 받아들이고, 무력으로 한반도를 통일할 때가 되었다는 결론을 내렸다. 당시 미 국무장관 딘 애치슨Dean Acheson은 태평양 지역에서 미국이 관심을 가져야 할 지리적 한계를 알류샨 열도the Aleutians, 일본과 오키나와를 잇는 AJO 라인으로 정했다. 그리고 미국이 한반도를 제외하고 방어선을 구축한 것은, 스탈린의 공격 결정에 상당한 영향을 미쳤다.

| 전략적으로 우월한 지위

스탈린은 블라디보스토크에서 페트라포블로스크 이남으로 세력을 확장시켜야 한다는 역사적 과제를 정확히 인식하고 있었고 결국 북한이라는 대리인을 통해 이남까지 세력을 확장시켜 중국해까지 진출할 교두보를 확보하고자 했다. 게다가 한반도 전체를 수중에 넣으면 바다 너머 일본까지 위협할 수 있었다. 또 스탈린은 한반도를 장악해 세력을 확장하면, 궁지에 몰린 미국이 일본에서 발을 뺄 수도 있으리라 생각했다. 그렇게 되면 세력권을 더 크게 넓힐 수 있는 기회가 생기는 셈이었.

이미 소련은 전후에 시작한 세력 확장 경쟁 결과, 쿠릴열도와 사할린에까지 군대를 진주시키고 있었다(현재까지도 일본은 이 지역을 '빼앗긴 북부 지역'이라고 부른다). 그리고 이 두 지역을 점령함으로써 일본 본토 중 가장 북쪽 섬인 홋카이도를 수륙양면에서 공격할 수 있게 되었다. 게다가 한반도까지 세력권에 들어오면 더 큰 이익을 얻을 수밖에 없었다.

일단 혼슈와 규슈도 소련의 공격 사정권 안에 편입될 것이며, 한국의 남쪽 항구 진해와 부산에 소련 해군을 정박시킬 수도 있었다. 전쟁 중 이 두 항구는 먼 거리인 미국을 공격할 때 보급항 역할을 하게 될 것이며, 그렇게 되면 소련은 미국 선박을 쉽게 공격할 수 있고, 미국이 방어를 택해 오키나와에서 남쪽으로 전함을 배치해도 소련의 사정권을 벗어날 수 없다는 계산이 섰다. 따라서 소련에게 있어 한반도는 단순히 공산권 세력으로 편입하겠다는 목적 이상으로, 미국을 동북아시아에서 몰아내 전략적 우위를 확보하는 데 매우 큰 전략적 가치를 지닌 지역이었다.

여기에다 중국까지 고려하면 더욱 그랬다. 스탈린은 중국에 공산 정권이 들어선 것을 환영했지만, 동시에 중국을 강력한 경쟁자로 생각해 관계가 좋을 때나 나쁠 때나 경계를 게을리 하지 않았다. 따라서 북한을 내세워 한반도 전체에 통제권을 행사할 수만 있다면 전통적으로 한국에 지배권을 행사해왔던 중국을 몰아낼 수 있으며, 소련 함대를 부산이나 진해에 기항시키면 가까운 서쪽에 자리 잡은 중국 본토에 쉽게 접근해 효과적으로 황해를 봉쇄할 수 있었다. 이는 상하이 같은 중국의 주요 항구와 홍콩을 어렵지 않게 공격할 수 있음을 의미했다.

스탈린이 어느 정도의 세계 정복을 꿈꾸었는지는 알 길이 없지만, 어쨌든 세력 확장에 망설이지 않고 한반도 지배에 몰두한 사실만큼은 확실하다. 김일성은 긴 모스크바 여행을 마치고 돌아오는 열차에서 값비싼 코냑으로 건배를 들며 자축했다. 마침내 꿈을 이루는 순간이 다가온 것이다. 이제 그는 스탈린에게서 남한을 공격해도 좋다는 승낙을 받았고, 남은 것은 무력으로 한반도를 통일시키는 일뿐이었다.

1950년 봄, 스탈린은 김일성의 남침 계획을 최종적으로 승인하고 막대한 군사력을 제공했다. 군사 물자와 더불어 미그MiG기 비행 중대가 후방에서 인민군을 지원했으며, 북한은 소련의 승인과 지원 하에 본격적인 남침 계획에 착수했다. 이제 북한도 노골적인 침략이긴 했지만, 공격을 할 수밖에 없었다는 불가피한 핑계거리부터 만들어야 했다.

역사적으로 가장 흔하게 등장하는 핑계거리를 예로 들어보자. 침략자들은 대다수 전쟁의 구실을 만들기 위해 무고한 죄수 몇 명을 선택한다. 그리고 죄수들의 정치적 견해나 범죄의 경중과 상관없이 적군 군복을 입혀 살해한 뒤, 자국 영토에 침입한 적군을 사살한 것처럼 사진을 찍는다. 그 다음에는 조사 결과 적국이 우리의 영토를 침입했음이 밝혀졌으며, 따라서 유감스럽지만 먼저 공격을 시작했다고 선언하는 것이 자연스러운 수순이다. 물론 그때쯤이면 전쟁을 위한 모든 준비를 마친 상태다.

여기에 대고 비난을 퍼부으며 철저한 조사를 요구하는 것은 무의미하다. 히틀러, 스탈린, 무솔리니와 일본 모두가 이 전술을 사용했고, 김일성도 재빨리 그 전례를 따랐다.

1950년 6월, 북한은 여러 명의 '제국주의 앞잡이인 침략자'가 북한 영토를 침범했다고 발표했다. 북한이 사살된 시체를 전시하고 증거를 포착한 사진을 제시하자 양국 간 긴장도 팽팽해지기 시작했다. 북한은 지난 40여 년간 이 날조된 증거를 통해, 미제국주의자의 사주를 받은 남한이 북한을 먼저 공격해 전쟁을 일으켰다고 주장해왔다. 또 안타깝지만 이런 선전에 귀가 솔깃한 사람들은 늘 있게 마련이고 , 이 같은 북한의 거짓 주장은 1990년대 초반 다시 고개를 들었다.

하지만 당시 소련의 비밀문서와 북한이 소련과 남한 공격을 논의했다는 사실을 뒷받침하는 광범위한 증거가 공개되면서 북한 측 주장이 허구였음이 밝혀졌다. 그러나 아직도 북한의 그럴듯한 주장을 믿는 사람들이 있는데, 대다수 미국인이나 망명한 한국인 학자들이며, 이들은 이 거짓말을 굳게 믿고 타인들에게도 그렇게 가르친다. 아직도 그 예전의 이데올로기를 신봉하고 있는 셈이다.

1950년 당시, 남한 사람들은 현실을 제대로 인식할 준비가 되어 있지 않았다. 그들은 남한이 먼저 침략을 했다는 북한의 발표를 뻔히 들으면서도, 그저 38도선 인근에서 종종 발생하는 소규모 충돌이려니 생각했다. 하지만 김일성에게는 다른 계획이 있었고, 마침내 때가 되자 남침을 감행했다.

| 북한의 남침

찌는 듯이 더웠던 1950년 6월 25일 일요일 새벽 3시 30분경, 38도선 인근에 배치된 북한군 대포가 불을 뿜었다. 목격자들에 따르면, 폭풍이 오기 전에 벼락이 치듯 새벽 하늘에 불꽃이 가득했다고 한다. 폭격이 있은 후 잠시 뒤, 북한 육군이 소련제 탱

크를 앞세우고 남쪽으로 밀려왔다. 한국군보다 월등한 군사력을 자랑하는 북한군은 힘센 불도저로 땅을 밀듯, 경무장한 한국군의 저지선을 간단하게 뚫어냈다. 한국군 부대는 효과적인 대전차 방어할 효과적인 무기가 턱없이 부족했지만 침략자에 맞서 용감하게 싸웠다.

　심지어 한국군 1사단장 백선엽 장군이 지휘하는 부대 장병들은 북한군 탱크에 폭약과 수류탄만 들고 맞서는 등 자살에 가까운 육탄공격을 감행했다. 새 조국을 지키기 위한 장렬한 죽음이었다. 이외에도 한국군은 더 이상 몸으로도 방어를 할 수 없을 때만 후퇴를 했는데, 결국 북한군의 엄청난 파괴력을 감당하지 못해 방어를 위한 최소한의 시간조차 확보할 수 없었다. 며칠 만에 서울은 북한군 야포의 무차별 공격을 견디지 못하고 폐허가 되었다.

　전황이 악화되자 인산인해를 이룬 피난민들이 남쪽으로 피하기 시작했다. 흰 한복을 차려입은 사람들이 얼마 안 되는 세간과 아이들을 이끌고 서둘러 피난길에 올랐다. 그 와중에도 북한 첩자들은 군복 위에 흰 겉옷을 덧입고 피난민 대열에 섞여 기습 공격을 준비하고 있었다. 북한군의 이러한 전술은 혼란을 가중시켜 그만큼 공포감이 확산되었다.

　예를 들어 북한군의 전진을 지연시키기 위해 한 젊은 남한 기술자가 서울에 있는 한강의 주요 다리를 폭파시킨 일이 있었다. 나중에 그는 이 일이 상관의 명령 하에 이루어진 것이라고 주장했다. 그러나 그 기술자는 아군이 아직도 한강 이북에 있는 상황에서 너무 일찍 다리를 폭파시켰다는 죄목으로, 즉결재판을 거쳐 총살 당했는데, 수십 년 후 그 미망인이 소송에서 목격자의 증언을 통해 남편의 누명을 벗겨냈다. 이 사건은 당시 명령과 통제 구조가 급격히 와해된 상태에서 공포에 휩싸인 남한 측 상황을 단적으로 보여주는 예다.

북한 인민군은 남진을 계속했다. 남한 지역의 지리적 상황을 고려해보면 북한군이 어디를 목표로 삼았는지 어렵지 않게 추측할 수 있다. 남쪽으로 행하는 주요 도로는 서울에서 대전과 대구를 지나 맨 마지막에는 부산에 이르게 된다. 그리고 일단 북한군이 남쪽 항구 부산을 점령하면 한반도를 되찾기는 매우 힘들어진다. 이론적으로 남한의 정치적 실체가 사라지는 셈이다. 그러면 북한은 소위 '인도적인' 이유를 들어 휴전을 선언하고, 소련의 지원을 받아 한반도 전체에 실질적인 지배권을 확보할 수 있었다. 인민군들이 엄청난 화력을 집중하며 남진한 이유도 바로 이 때문이었다.

북한군이 지나간 자리에는 비밀경찰로 구성된 특별한 정치 조직들이 생겨났다. 그들은 매우 광범위하고 포괄적인 숙청자 명단을 작성해, 단순히 의심스럽다는 이유로 충분한 조사나 증거 없이 즉결 처분과 추방을 감행했다. 전쟁이 끝난 뒤 서울 외곽에서는 타도 대상이었던 교사, 정부관리, 정치인 등을 총살 후 가매장한 무덤들이 발견되었다.

또 서울에서 가장 고급 호텔이었던 조선호텔의 이탈리아인 지배인을 포함한 수천 명의 사람들이 무장한 인민군들에게 끌려 북쪽으로 갔고, 그후 누구도 행방을 알지 못했다. 인민군 일부는 측면 공격을 위해 남서쪽 광주와 남중부 마산 항으로 향하고, 주력부대는 일체의 동요 없이 남동쪽으로 이동 속도를 높였다. 그들의 목표는 분명했다.

부산을 점령하라!

| 제3장 |

잊혀진 전쟁

1950년 6월, 한국전쟁이 일어났을 때, 우리 가족은 텍사스 주 샌안토니오에 살고 있었다. 아버지는 1948년 이후 육군 항공대에서 독립해 새롭게 편제된 미 공군 훈련부대에 소속되어 있었고, 우리 가족이 살았던 곳은 래크랜드 공군기지에서 몇 마일 떨어진 개조된 병영 기지였다. 이 시절 어머니는 저녁 무렵이면 차를 몰고, 퇴근하는 아버지를 모시러 나갔다. 또 나는 훈련소에서 사랑을 독차지하는 마스코트가 되어 날마다 연병장에서 열린 제식행사를 구경하고, 놀 건수를 찾아 아버지가 근무하는 사령부를 기웃대기도 했다. 경례를 완벽하게 하는 법, 오토바이를 타는 법을 배운 것도 이때다.

그리고 6월 25일 밤, 우리는 라디오 뉴스를 통해 한국전 발발 소식을 들었다. 아버지는 지도책을 꺼내시더니 한국이 어디 있는 지를 손끝으로 가리켰다. 2년 전 소련이 베를린에 공수부대를 투입하며 미소 갈등이 고조되고, 1년 전 중국까지 공산화되자 동북아 정세는 극한으로 치달았다. 아버지는 걱정스러운 표정으로 말했다.

"보거라, 얘야. 소련은 유럽에서 더 이상 차지할 곳이 없어지니까 아시아로 눈길을 돌린 거다. 한국은 중국과 러시아에 접해 있잖니. 소련이 음흉한 마음을 품고 있는 게 분명하단다. 바로 일본을 원하는 거지. 따라서 우리는 소련의 야욕을 저지해야 한단다. 트루먼 대통령도 이 사실을 잘 알고 있을 거고, 일본에 있는 맥아더 장군도 가만히 있지 않을 거다. 잘 봐두거라."

아니나 다를까, 6주 후에 어머니와 나는 할머니 집으로 거처를 옮겼고, 아버지와 공군 부대는 치열한 전투가 벌어지고 있는 한반도로 떠났다.

워싱턴에 있던 해리 트루먼 대통령과 참모진들도 걱정에 휩싸였다. 그들은 불안정한 동아시아 정세 속에서 한반도의 전략적 가치를 따져보고 참전 여부를 고민하고 있었다. 남침 소식이 여기까지 흘러든 과정은 이러하다.

어느 날, 도쿄에서 당직을 서고 있던 알렉산더 헤이그Alexander Haig 중위가 서울에 있는 존 무치오John J. Muccio 대사로부터 "사태가 심각합니다!"라는 다급한 전화를 받았다. 헤이그는 즉시 상관인 에드워드 앨먼드Edward M. Almond 장군에게 전화를 했고, 앨먼드 장군은 또다시 이 사실을 맥아더 장군에게 보고했으며, 곧바로 극동지역 최고 사령부가 전쟁을 준비하기 시작했다. 무치오 대사가 워싱턴 국무부에 급전을 보냈고, 트루먼 대통령은 한국 시각으로 일요일 새벽 북한 남침 사실을 전해 들었다. 워싱턴 시각으로 토요일 이른 저녁이었고 주말 여름휴가라 직원들도 뿔뿔이 흩어진 상태였다. 트루먼 대통령은 첫 번째 조치로 국방 보좌관들을 소집했다.

수많은 논의들이 오갔지만 누구도 대통령이 어떤 조치를 내릴지 확신하지 못했다. 트루먼 대통령은 그리스와 이란에서는 공산주의자들을 막기 위해 군사 자문단과 장비 지원을 아끼지 않았다. 또 동독에서 소련이 연합군의 진입을 차단하기 위해 베를린으로 통하는 모든 도로를 봉쇄했을 때도, 공수작전을 승인하면서 극적인 맞대응을 벌임으로써, 서베를린 주민들의 자유를 지키고 만천하에 미국의 결연한 용기와 의지를 과시한 바 있었다. 하지만 한국의 상황은 사뭇 달랐고 전면전 양상으로 흐르고 있었기 때문에, 긴급 소집된 보좌관들조차 대통령의 의중을 짐작하기 힘들었다.

각료들이 모인 자리에 나타난 트루먼 대통령은 북한의 남침 보고를 들으며 무언가에 집중하려는 듯 얼굴을 찌푸렸다. 그리고 정보를 충분히 들었다고 생각되자 합참의장에게 즉시 남한을 방어할 준비에 들어가라고 명령했다. 다행히도 일본 점령에 참가했던 군대가 동북아 지역과 일본에 주둔하고 있어 빠른 준비가 가능했지만, 백악관 회의 참석자들을 불안하게 만드는 한 가지 요인이 있었다. 다름 아닌 역사상 가장 위대한 군인 중 한 사람인 맥아더 장군의 독특한 성격이었다.

맥아더 장군은 오랫동안 본국과 협의 없이 독자적으로 작전을 펼친 적이 많았다. 따라서 워싱턴의 각료들을 마치 부하처럼 생각하는 맥아더가 명령을 제대로 받아들일지 걱정이었다. 하지만 트루먼은 그런 우려를 뿌리치고 맥아더에게 총사령관으로서 받아야 할 정당한 예우와 충성을 기대하면서, 가정에 근거한 문제 제기는 받아들이지 않으려 했다.

    마침내 트루먼은 최종 결정을 내렸다. 남한 방어를 준비하고, 유엔에 문제를 제기하겠다는 것이었다. 아울러 그는 극동지역 총사령관 맥아더에게 전투를 준비하라는 명령을 전달했다. 또 앞서 갑작스레 서거한 유엔 창설자 루스벨트 대통령을 염두에 두고 이번 기회에 유엔이 제기능을 다하도록 만들겠다고 결심했다. 사실 트루먼은 스스로를 드러내는 것을 좋아하지 않았지만 나름대로 개성이 강했고 보기와는 달리 고집도 셌다. 그는 루스벨트의 승계자에 불과하다는 강한 비판 속에서도 현명하게 처신하며 대통령직을 수행했고, 1948년 선거에서 공화당 후보인 토머스 듀이Thomas Dewey에게 근소한 차이로 승리를 거두면서 몇 년 만에 처음으로 자신의 능력을 구체적으로 입증했다. 몇 년간 가까이에서 보아온 측근들은 누구나 트루먼에게서, 전에는 못느꼈던 새로운 강점을 발견할 수 있었다.

    그는 역사적으로 혹독한 평가를 받은 원자폭탄 사용 결정을 내릴 만큼 대담했고, 계산 밝은 정치인들이 정치적 위험이 크다고 피한 군대 내 인종차별과 같은 민감한 사안과 씨름을 벌일 정도로 세밀했다.

    또 믿고 따랐던 루스벨트 대통령의 유업 중 유엔처럼 가치 있는 사업은 계속 진행했지만, 필요 없다고 생각한 정책들은 조용히 폐기했다. 그러나 그는 본래 성질이 급하고 불같은 성격이라 자신이나 가족, 대통령 직속 부하에게 모욕이 될 만한 문제에는 민감한 반응을 보였다.

아울러 트루먼은 군 수뇌부, 특히 고위 장성과 화려한 경력을 보유한 장군들을 불신했고, 이 불신은 종래에는 자신에게 도전하려는 고위 장성과 불화를 일으킬 만한 가능성을 내포하고 있었다. 그리고 이런 모든 요소가 복합적으로 작용한 결과, 두 사람의 불같은 성격이 충돌했고, 이 충돌은 향후 수십 년간 미국의 대한국 정책에 많은 영향을 미쳤다.

| 유엔의 참전

1950년 6월, 유엔은 한국에서 벌어진 공산군 침략에 관한 결의안을 채택하기 위해 안전보장이사회를 소집했다. 유엔으로서는 전쟁 반대 결의안을 채택하기에 아주 좋은 시기였다. 남북한과 공산화된 중국은 유엔 회원국이 아니었지만, 상임 이사국 중 미국, 영국과 프랑스는 북한의 남침을 소련 확장 정책의 연장이라고 해석해 즉시 전쟁 반대 결의안을 채택했다. 또 대만으로 피신한 국민당 정부는 중국을 대표해 이 결의안에 찬성한다고 밝혀왔고, 중국 본토 문제에 대해서도 결의안을 이끌어내기 위해 노력했다. 비록 결실은 얻지 못했지만, 유엔이 한반도 공산주의 침략을 반대한다면 중국 본토 공산당 정부에게도 똑같은 입장을 취해야 한다는 국민당 측 이론은 당시로서는 논리적 설득력이 있었다.

다행히도 유엔은 북한을 규탄하고 남한을 원조하겠다는 결의안을 채택했다. 당시 소련은 한국 문제와는 별도로 유엔 참가를 거부하고 있었는데, 만일 소련이 상임 이사국으로 참가했다면 북한군을 축출하기 위해 군사력을 모으겠다는 결의안에 거부권을 행사할 수 있었다. 하지만 소련 대표단은 이 문제는 아랑곳 않고 다른 사안으로 불만을 표시하며 귀국했고, 유엔은 북한 규탄 결의안을 만장일치로 선택했다.

결국 역사상 처음으로 유엔의 푸른 깃발 아래 회원국들의 참전이 시작되었다. 유엔 결의안에 찬성했던 열여섯 나라 모두가 한국에 직접 군대나 의료진을 파견하거나 그 외 다양한 형태로 전쟁에 참여하기 시작한 것이다. 그중에는 남아프리카공화국(공군), 에티오피아(지원 병력)와 덴마크(의료진)처럼 생소한 나라들도 있었지만, 미국과 영국 같은 국가들은 지금도 그때처럼 세계의 자유와 민주주의를 수호하기 위해 병력을 파견하거나 싸우고 있다. 또 프랑스는 외국인 용병 대대를 보내 용맹하게 싸웠고, 터키도 노련한 보병여단을 파병해 한국군을 지원했다. 마지막으로 필리핀과 태국 등 아시아 국가들도 군사력에 버금가는 지원을 제공하며 한국의 자유를 지키기 위해 최선을 다했다.

이에 비해 북한의 남침을 도운 나라는 오직 소련뿐이었다. 소련은 유엔 안전보장이사회 상임 이사국이면서도 소련은 북한에게 물자, 무기, 안전한 배후 기지와 공군력을 제공했지만, 유엔은 일부러 이 사실을 공론화하지 않았다. 상임 이사국인 소련의 행동을 문제 삼을 경우 아직 기반이 약한 유엔 조직이 와해될 우려가 있었기 때문이다. 하지만 이 같은 사고방식은 유엔의 치명적 약점을 단적으로 보여준 예다. 즉, 유엔은 헌장에 명시된 가치를 지지하고 행동에 나서기보다는 조직의 존재 자체에 더 큰 비중을 두고 있었던 셈이다.

유엔의 이런 약점은 내부적으로 불협화음을 불러일으켰다. 국가, 종교 등 어떤 조직이든 그 주요 동기가 조직 자체의 존속이라면, 또 설립 목적을 위반해서라도 조직을 존속하려 든다면, 그 내부에서 벌어지는 과정은 비도덕으로 보일 수밖에 없다. 그리고 안전보장이사회가 북한의 침략 행위를 규탄하면서도 정작 이를 조장하고 원조한 소련에게 책임을 묻지 않은 것은 이후 수십 년 동안 국제 문제에 제대로 대응하지 못했다는 비난과 규탄을 받았다. 다시 말해 유엔은 헌장에 명시된 거창한 임무를 수행하기도 전에 허수아비로 전락한 셈이다.

실제로 각국 정치가들은 이미 유엔을 지나치게 정치외교적인 무대로 생각해 설립 목적에 맞는 구체적인 활동을 할 수 없었다. 대다수는 실천 없는 공허한 외교적 발언만 했고 한국전 참전에 대해서도 거의 가상 조직이라 할 수 있는 유엔군 구조를 적용했다. 유엔군은 언제나 미군 장성이 지휘하고 그 구성원 대다수가 미국 장병들이니, 냉정하게 말해 가상적 조직이 아니면 뭐란 말인가.

사실 미국은 1950년대 후반부터 한국에 대한 원조를 전적으로 부담해왔다. 아니, 거의 모든 원조를 혼자 책임졌다고 해도 과언이 아니다. 영국, 필리핀, 태국 같은 우방국들도 유엔 회원국으로서 지속적으로 임무를 수행했지만 엄격히 말하면 상징적 수준에 불과했다. 영국은 용병으로 고용된 네팔인 소대를 순환 배치했고, 필리핀과 태국도 마찬가지였다. 그리고 지금도 한국에 가

보면 미군은 3만 7천 명이 주둔하고 있는 반면, 다른 나라에서 온 유엔군 소속 군인들은 아주 미미한 숫자다.

한편 한국전과 관련한 트루먼과 맥아더의 갈등은 오늘날까지 뜨거운 논쟁을 불러일으키는 주요 쟁점으로 남아 있다. 이 사건으로 인해 트루먼은, '영웅이자 광대'라는 극단적인 평가를 받았던 미국 역사에서 몇 안 되는 오성 장군 맥아더를 해임해야만 했다(이 책에서도 두 사람의 갈등을 간략히 다룰 생각이지만, 이 말고도 두 사람의 갈등을 다룬 책이 많으므로 그 책들을 참조하기 바란다).

두 사람의 갈등은 한국전 전투 방식과 전쟁 목적에, 승리자의 결정은 종전 후 한국의 모습에 큰 영향을 미쳤다. 고집불통 두 사람의 논쟁은 단순한 권력자들의 내부적 입씨름도 아니었고, 일부에서 해석하듯 대통령이 주어진 헌법상 권리를 당연히 행사하는 과정에서 나타난 일도 아니다. 이 논쟁은 지금도 계속되고 있는 한반도 분단과 분단에 따른 모든 문제의 책임 소재에 관한 것이다.

첫째, 맥아더가 트루먼과의 논쟁에서 승리해 끝까지 전쟁을 고수했다면 아마 다양한 가설이 나올 수 있다. 하지만 1953년 휴전 협정이 조인된 후, 남북한의 모습은 상당한 차이를 보이며 변해갔고, 트루먼이 맥아더를 상대로 거둔 승리는 분단에 직접적인 영향을 미쳤다는 점을 생각해볼 필요가 있다.

두 사람은 한국전쟁을 지속할 것인가 여부를 놓고 극단적으로 충돌했다. 특히 맥아더 주장이 얼마나 강했는지는 말할 필요도 없다. 맥아더 장군은 어려서부터 스스로의 삶에 책임을 져야 한다는 지도자 교육 하에서 그것을 온몸으로 체질화한 사람이었기 때문에, 조언보다는 명령이 익숙했으며 한 분야에서 자기보다 모르는 사람으로부터는 지침이나 조언을 받을 필요가 없다고 확신했다. 또 그는 군인이건 민간인이건 대다수의 사람들이 지식이나 능력 면에서 자신보다 한 수 아래일 것이라 보았다. 특히 군사작전과 군대 지휘 분야에서는 탁월한 자신감이 있었으므로, 합참본부에서 명령을 받거나 자신의 지휘권이 제약되면 무척 화를 냈으며, 워싱턴에 있는 합참본부 장군들이 대개 잘못된 정보를 통해 사태를 오해해 이치에 맞지 않는 명령을 내린다고 생각했다. 그는 전투 경험이 없고 어수룩한 워싱턴의 정치가와 군인들의 결정을 무작정 따를 사람이 아니었다.

맥아더 장군은 누구도 승리를 확신하지 못한 한국전쟁을 승리로 이끌라는 명령을 받았다. 그가 참전 명령을 받았을 때, 상황은 불리하게 흘러가고 있었다. 북한 인민군들이 말 그대로 부산 외곽까지 밀고 내려와 전투를 벌이고 있었던 것이다. 하지만 미군과 한국군이 보인 결사 항전과 맥아더의 출중한 능력은 거의 확실시된 패배를 눈부신 승리로 뒤바꿔 버렸다. 그는 한국전쟁에서만큼은 자존심을 버리고, 자신의 경험과 능력을 아낌없이 발휘해 진두지휘에 나섰다.

다행히도 한국전쟁 때, 맥아더는 점령군으로 일본에 주둔해 있어 상당한 군사적 자원을 유연하게 운용할 수 있었다. 하지만 이 부대들은 문서상으로는 전투태세를 갖추고 있었지만, 아쉽게도 일본에 오래 머무는 동안 '점령군 컨트리클럽Occupation Country Club'이라 불릴 만큼 편한 생활에 젖어 있었다. 심지어 미군부조차도 그들에 대해, 제2차 세계대전 종전 후 훈련이 느슨

해져 보병부대들마저 적과 맞설 준비가 되어 있지 않다고 판단했을 정도다.

실제로 일본 주둔 부대에는 제2차 세계대전은 물론 아예 전투 경험이 없는 초급 장교와 병사들이 허다했다. 또 사람들은 맥아더의 소소한 행동을 비난하면서도, 막상 지휘관으로서 저지를 수 있는 가장 치명적인 실수에는 주목하지 않았다. 그 실수는 다름 아니라 언제라도 임무를 수행할 수 있도록 휘하 부대를 훈련시키고 준비시키지 않은 것이었다. 맥아더 비판론자들은 대부분 군사문제에 문외한이었기 때문에 부대를 훈련시키지 않았다는 실수나, 그 실수가 가져올 파급효과에 대해서는 별 관심을 두지 않은 것 같다. 또 그 군대가 점령지에서 편한 생활을 하는 건 늘 있는 일이며, 격렬한 전투 전에는 느슨하게 지내는 것도 나쁘지 않다고 생각했다.

그러나 이는 적군이 충분한 시간적 여유를 남기고 선전포고를 했을 때나 유효한 논리다. 현대판 전쟁은 대다수 사전포고나 시간적 여유 없이 발생한다. 따라서 맥아더는 전쟁에 대비해 부대를 항상 엄격히 훈련시켜야 할 의무가 있었다. 그것이야말로 지휘관의 임무다. 어느 전쟁이든 승리의 고지를 달성하기 위해서는 높은 수준의 전투력뿐 아니라 장병들의 사기도 한껏 고조되어야 한다. 목숨을 걸어야 하는 군인이 전시가 아니라는 이유로 대충 시간을 보낸다면, 전쟁에서 많은 인명 손실이 나는 것은 당연하다.

1950년 6월, 맨 처음 육군 24 보병사단의 일부인 스미스 특수부대(Task Force Smith – 미 육군은 사령관의 이름을 따 특수부대 명을 짓는 전통이 있다)가 찌는 듯한 더위 속에서 한국으로 파견되었다. 그들은 자신감을 넘어 만용에 빠진 채 북쪽으로 진군했다. 아주 위험한 태도가 아닐 수 없다. 그들은 인민군들을, 자신들을 보기만 해도 꽁무니를 뺄 정도의 오합지졸로 생각했다. 예상대로 스미스 특수부대는 처음에는 순조롭게 전과를 올렸고 서울 이남에 위치한 수원과 오산 근처에서 벌어진 첫째 전투에서도 북한군의 전진을 일정 부분 막아냈다.

그러나 북한군은 미군의 출현에 전혀 겁을 먹지 않았고 탱크, 보병과 야포 등 모든 수단을 동원해 도전해왔다. 하지만 당시 스미스 특수부대가 소지한 무기는 경보병 장비, 즉 구식소총, 카빈carbine, 소형 박격포와 바주카포가 전부였다. 당연히 이런 무기로는 중무장한 북한군을 상대할 수 없었다.

| 부산 방어선

미 육군 24사단 스미스 특수부대가 패배하여 뿔뿔이 흩어진 후(사단장 윌리엄 딘 William F. Dean 소장은 포로가 되었다), 북한군은 부산 함락을 위해 거침없이 남쪽으로 밀고 내려왔다. 맥아더와 부관들은 부산을 빼앗길 경우 주요 항구와 철도망을 잃게 되면서, 사실상 한국을 되찾기 힘들어진다는 사실을 인식했다. 따라서 어떤 희생을 치르더라도 부산만큼은 사수해야 했다.

맥아더는 부대와 장비를 아무리 적은 양이라도 되는대로 부산으로 급파하라고 명령했다. 이렇게 도착한 부대와 장비는 곧바로 '부산 방어선Pusan Perimeter' 사수를 위해 투입됐다. 이 부산 방어선을 지킬 수 있었던 것은 부산 지역을 길게 휘감으며 흐르는 낙동강의 힘이 컸다. 낙동강은 산악지역을 구불구불 흐르며 내려와 처음에는 서쪽으로 흐르다가 남쪽으로 틀어지고, 또다시 약간 동쪽으로 굽이치는 형국이었다. 또 부산이 가까워지면 상당히 가파른 화강암 비탈면 아래에서 동쪽으로 급류를 형성한다. 병사들은 낙동강을 낀 이 지역을 '방어에 적합한 지역'이라고 불렀다. 험한 지형을 무기 삼아 강 동쪽 제방 위 유리한 위치를 선점하는 것이다. 그러면 급류가 세고 긴 형태의 강을 넘어 진입하려는 공격자를 높은 곳에서 사격할 수 있었다. 이처럼 낙동강을 중심으로 최후 방어선을 설정한 한국군과 미군은 사실상 남한을 사수해야 한다는 절체절명의 책임을 안고 있었다.

한미 연합군이 낙동강 주변에 진지를 파고 방어 준비를 하면서 전력이 증강하자, 북한군은 부대를 광주, 마산, 포항으로 분산시켜 운용하기 시작했다. 어쩌면 지금쯤 북한은 결국 이 잘못된 결정으로 즉각적인 부산 총력전에 실패했다는 것에 땅을 치며 후회하고 있을지도 모른다.

하지만 이 때문에 전쟁은 새로운 전기를 맞았고 한미 연합군도 전열을 정비할 시간적 여유를 벌 수 있었다. 일단 미군은 최남단 부산 방어선까지 진군하느라 보급선이 무척 길어진 북한에 비해, 부산항을 통해 안정적인 보급을 유지할 수 있었다. 그러나 상황이 상황인 만큼 병사들은 충분한 훈련도 받지 못한 채 곧바로 전선에 투입됐다. 일부 어떤 병사들은 일본에서 온 수송선에서 내린 지 한 시간도 안 돼 M-1 소총의 탄창을 바꿔 끼워가며 북한군을 향해 사격하기도 했다.

엄청난 노력을 기울인 결과, 미국은 매우 짧은 기간 내에 충분한 병력을 확보했고 갈수록 전력이 약해지는 북한군 공격선을 마침내 와해시켰다. 훗날, 북한이 주력했던 부분은 기습과 속도였다는 사실이 분명해졌다. 만일 북한이 신속한 공격과 빠른 진격 두 가지를 모두 달성했다면 아마 남침에 성공했을지도 모른다. 이 경우에는 미국이 참전했더라도 북한이 승리할 가능성이 컸다.

그러나 북한은 전략적 기습은 성공했지만 애초의 야욕을 완벽히 달성할 수 없었다. 예상과 달리 미국이 일본 주둔 부대를 신속히 투입하자 본래의 계획이 흐트러지면서 승리를 낙관할 수 없게 된 것이다. 이어서 미국과 유엔 연합군까지 대규모 투입되면서 전세는 완전히 뒤바뀌었다. 또 그 사이 맥아더 장군이 계획한 인천상륙작전이라는 기발한 전술은 북한군에 결정적인 치명타를 날리게 되었다.

| 인천의 거센 파도

대다수는 상륙작전을 해병대의 전유물로 생각한다. 하지만 미 군대 역사를 살펴보면 오히려 육군이 해병대보다 훨씬 많은 상륙작전을 진행해 왔음을 알 수 있다. 대표적으로 오키나와 전투와 노르망디 상륙작전을 들 수 있다.

미 육군과 미 해군의 경쟁 관계는 전통에 가까웠던 만큼, 태평양 전쟁 중에 전략의 화신이라고 불리는 맥아더 장군과 체스터 니미츠Chester W. Nimitz 제독도 치열한 경쟁을 벌였다. 니미츠는 중앙 태평양에서 해군과 해병대를 동원해 일본군이 점령한 섬을 공격하고 탈취한다는 전략을 세웠으며, 반면 맥아더 장군은 서부 태평양 지역에서 주로 육군과 해군, 해병을 동원해 적군의 저항이 강한 지점을 우회하며 작전을 펼쳐 나갔다. 두 전략 모두 일장일단이 있었지만 두 장군이 이런 작전을 펼친 것은 전략 이상의 이유가 있었다.

제2차 세계대전 당시 미국은 아시아보다 유럽을 우선순위에 두고 있었지만, 그럼에도 태평양에서 활약하던 이 두 명의 장군을 포함한 모든 지휘관들은 전쟁의 공훈을 놓고 서로를 견제하고 있었다. 지휘관들 사이에 벌어진 경쟁의 승패는 워싱턴의 공개적인 지지에 달려 있었다.

당시 워싱턴에서는 해병대가 육군보다 우위였다. 해병대가 주도한 과달카날, 스페인, 타라와, 그리고 이오지마 전투가 대중에게 영웅적이며 인상적으로 비친 덕이었다. 또 존 웨인 주연의 〈이오지마의 사막Sands of Iwo Jima〉처럼 당시의 전투 장면을 담은 영화까지 제작되자 이 같은 이미지는 더욱 굳어졌다. 수비가 견고한 섬을 기습 공격하고 적의 격렬한 저항을 돌파하는 해병대의 능력, 쉴 새 없이 날아드는 일본군의 총탄을 뚫고 적진을 향해 돌격하는 해병대의 뛰어난 용기와 대담성에 누구도 의심을 가질 수 없었다.

하지만 서태평양에 주둔했던 맥아더는 니미츠와는 달리 간접적인 진입을 선호했다. 이 같은 전략적 차이는 참호 속에서 뒹굴며 보냈던 맥아더 자신의 군대 경력에서 기인한 것이었다. 실제로도 말끔한 카키색 군복을 입고 안전한 군함 갑판 위에서 쌍

안경으로 군대를 관찰하는 니미츠 제독과, 오랫동안 군화에 진흙을 묻히며 보낸 맥아더의 경력에는 상당한 차이가 있었다.

맥아더가 관할한 서태평양 지역은 진흙과 정글로 뒤덮인 채 거머리와 독사 등 온갖 열대병을 옮기는 벌레들이 득실거렸고, 열악한 환경에서 펼치는 서태평양의 작전은 아무래도 남태평양에서 실시하는 작전과 비교할 때 영광과는 거리가 멀었다. 서태평양 지역의 미군들은 수많은 어려움과 희생을 치러가며 임무를 수행했지만, 그 공적은 오늘날까지 몇몇 전투를 제외하고는 역사에 기록되지 못했다. 예를 들어 태평양 지역에서 얼마나 많은 공수부대의 낙하 공격이 있었는지, 전투 규모가 얼마나 컸고, 얼마나 치열했는지를 아는 사람은 거의 없다.

맥아더 장군은 일본군의 저항이 강한 지점을 우회해 공격하는 자신의 전략을 '포도넝쿨 시들게 하기 전략'이라고 불렀다. 직접적으로 공격해 수천 명의 사상자를 내기 보다는 보급선을 차단해 일본 요새를 고립시키는 방식이었다. 이 우회 전략을 실행하기 위해 맥아더는 상륙작전, 공중지원, 공수부대 낙하 등 다양한 수단을 사용했는데, 일본군의 방어 전략을 혼란시키고 분열시키고 최소의 희생자를 내며 뉴기니, 솔로몬제도와 필리핀으로 꾸준히 진격하는 등 예상을 뛰어넘는 성과를 거뒀다. 그 무렵 맥아더와 워싱턴 사이의 갈등으로 볼 때, 인천상륙작전이 합참본부의 승인을 받는 것은 힘들어 보였다. 포토맥 강을 사이에 둔 펜타곤 내 합참본부는 감정적·지리적으로 백악관과 가까이 지내왔으므로 먼 이국에서 전투를 지휘하는 야전 사령관보다는 긴밀히 의견을 조율하고 교환하기가 쉬운 상황이었기 때문이었다.

당시 벌어진 초기 논쟁은 다음과 같이 요약할 수 있다.

맥아더 장군이 인천을 상륙지점으로 택한 것은 최전선에서 한참 후방이라 간접 공격이 가능하다고 생각했기 때문이다. 실제로 북한군은 인천 방어에 별 관심을 두지 않았으므로 인천 상륙에만 성공하면 서울도 어렵지 않게 수복하고, 지나치게 길어진 적의 보급선을 차단하는 효과도 있었다.

또 빗발치는 반대는 호전적인 맥아더를 오히려 부추기는 꼴이 되고 말았다. 비관적 전망을 뒤엎고 작전에 성공한다면, 그간 꿈꾸었던 전략적이고 전술적인 기습공격을 완성할 수 있었다. 또 스스로를 '위대한 장군'이라고 생각하고 있는 맥아더로선 뛰어난 능력을 과시할 수 있는 기회였다.

합참본부에 근무하는 워싱턴 군 수뇌부들은 대부분 지나치게 정치적이었다. 그들은 워싱턴과 의회, 그리고 언론에서 제기되는 비판에 보조를 맞추는 것에 만족했고, 국방성 장군들은 그들대로 승리보다는 인명 손실이 클 경우 여기저기 쏟아질 비판을 걱정했다. 이는 '현장에서 멀리 떨어져 전쟁을 지휘하는 사령부'가 저지를 수 있는 전형적인 위험 회피적인 사고였고, 지휘부의 이러한 결정들이 미군의 의사결정과 행동에 수십 년 동안 영향을 미쳐왔다.

그 무렵 맥아더 장군은 전혀 인맥이 없던 국방부와 합참본부에서 벌어진 복잡한 관료적 개혁에 직면했다. 하지만 72세라는 나이답게 1902년 필리핀 폭동부터 1945년 미주리 호 갑판에서 벌어진 일본 항복까지 다양한 경험을 해온 맥아더는, 국방부와 합참본부에 있던 군 수뇌부를 전쟁 경험도 없고 아시아에 대해서도 별 아는 게 없다고 생각했다.

실제로 맥아더는 극동지역 최고사령관이었으며 사실상 일본을 좌지우지하는 실권이었다. 본국과 긴밀한 협의 없이 번번이 자체적으로 일본 국민에게 가장 좋으리라 여겨지는 정책을 내세우되, 일본에서는 맥아더를 '미국인 천황'이라고 부를 정도였다. 또 맥아더가 일본에 자유시장경제에 기반을 둔 민주주의 제도를 성공적으로 도입한 것은 현대 역사에서 가장 뛰어난 업적 중의 하나로 평가 받고 있다.

하지만 워싱턴의 군 수뇌부와 도쿄의 맥아더 사이에 갈등이 고조되자 결국 트루먼의 의사 결정권이 커질 수밖에 없었다. 맥아더는 루스벨트와는 친밀한 관계를 유지했지만 트루먼과는 안면조차 나눈 적이 없었다. 게다가 맥아더는 트루먼의 몇몇 발언이 자신의 명예를 훼손했다고 생각했다. 세계 질서를 책임지는 사람은 맥아더가 아닌 자기라는 점을 분명히 하고자 했던 트루먼의 의도가 야전 사령관의 심사를 건드린 것이다. 하지만 맥아더는 지금도 용기와 인내, 남자다움의 대명사로 불리듯 당시 트루먼의 비판을 매우 진중하게 받아들였다.

한편, 트루먼은 국민의 정서를 정확히 파악하고 전후에 일어난 변화를 속속들이 이해하고 있었던 반면, 1941년 12월 8일, 일본의 필리핀 공격 후 오랫동안 국외에서 지내던 맥아더는 미국 내 변화에 둔감할 수밖에 없었다. 그는 1930년대 중반에 조국을 떠났고, 20년간 미국에서 발생한 근본적인 변화를 전혀 이해하지 못했다.

결국 인천상륙작전 논쟁은 전투 그 자체가 아닌 관료체제의 이해관계 대립으로 변해갔고, 이 갈등에서 패배한 맥아더는 몰락의 길을 걷게 되었다. 군사 전문 용어를 빌리자면 '전술에서는 이겼지만 전략적으로는 패배한' 셈이다.

맥아더와 그의 참모들은 전쟁의 세세한 부분까지 관여하려는 워싱턴의 현장에서 수립한 신빙성 있는 전략을 방해하는 부당한 처사라고 비난했다. 통신기술이 발달하면서 먼 곳의 작전까지 세밀하게 파악하게 된 국방부와 워싱턴이 까다롭고 다루기 힘든 야전 사령관을 통제하기 쉬운 행정직 군인과 민간 전문가로 대체해 군 업무 전체를 관장하도록 한 것이다.[6] 한편 맥아더의 도쿄 사령부 참모들도 인천상륙작전의 위험성을 역설하며 상륙 지점을 변경하자고 장군을 설득했지만, 참모들의 그럴 듯한 논리도 산전수전 다 겪은 맥아더의 화려한 언변과 노련한 대처 능력을 당해낼 수 없었다. 그리고 참모들은 건의를 입안시키는 데는 실패했어도 직업군인답게 상관의 명령을 받아들여 최선을 다했다. 사실 그들로서는 업무에서 손을 뗀 채, 맥아더 장군의 결정에 대해 워싱턴 인사들과 다시금 논쟁을 벌여야 할 이유가 없었다.

한편 맥아더는 워싱턴에서 강력하게 주장을 밀어붙이자 결국 분노가 폭발했다. 자존심에 상처를 입은 그는 합참본부에 최후통첩을 보냈다. 인천상륙작전을 승인하거나 아니면 자신을 해고하라는 내용이었다. 다소 오만한 태도였을지 모르나, 그는

---

6. 이처럼 시스템 변경을 통해 좋은 결과를 기대했지만 오히려 베트남 전쟁에서 역효과를 가져왔다. 베트남 전 당시 린든 존슨 대통령은 미군 폭격기가 폭격할 공습지역을 개인적으로 판단으로 선택했다. 다행히도 극단적인 결과는 피했지만 이 시스템은 1950년 시작부터 불안한 측면이 있었다

워싱턴이 결국 자신의 요구를 승인할 것이라 확신하고 있었다.

맥아더의 사임 압박은 당시 합참본부에 상당한 위협이었다. 그러나 이 도발적인 행동은 미국 관료사회에 상처를 입혔고 이 상처는 계속 곪기 시작했다. 그 사이 트루먼과 백악관 보좌진은 상황을 예의주시하고 있었다. 대통령은 이미 도쿄 사령부의 독단적인 행동에 불만을 표한 바 있었으며, 맥아더와 그 참모진의 반발을 합참본부의 명령체계를 거부한 행동으로 간주했다. 또 맥아더가 합참의 명령을 거부한 것은 워싱턴 당국에 대한 직접적인 도전이며, 아울러 대통령 자신에 대한 도전이라 생각했다.

그러나 상륙작전에 인천보다 나쁜 지역은 없다는 비관적 전망을 깨고 인천상륙작전이 극적인 성공을 거두면서, 사실상 한국전쟁의 승리는 명확히 미국 쪽으로 기우는 듯했다. 즉 맥아더는 갖가지 악조건을 이겨내면서 세상을 깜짝 놀라게 한 승리를 거둠으로써 자신의 주장이 옳았음을 증명한 셈이다. 맥아더는 인천상륙작전과 동시에 부산에서도 반격 작전을 진행해 북한을 위아래에서 공격하기 시작했다. 보급로와 퇴각로가 차단되면서 북한은 어떤 군대도 견디기 힘들 만한 상황에 처했다. 하룻밤 사이에 전세가 뒤집히면서 급속한 남진을 결행한 인민군은 전선이 지나치게 길어져 세력 분열을 겪었으며, 군대를 철수시키는 와중 부산에서 올라온 연합군의 공격에 부딪쳐 퇴각이 아닌 패주에 맞닥뜨린 형국이 되었다.

연합군의 추적은 계속되었고 인천상륙작전이 성공한 지 불과 며칠 만에 미 해병대가 서울을 수복했다. 해병대는 부산에서 진격해온 한미 연합군을 서울에서 맞이해 함께 북진했고, 얼마

안 가 북한 패배를 목표로 38도선을 넘었다. 한반도 통일은 곧 달성될 것처럼 보였다.

| 커지는 전쟁

워싱턴 일각에서는 전쟁을 확대해 압록강 너머 중국으로 진격해 마오쩌둥과 공산당을 척결하자는 주장이 공개적으로 제기되고 있었지만, 맥아더 사령부는 이 논의를 짐작하지 못하고 있었다. 맥아더 장군은 그저 인민군 패잔병을 마지막까지 뒤쫓아 항복을 받고 전쟁을 끝낼 생각이었다. 심지어 1950년 11월 있었던 공개석상에서는 병사들을 향해 '이번 크리스마스는 고향에서 보낼 수 있다'고 말할 정도였다.

그것은 트루먼 행정부도 마찬가지였다. 일부에서 확전 논의가 있었지만 트루먼은 그럴 생각이 없었다. 그 와중에 대만으로 피신한 국민당 장제스 정부는 미국 상원의원을 상대로 전쟁을 중국까지 확대하라는 대대적인 로비를 펼치고 있었다. 즉, 한국에서 전쟁을 승리로 이끈 뒤 국경을 넘어 만주로 진격하면, 남쪽 대만에서 장제스 군대도 동시에 공격을 감행해 중국 본토를 되찾겠다는 계획이었다. 일부 국민당 지도자들은 이 주장을 실현 가능하다고 공개적으로 외쳐댔지만, 누구도 중국을 다시금 내전의 불길에 빠뜨리는 전략에 동의할 생각이 없었다. 그러나 그 무렵 중국은 강한 불안감에 휩싸여 있었다. 모택동을 비롯한 중화인민공화국의 지도자들은 한국전쟁이 미국 쪽으로 기울고 있음을 걱정했고, 특히 유엔군이 북진을 해오자 불안감을 감추지 못했다. 이

때 아시아 문제에 정통한 맥아더와 그의 참모진이 중국에서 일고 있던 동요 기류를 눈치 채지 못한 것은 참으로 이해할 수 없는 일이다. 그로 인해 엄청난 비극이 시작된 것이다.

맥아더는 본국을 떠나 일본에 너무 오래 머물러 있던 탓에, 더 이상 핵폭탄이 사회적, 정치적으로 용납되지 않는 시대 변화를 포착하지 못했다. 다른 군사 전문가들과 마찬가지로 그 역시 필요하다면 미국의 발명품인 원자폭탄, 아니 그 외의 어떤 무기도 사용하겠다고 생각한 터였다. 물론 가능한 모든 무기의 사용을 고려하고 적절한 시스템을 조합해 사용하는 사람이야말로 훌륭한 장군이다. 다시 말해 전쟁의 승리를 위해서라면 큰 희생을 감수하며 대공습을 감행하듯, 전쟁을 끝내기 위해서라면 핵무기도 과감하게 사용할 줄 아는 이들이라는 것이다. 물론 핵폭탄은 우선적으로 선택할 수단은 아니지만 국제협약에 따라 금지된 독가스도 종종 전쟁 억제에 사용되지 않았던가. 특히 장기전의 경우, 대포로 파리를 잡지 않고 파리채로 탱크를 막지 못하듯이 군사적 상황에 따라 무기는 달라진다. 사실 적에 맞서면서 군사력을 제한하자는 생각은 전쟁이라는 무시무시한 개념과는 어울리지 않는다. 항복할 때까지 적에게 최대한 고통을 가하는 것이 전쟁 아닌가.

따라서 전쟁 후반기에 들어서자 맥아더 참모들은 원자탄두를 장착한 대포나 핵무기를 사용하자는 의중을 내비치기 시작했다. 그러나 예상대로 이 제안에 워싱턴은 경악에 가까운 반응을 보였다. 대다수 사람들은 '멍청이가 아닌 이상 어떻게 핵무기를 사용하자고 제안할 수 있는가?' 라고 반문하며 맥아더 측의 제안을 당황스럽게 받아들였다. 하지만 일본의 맥아더 사령부는 '원자폭탄이 있는데 사용하지 못할 이유는 무엇인가?'라며 워싱턴의 반응에 격분했다.

핵무기 사용 논쟁이 격렬하게 부딪치는 가운데 한국전쟁은 예상보다 호전을 거듭하고 있었다. 맥아더는 특유의 허세로 퇴각하는 북한군을 포로로 잡기 위해 187 공수연대를 투입했고, 공수연대는 평양 북부에 위치한 숙천과 선천에서 유례없이 손쉬운 공수작전을 펼쳤다.

맥아더는 북한군이 이미 지나간 지역에 이들을 투하하고, 영국군 여단이 북한군 패잔병 무리를 위쪽에서 협공해 187 공수연대 쪽으로 몰아넣는 작전을 사용했다. 사기가 꺾인 인민군들은 별다른 저항을 보이지 않았다. 당시 유엔군은 넓은 대형으로 북진을 계속해 중국-러시아 국경까지 이동했는데, 목표는 북측 패잔병을 한 명이라도 끝까지 추적해 제거하고 한반도 전체를 해방하는 것이었다. 일부 유엔군과 함께 미 육군이 서쪽을 맡고 한국군이 중앙 지역을, 그리고 미 해병과 나머지 육군이 동해를 따라 북쪽으로 올라갔다.

북한의 11월 체감 기온은 온도계보다 훨씬 추웠다. 이미 밤 기온은 오한을 느낄 정도였고, 아침에 잠자리에서 일어나 보면 물통까지 차갑게 얼어 있었다. 당시 유엔군은 북위 40도까지 진격했다. 당시 북한의 지형은 살을 에일 듯한 추위 속에서 펜실베니아 주 북부에 위치한 포코노 산을 넘을 때와 비슷했지만, 전쟁이 곧 끝나리라 생각했기 때문에 누구도 방한복같은 월동 장비를 갖추지 않은 상태였다.

또 인민군들의 저항도 거세지 않아 지휘관들도 부대에 특별한 경계명령을 내리지 않았다. 병사들은 텐트 안이나 노천에서 그냥 침낭을 펴고 추위와 싸우며 잠을 청했고, 아침이면 몸이 얼어 침낭이나 텐트에서 쉽게 빠져나오지 못했다. 실제로 중국군이 공격을 해왔을 때, 많은 병사들이 침낭에서 재빨리 빠져나오지 못해 목숨을 잃었다. 당시 미군 생존자 증언에 따르면 중국 병사들은 침낭에 몸이 묶인 미군 병사들을 한 명씩 목을 찔러 죽이면서 자기들끼리 낄낄댔다고 한다.[7]

| 중국군의 기습적인 대규모 참전

갑작스레 정체불명의 부대가 압록강을 건너 한국으로 진격하고 있다는 보고가 수차례 들어오기 시작했다. 또 미군이 인민군과는 다른 복장을 한 패잔병 부대와 총격전을 벌였다는 보고도 있었다. 정체를 알 수 없는 그 적들은 미 정찰병들이 사격을 가하면 곧바로 사라졌고, 새로이 포박된 포로 일부는 북한군이 아니라 중국군처럼 보였다.

잠시 여기서 당시 상황을 간단히 살펴보기로 하자.

잘 알겠지만 1950년에는 인공위성, 조기경보기 또는 정교한 도청장치 같은 첩보수단이 아직 등장하지 않았을 때였다. 그래서 비행기 조종사들이 비행을 하다가 이동 중인 적군 부대를 목격하

---

7. 한국에서 혹독한 겨울을 경험한 후 미 육군은 쉽게 열고 닫을 수 있도록 침낭에 지퍼를 달았다. 이제 미군 병사는 손잡이를 한 번 당기는 것만으로 한 번에 열 수 있는 침낭을 지급받아 과거와 같은 비극을 겪지 않게 되었다

면, 일단 이것을 기록하거나 때때로 사진을 찍으면서 동태를 살폈다.

하지만 적군이 밤에 이동할 경우에는 달빛이 매우 밝을 때를 제외하고는 관찰이 불가능했다. 옛날처럼 잡아 온 포로를 일부러 풀어준 다음 그들의 위치를 추적하는 방법도 있었다. 그리고 미군도 이 방법을 사용했다. 중국인 포로를 패잔병으로 간주해 일부러 풀어줌으로써 국경을 넘어가는 증거를 잡으려 했던 것이다.

그러나 압록강을 넘는 병사들은 중국으로 도망가는 북한군일 뿐, 한국으로 내려오는 중국 부대가 아니라는 또 다른 보고가 있었으므로, 미군은 중국의 참전을 확신하지 못한 상황에서 압록강 건너편에서 대기하고 있던 엄청난 수의 중국군을 보면서도 유엔군의 침략을 대비한 군사적 행동이라고만 생각했다. 또한 그 무렵 하급부대들은 부대장이 듣고 싶어 하는 정보만 보고했고, 싫어할 만한 정보는 고의로 누락할 정도로 기강이 엉망이었다.

중국군이 한반도에서 출몰하고 있으며 대규모 중국군이 침공할지도 모른다는 소문은 맥아더의 귀에도 들어갔다. 그러나 맥아더는 그 보고에는 관심을 두지 않았다. 아울러 맥아더 참모진들도 정년을 넘긴 장군에게 나쁜 소식을 전하려 들지 않는 경향이 있었는데, 이런 내부적 문제는 부분적으로 맥아더의 뛰어난 분석력에 기인했다. 단적인 예로 참모들은 인천상륙작전을 불가능하다고 판단했지만 맥아더는 아랑곳하지 않고 작전을 관철시켜 성공했다. 또 참모들은 한국전을 장기전으로 예상했지만, 맥아더는 몇 주 만에 전쟁을 승리로 이끌었다. 따라서 참모들에게 맥아더는 완벽한 분석력의 소유자였고 무조건적으로 맥아더를 믿었던 참모들은 전쟁이 거의 끝났다고 생각해 승리의 자만에 빠져 있었다. 중국의 기습 공격이 전략적으로 더 큰 효과를 거둘 수 있었던 것도 바로 이 때문이었다.

중국이 한국전쟁에 개입한 것은 국경을 맞댄 한국에서 미국이 통제하는 민주주의 정부가 수립되는 것을 용납할 수 없어서였다. 실제로 미국에서는 한국을 교두보로 중국을 공격하자는 발상이 터져나왔지만, 미국 정책 입안자들은 이 제안을 현실성이 없다고 받아들인 반면, 한반도와 코를 맞댄 중국은 이를 매우 심각한 위협으로 여겼다. 중국은 역사적으로 수차례에 걸쳐 외적의 지배를 받았고, 다시금 그런 역사가 되풀이될까 봐 전전긍긍했다.

결국, 중국 지도부는 미국과 맞서 싸우는 쪽을 택했다. 그리고 몇 주 동안 수만 명에 달하는 중국 보병부대를 압록강을 건너 험준한 북한 산악지역으로 잠복 파견했다. 중국군들은 추위에 대비해 솜으로 누빈 군복을 입고 PPSH 기관총, 수류탄과 소련제를 본 따 만든 박격포와 야포를 소지하는 등, 장비, 군사교범과 조직 등 대부분 측면에서 제2차 세계대전 당시 베를린을 공격한 소련 보병들의 형식을 따르고 있었다. 또 그들 대다수는 대일항전과 국민당과의 내전에 참전하는 등 오랫동안 전장에서 잔뼈가 굵은 노련한 병사들이었으므로 험준한 지형을 잘 활용했고 좋지 않은 도로나 보급 체계에도 영향을 덜 받으며 위장에도 뛰어났다. 그렇게 중국군들은 유엔군이 자신들의 존재와 능력을 파악하기 훨씬 전에 이미 전투 준비를 마친 상황이었고, 아마 파악했더라도 그렇게 많은 숫자가 벌써 공격 준비를 마쳤다는 사실을 믿기 어려웠을 것이다.

얼마 후, 일본군과 국민당 군에 맞서 완벽한 전술을 과시한 중국군은 깊은 밤 동시다발적으로 전면 기습 공격에 나섰고, 후방에서도 공격을 감행해 유엔군 통신을 차단하고 사령관과 지원 병력을 사살했다. 기세에 놀라 후방에서 지원 업무를 담당하던 전술부대들조차 장비를 놓고 도망가기에 급급했다.

실제로 중국군은 격렬하면서도 효과적인 공격을 펼쳤다. 당시 미군은 서부 지역에 있었는데, 중국군의 기습 공격에 당황해 뿔뿔이 흩어졌다. 그러다가 간신히 전열을 재정비해 중국군의 매복 공격을 뚫어가며 남쪽으로 피신하기 시작했다. 불행히도 몇몇 부대는 중국군 공격에 사분오열되어 공포에 질린 상태로 도망쳤고, 중부 지역에 있던 한국군 부대도 전열이 흐트러져 퇴각하기 시작했다. 동부 지역에서도 비슷한 상황이 벌어졌다.

중국군은 함경남도 장진호 부근에 있던 미 해병대와 육군부대를 맹공격했으며, 그 결과 미군은 간신히 중국군의 포위를 뚫고 해안 쪽으로 퇴각했다. 사실 후퇴를 자랑스럽게 여길 군인은 아무도 없겠지만, 이 철수 작전은 상상하기도 힘든 열악한 조건에서 뛰어난 용맹으로 이룩한 비범한 군사작전이었다.[8]

당시, 겨울을 맞이한 한국에는 수십 년 만의 추위가 찾아왔다. 지금도 한국전 참전자들은 1950-1951년의 혹독한 겨울을 또렷이 기억하고 있을 것이다. 모든 게 꽁꽁 얼어붙었고 주위는 온

---

8. 중국 보병에 포위되었다는 사실을 확인한 전설적인 해병 장군 체스티 풀러Chesty Puller는 당시 "좋아, 저 녀석들과 한 번 붙어 보자고. 지금부터 사방을 가리지 말고 무조건 사격하라"는 명령을 내렸다고 한다

통 눈과 얼음뿐이었다. 병사들은 수염이 덥수룩한 채 모포를 뒤집어쓰고 피로에 지친 얼굴로 입김을 내뿜었으며, 눈동자는 공포로 가득 차 있었다. 물론 보기 좋은 광경은 아니었다. 인천상륙작전 이후 불길처럼 번진 지나친 낙관이 순식간에 패배의 충격으로 변해버린 꼴이었다.

실로 중국군 참전과 유엔군의 퇴각은 매우 충격적인 일이었다. 중국의 참전을 '완전히 새로운 전쟁'이라고 지칭했던 맥아더의 말처럼, 당시 한국전쟁은 완전히 새로운 양상으로 흘러가고 있었다. 사람들은 무질서하게 남쪽으로 퇴각하는 유엔군을 보고, 다시 부산까지 밀리는 것이 아닐까 걱정하기 시작했다. 그리고 그 우려대로 또다시 공산군이 서울을 점령했고, 인천상륙작전 후 북한에 있는 고향으로 되돌아갔던 사람들까지 다시 피난민 대열에 합류해 피난민이 증가했다. 또 중국군의 무차별 사격으로 민간인 사망자들도 눈덩이처럼 불어났다.

맥아더는 중국군의 참전으로 전세가 뒤바뀌자 드디어 핵무기 사용을 고려하기 시작했다. 그는 압록강 근처에 집결한 중국군과 그들의 보급 통로에 핵무기를 사용하면 사상자는 최소화하면서 적을 제압할 수 있으리라 생각했다. 즉, 일종의 '보이지 않는 경계선'을 만들어 중국군의 병력과 물자 공급로를 차단하겠다는 생각이었다. 결국 맥아더는 유엔군을 목표로 한 중국군의 인해전술을 막으려면 핵탄두를 장착한 야포 공격이 필요하다고(언론에서는 '원자탄 대포atomic cannon'라고 불렀다) 주장했다. 그는 중국군 수천 명이 공격을 위해 집결지에 모여 있을 때 원자탄 대포를 몇 발 쏘면 공격 능력에 큰 타격을 줄 것이라 예상하고, 중국군이 미군을 살상하기 전에 그들을 괴멸시킬 수 있는 가장 효과적인 수단으로 이 방법을 사용해야 한다고 강조했다.

아니나 다를까, 이 주장은 미국에 커다란 논란을 불러일으켰다. 특히 정부의 의견이 발표되기도 전에 언론에서 이 주장을 공론화시키는 바람에 정부는 당혹감을 감추지 못했다. 더구나 야전에 있는 군인들이 백악관의 정책을 정면으로 반박해 체면까지 구겨진 난처한 상황이었다.

트루먼은 또다시 힘든 결정을 내려야 했다. 핵무기 사용을 결정할 사람은 오직 그 자신뿐이었다. 또 중국군 참전으로 전황이 급격히 악화되자, 한국에서 싸우고 있는 군인들은 내심 한 번 더 핵무기를 사용할 것이라 기대하고 있었다. 하지만 트루먼은 1945년 원자폭탄이 투하된 후, 5년간 일본에서 일어났던 처절한 상황을 목격한 터였다. 그는 결코 그런 결정을 내릴 수 없었다. 트루먼 행정부는 정책적 관점에서 한국전쟁을, 무조건적 승리를 목표로 했던 제2차 세계대전과는 다른 시각으로 바라보았다. 즉, 한국전은 범위가 상당히 제한적이고, 특히 전투에 참가한 사람들에게는 목적이 불분명한 기묘한 전쟁과 다름없었다.

오늘날도 마찬가지지만, 사실 '제한적 전쟁limited war'이라는 개념은 당시 사람들로서는 이해하기 어려웠다. 트루먼 행정부는 한국전에서 많은 희생과 파괴를 경험했음에도 한국전을 전쟁이 아닌 '국지적 군사 활동police action'이라 칭했는데, 참전자나 지원자 또는 유가족들은 그 표현을 매우 불쾌하게 받아들였다. 무수한 미군 병사들이 희생되었음에도 전쟁을 축소하거나 별일 아닌 것처럼 만들려 한다는 인상을 주었기 때문이다. 그리고 이 '제한적 전쟁'이라는 개념은 용감하고 의지 굳은 대통령이라고 칭송받았던 트루먼을 유약하고 줏대 없는 대통령으로 보이도록 만들었다. 실제로 전쟁 초기에 그토록 대담했던 미국은, 몸을 사리며 최후의 수단으로 핵무기를 다시 사용하게 될까봐 걱정하고 있었다. 심지어 중국을 자극할까 우려해 재래식 폭탄으로 압록강 근처를 공중 폭격하는 것조차 금지했으며, 미 공군 조종사들은 소련제 미그 15기와 공중전을 벌이되 기지로 되돌아가는 소련기를 열 추적 장치를 사용해 격추시키는 행동을 자제하라는 명령을 받았다.

마찬가지로 중국군도 열악한 참호 속에서 별다른 활동을 보이지 않으며 가급적 유엔군을 공격하려 들지 않았다. 그리고 이런 전투 형태는 전쟁 막바지 2년간이나 계속되었다. 다시 말해 제한적 전쟁, 신중한 대응, 자발적인 제한, 유엔에 대한 복종, 적의 신성지역과 같은 개념은 모두 한국전쟁 기간에 생겨났다고 해도 과언이 아니다. 또 이런 개념들은 수십 년 동안 군대와 국가의 행동을 제한하며 오늘날까지 계속되고 있다.

전쟁이 소강기에 접어들었지만 작전 지역으로 별 중요성이 없는 계곡과 능선을 차지하기 위한 전투가 계속해서 벌어졌다. 병사 수백 명이 휴전협정 때 고작 몇 마디 이야기를 주고받은 지역에 불과한 폭찹힐Pork Chop Hill[9], 철의 삼각지대Iron Triangle나 펀치볼Punchbowl 같은 지역을 탈환하다가 목숨을 잃었다. 그러는 사이

---

9. 한국전쟁 당시 유리한 휴전 협상을 위해 격렬한 고지쟁탈전이 벌어졌던 곳으로, 고지 모양이 '돼지주둥이'와 비슷하게 생겼다고 붙여진 별명

용맹한 미군들이 적을 물리치고 속속 고지를 탈환하고 있다는 기사가 점차 신문 1면을 장식하기 시작했다. 전쟁만 아니었더라면 그냥 조용한 시골 마을처럼 보였을 서울 북부 판문점에 막사가 세워졌고, 참전국 대표들은 탁자를 사이에 두고 휴전협정을 논의했다. 한쪽에는 북한 인민군과 중국군 대표가, 다른 한쪽에는 유엔군과 한국군 대표가 앉아 있었다.

대표단 간에 비난과 열띤 공방이 오가고, 상대방의 이름을 호명하며 거친 고성이 터져 나오는가 하면, 감정이 격해져 발끈 화를 내는 바람에 회의가 중단되는 등 쉽사리 타협점을 찾지 못하고 있었다. 그 사이 병사들은 혹한과 폭염 속에서 번번이 하룻밤 사이에 주인이 바뀌어버리는 고지를 점령하기 위해 피를 흘렸다.

근래 판문점을 방문하는 사람들은 예전과 달라진 것이 없다는 것을 보고 적잖이 놀란다. 막사는 건물로 바뀌었지만 탁자 사이를 가로 지르는 남북한 경계선은 그대로 남아있고, 다리와 도로는 깔끔하게 포장되었지만 그 위치는 1953년 7월에 휴전협정이 조인되어 전쟁이 끝났던 당시 그대로다. 그때 결정된 휴전선은 '군사경계선military demarcation line'으로 적대적인 남북한 사이를 갈라놓는 실제 국경이고, 이 휴전선에서 남북 쪽으로 2킬로미터 지점까지는 비무장지대인데, 1953년 설정된 이 국경선은 오늘날까지도 그 모습을 간직하고 있다.

남북의 모습도 마찬가지다. 1953년 서로에게 총을 겨누며 대치했듯이 지금도 남북한은 상대방의 공격에 대비해 감시의 눈초리를 게을리 하지 않는다. 전쟁 중 비무장 지대에 살포된 지뢰는 비바람과 폭설에 쓸려 위치를 파악할 수 없거나 지면에 솟아 있어 큰 위협이 되고 있다. 매년 많은 수의 젊은 병사들이 갑작스레 터져 나온 지뢰 때문에 불구가 되거나 목숨을 잃는다. 군사 협정에 따르면 지뢰는 탱크를 저지하거나 보병의 공격을 분산할 때, 또는 복합적 목적을 위해 주의 깊게 설치해야 하는 일시적인 무기다. 또 지뢰밭을 설치할 때는 설치 지역과 분포 상태가 정확히 명시된 지도를 두 부 작성해 하나는 현장에 보관하고 다른 하나는 상급부대에 보관해야만 한다.

    또 소기의 목적을 달성하거나 더 이상 지뢰가 필요 없을 경우에는 즉시 이를 제거해야만 한다. 그러나 전쟁 당시 적군, 유엔군 모두 한국의 비무장지대에 많은 지뢰를 매설했지만 급하게 설치하느라 지뢰밭 분포를 표시한 지도조차 없는 경우가 많았다. 결국 남북 양측은 오랜 시간에 걸쳐 지뢰밭 사이를 지나는 통로를 개설했고, 지금도 정찰병들은 이 통로를 벗어나지 말라는 교육을 받는다. 하지만 많은 첨병들이 비바람 등 자연적으로 위치를 벗어난 지뢰를 밟아 불구가 되거나 목숨을 잃고 있다. 사병들뿐만 아니라 정찰을 지휘하는 소위들도 보통 행렬의 둘째 또는 셋째 줄에 서는 경우가 많아 적잖은 피해를 본다. 내가 한국 육군사관학교에 있던 당시 가르쳤던 생도 예닐곱 명도 자신들의 아버지 또는 아버지의 적들이 설치한 위치 불명의 지뢰를 밟아 목숨을 잃었다.

| 제4장 |

친숙해진 한국

    1953년 가을, 우리 가족은 일본에서 본국으로 이동 명령을 받은 아버지와 부대들을 따라 미국으로 돌아왔다. 아버지를 포함한 많은 참전 병사들은 한국전쟁이 만족스럽지 못한 휴전협정으로 끝을 맺었다는 사실에 기만당한 느낌과 실망감을 감추지 못했다. 결국 맥아더 장군은 최고 사령관에서 해임되어 미국으로 돌아와 '승리를 대체할 수 있는 것은 아무것도 없다'라는 유명한 연설 문구를 남겼다. 맥아더의 반대파는 그 연설을 지나치게 감성적이며 시대에 뒤떨어졌다고 비웃었지만 한국에서 싸운 참전용사들은 그의 말에 깊은 공감을 느꼈다.

    병사들이 승리를 위해 목숨을 잃는 것은, 불행하지만 불가피한 일이었다. 병사들은 맡은 임무에 최선을 다했을 뿐이다. 하지만 대다수는 도무지 이해할 수 없는 '제한적 전쟁'에 목숨을 바쳤다는 사실에 씁쓸해 했다. 아울러 전선에서 싸운 병사들로서는 승리를 이끌 수 있는 무기가 있음에도 사용하지 않아 많은 동료들을 잃은 점, 적들이 피신처로 대피하는데도 워싱턴에서 공격 의사를 비치지 않았다는 점을 결코 용납할 수 없었다.

우리가 탄 앤더슨Anderson 호가 샌프란시스코의 금문교 밑을 통과하는 순간, 환영 나온 소방선이 푸른 태평양 바다 위에 분수처럼 물을 뿜었다. 부두에서는 악대가 음악을 연주하며 우리를 환영하고 있었다. 우리는 기차를 타고 로스앤젤레스를 거쳐 뉴올리언스로 향했다. 고향에 도착한 아버지는 군복을 벗어 집 한구석에 걸어두었지만 그렇다고 마음속에 간직한 주장마저 감추지는 못했다. 아버지는 과거에 연연하지도, 문제를 회피하지도 않았다. 한국전쟁은 정당했고 미국은 마땅히 참전하는 것이 옳다고 생각했다.

반면 아버지는 미 국민들의 무관심과 미 정치인들이 한국전쟁에서 보여준 소홀한 처사에 분개했다. 그 때문에 한국전쟁은 어느 날부터인가 '잊혀진 전쟁'으로 인식되었고, 그로 인해 많은 한국전 참전용사들은 가슴에 지울 수 없는 상처를 안고 살아야 했다.

아마도 내가 직업군인이 되겠다고 마음먹은 것도 이때부터였던 것 같다. 물론 미래를 위해 다른 생각을 안 한 것은 아니지만, 아버지, 삼촌 세 분, 사촌, 할아버지 모두가 직업군인이었던 만큼 나는 어려서부터 군인이라는 직업에 친숙했다. 아니, 내게 군인이 된다는 것은 의무이자 권리였는지도 모른다.

베트남 전쟁이 한창일 때, 나는 노스캐롤라이나 대학교에서

석사 과정을 공부하고 있었다. 하지만 도서관에서 제2차 세계대전 이전 독일 문서를 읽으며 논문 준비로 씨름할 무렵, 가슴 속에서 책임감과 도전 정신이 용솟음치는 것을 느꼈다. 결국 나는 3년 동안 지급될 연구원 장학금을 포기하고 군에 입대했다. 그 무렵에는 군에 입대하면 십중팔구 베트남 전쟁에 투입되었기 때문에 한국 근무는 생각도 않고 있었다.

누군가의 말처럼, 갈림길에 부딪쳤을 때 자신이 가야 할 길을 찾는 것은 매우 어렵다. 선택한 길에 따라 원하는 목적지에 안전하게 도착할 수도 있고 전혀 다른 여행을 할 수도 있기 때문이다. 마찬가지로 인생도 선택에 따라 크게 달라진다. 나는 육군에 복무하던 첫해에 그런 경우를 두 번이나 겪었다. 첫째 사건은 '네가 얼마나 중요한 일을 했는지 모를 거야' 하는 식으로 일어났다.

찌는 듯 더운 6월, 우리는 뉴저지 주 포트 딕스에서 하루도 빠짐없이 지휘관 훈련을 받고 있었다. 그러다가 부대로 배치되기 일주일 전에 군화와 군복을 지급받고 의료검진과 예방접종, 이발을 했다. 그러던 어느 날이었다. 우리는 전날 밤 늦게까지 병영 구석구석을 청소하는 고된 일과를 마친 뒤 다음날 뜨거운 햇볕이 내리쬐는 연병장에 열 지어 서 있었다. 따가운 햇볕에 머리가 지끈거렸고 지친 몸에서는 땀이 쉴 새 없이 흘러내려 공기 중에 땀 냄새가 진동했다. 훈련조교는 쉴 새 없이 "똑바로 못해!" 고함을 치며 자신은 더위에도 끄떡없는 듯 행동했다.

몇 분 뒤, 우리는 한 목조건물로 이동했는데(모든 목조건물은 제2차 세계대전 당시 '임시로' 지은 것이었고 요즘에는 콘크리트 건물로 재건축되었다).

건물 안은 시원하고 조용했다. 연병장에서 고래고래 고함을 치던 조교는 건물 안으로 들어오지 않고 밖에 머물러 있었다. 나는 그 때 학교를 갓 졸업한 상태였으므로 이 건물의 교실 같은 분위기에서 편안한 기분이 되었다. 그곳은 바로 군사주특기MOS, Military Occupational Specialty 테스트를 치를 장소였다. 이 테스트는 우리에게 마치 생사의 갈림길과도 같았다. 그 결과에 따라 근무 병과가 결정되기 때문이다. 모르긴 몰라도 우리 대부분은 당시 베트남 전쟁에서 '전사 1순위Cannon Fodder'로 꼽히던, 11B 소총으로 대변되는 소총부대 또는 경보병으로 배치될 운명이었다. 하지만 나는 본래부터 주특기 배정에서 보병을 지원한 상태였고, 주위에 있던 동료들은 나를 어리석다며 고개를 절레절레 저어댔다.

하지만 일단 테스트에 들어가자 언어능력 평가가 가장 큰 문제였다. 당시 기술적 능력, 잠재적 리더십처럼 다른 중요한 능력을 평가하는 테스트에는 언어능력 평가도 포함되어 있었는데, 이 시험은 마치 어휘와 문법 구조 모두가 지나칠 정도로 독창적인 에스페란토 말[10]처럼 생소했다.

그 동안 나는 고등학교에서 2년간 라틴어를 배웠고, 대학에서는 3년간 독일어, 2년간 러시아어를 배웠다. 또 비록 어릴 때지만 일본어도 배웠는데, 지금 돌이켜 보면 그날 시험에서 가장 중요한 영향을 미쳤던 것은 세월이 흘러 거의 잊어버린 일본어였던 것 같다.

여하튼 나는 그날 치룬 테스트에는 별 신경을 쓰지 않았다.

---

10. Esperanto-폴란드 사람 자멘호프가 창안한 국제어

아니나 다를까, 몇 개월 후 나는 카키색 군복 오른쪽 어깨에 일등병 계급장을 붙이고 새로 배급 받은 11B 소총을 어깨에 메고 조지아 주 포트베닝의 보병 장교후보생학교로 가는 길에 성적표를 펼쳐 보았다. 언어능력 점수는 36점으로 형편없었다. 실망스러운 결과지만 언어능력쯤은 보병 장교가 되겠다는 내 미래와는 별 상관이 없다고 애써 무시했다. 하지만 그것은 틀린 생각이었다.

사실 학교를 그만 두고 군 입대를 선택한 내 인생 첫 번째 갈림길은 그다지 분명하지 않았다. 그러나 인생의 두 번째 갈림길은 처음보다 명확하게 다가왔다.

빡빡한 보병 장교후보생 교육이 거의 끝나가던 무렵이었다. 한 중대마다 후보생 220명이 교육을 시작했지만 수료생은 채 100명도 되지 않았다. 우리는 교육 막바지 자대 배치 몇 주 전 희망 병과를 적어낸 뒤, 워싱턴에서 내려 올 배치 명령을 궁금해 하기 시작했다. 또 장교 후보생은 지원서에 명시된 공수부대, 특별 유격대인 레인저Ranger, 특수부대Geen Berets와 언어교육 중 적어도 하나 이상의 특기를 선택해야 했는데, 대학원을 벗어나 도전적인 세상을 찾아 육군에 입대한 나로서는 더 이상 불필요하다고 생각되는 교육을 받고 싶지 않아 언어교육을 제외한 세 가지 항목만 선택했다.

그 뒤로 한동안 배치 담당 부서에서 아무 소식을 듣지 못하던 차였다. 그러던 어느 날 아침, 사령실을 청소하다가 우연치 않게 반가운 소식 하나를 들었다. 청소하기가 무안할 정도로 늘 깨끗한 바닥에 혹시나 떨어진 먼지가 있나 걸레를 들었다가 일등상사의 통화 내용을 엿듣게 된 것이다. 물론 일등병인 내가 엿들을 수 있는 정보가 고급 정보일리는 없었다. 그 전화는 배치 장교와의 통화였는데 나는 그 중 아주 일부만 알아들을 수 있었다.

"알겠습니다. 애버네시와 맥스웰이 각각 공수부대와 그린베레를 지원한다면 언어교육을 승낙하시겠다는 말씀 아닙니까? 잠시만 끊지 말고 기다리십시오."

일등상사는 곧바로 당번 전령에게 "애버네시와 맥스웰을 찾아 빨리 이곳에 데리고 와. 빨리!" 하고 명령했다. 그리곤 수화기를 다시 들고 "오고 있는 중입니다"라고 말하고 초조한 듯 손가락으로 책상 위를 두드렸다.

순간 나는 지금이 매우 중요한 기회임을 직감했다. 걸레를 내려놓고 다시 빗자루를 들었을 즈음에는 워싱턴에 있는 누군가가 특수부대에 필요한 인력을 선정하고 있는 것 같았다. 나는 군대 생활을 오래 하지는 않았지만 지금까지의 경험을 토대로 여러 가지 상황을 꿰맞춰 본 결과, 특수부대에 배치되려면 반드시 언어교육을 받아야 한다는 것을 깨달았다. 그리고 '나는 지원서에서 언어교육만 빼지 않았던가?' 하는 생각이 들자 갑자기 온몸에 소름이 돋았다. 또 하나의 중요한 갈림길이 점점 가까워지고 있었다. 나는 큰맘을 먹고 벌떡 일어섰다.

당시만 해도 후보생이 간부에게 먼저 말을 걸려면 길고 힘겨운 얼차려를 각오해야 했다. 너무 긴장한 나머지 빗자루를 너무 꽉 쥐어 빗자루에 손자국이 날 지경이었다. 그러나 지금이 아니면 영원히 기회가 없을 것 같았다. 게다가 나는 지난 수개월 동안 이곳에서 '혹독한' 훈련을 견뎌냈고, 적어도 그 대가로 원하는 병과에 배치 받고 싶었다. 슬쩍 보니 특수부대에 배치될 여유 인력이 얼마 남지 않은 것 같았다. 나는 망설이며 "일등상사님, 그쪽에서 특수부대에 지원할 후보생을 찾고 있습니까?"라고 물었다. 일등상사는 말 없이 고개를 끄덕였다. 후보생이 건방지게 질문을 해도 호통치지 않은 걸 보니, 아마 그날 기분이 좋았던 모양이다. 나는 곧바로 "혹시 언어교육에 지원한다면 저도 특수부대에 배치될 수 있냐고 물어봐 주시겠습니까?"라고 물었다. 그는 다시 고개만 끄덕였다. 내 가슴은 사정없이 뛰고 있었다. '그래, 바로 이것이다!'

일등상사는 "그런데 특수부대에 배치만 될 수 있다면 언어교육에 지원하겠다는 후보생이 하나 더 있습니다. 괜찮겠습니까? 아… 지원을 허락하시겠다고요! 그 후보생 이름은 쿠굴루, C-U-C-U-L-U입니다"라고 전화기에 대고 말했다.

나는 너무 기쁜 나머지 빗자루를 집어던지고 소리를 지르며 그곳을 뛰쳐나왔다. 누구보다도 나와 비슷하게 특수부대를 고대하던 내 룸메이트인 론 크러포드Ron Crawford에게 소식을 전하기 위해서였다. 나는 그를 보자마자 외쳤다.

"크러포드! 빨리 사령실로 가봐! 언어교육을 이수할 테니 특수부대에 배치시켜 달라고 일등 상사한테 말씀드려. 빨리 뛰어!"

론은 믿기지 않는 표정이었다. 이 소식은 금방 후보생들 사이로 퍼져나갔고 얼마 뒤에는 수많은 후보생들이 특수부대를 지원하려고 사령실 밖에서 줄을 지어 기다렸다. 그날 일등상사는 전화기에 대고 계속해서 "또 다른 지원자가 있습니다"라는 말을 반복해야 했다.

대부분 한 기수의 장교 후보생 중에서 특수부대에 배치되는 사람은 두세 명에 불과하다. 그러나 1968년 봄에는 95명의 후보생 중 14명이 특수부대로 들어갔다. 우리는 용기있게 도전했고 원하는 목표를 이룬 것이다.

　　몇 주 후, 배치 명령이 하달되자 나는 언어교육으로 베트남어를 배우게 될 것이라고 생각했다. 베트남 전쟁이 점점 더 치열해지는 상황에서 다른 언어는 큰 의미가 없었다. 하지만 군대에서는 논리적 추론도 빗나가기 일쑤였다. 다름 아닌 '한국어'를 배우라는 명령서를 받은 것이다. 당연히 '왜지?'라는 의문을 떨쳐버리지 못한 채, 결국 후보생 학교를 떠나 노스캐롤라이나 포트 브래그에서 특수부대 교육을 받은 뒤, 뒤이어 캘리포니아 몬터레이[11]에서 한국어 교육을 받기 시작했다. 하지만 '어째서 내가 한국어 교육을 받게 되었지?' 하는 의문은 여전히 가시지 않았다.

　　결국 나는 국방부 언어연구소 교관에게 언어능력에서 매우 낮은 점수를 받았다고 고백했다. 그러자 예상치 못한 대답이 돌아왔다. 만점은 40점이고 대부분 후보생들이 10점 이하의 점수를 얻었다는 것이다. 즉 내가 얻은 36점은 매우 높은 점수였고, 따라서 나는 까다로운 한국어 쪽을 배우게 된 셈이었다. 당시 한국어는 아랍어, 일본어, 러시아어, 중국어와 함께 배우기 어려운 언어로 분류되어 있었고, 스페인어가 가장 배우기 쉬운 언어였다. 스페인어는 영어와 구조도 비슷하고 어원에도 많은 공통점이 있기 때문이다. 결국 나는 알 수 없는 갈림길에서 한국으로 향하는 길로 들어선 셈이다.

---

11. 몬터레이 만에 있는 항구도시로, 캘리포니아 주의 중부 태평양 연안에 위치

내 의사와 상관없는 명령이었지만, 어쨌든 나는 이 길을 35년간 걸었고 이 인연은 아마 죽을 때까지 계속될 것이다. 군대 생활 도중 서너 번 다른 경력을 찾기도 했고 잠시간 이탈도 있었지만, 나는 결국 늘 한국으로 되돌아올 수밖에 없었다.

이처럼 계속해서 한국과 다시 인연을 맺게 되는 이유는 알 수 없지만, 나는 모든 일에 나름의 이유가 있다고 생각하며 한국과의 인연을 소중하고 겸허하게 받아들인다. 어떤 사람들은 한국과 나의 오랜 인연을 신이 내려준 소명이라 말하고, 또 다른 사람들은 운명이라 말한다. 그리고 아시아 친구들은 그것을 나의 도道라고 한다. 하지만 이중 무엇이 되든간에 나는 한국과 끈질긴 인연을 맺고 있다.

| 해변의 몬터레이

빼어난 경치를 자랑하는 몬터레이는 높은 곳에 위치한 덕에 적의 군함을 쉽게 감지할 수 있어, 미 군사 전문가들은 이곳을 공격과 방어에 매우 적합한 지역으로 선정했다. 20세기에 들어서 이 몬터레이 지역은 아름다운 전망 덕에 값비싼 주택 용지로 인기가 높아졌고, 샌프란시스코와 로스앤젤레스의 군 요새들과 더불어 인근 지역에서 가장 탐나는 주거지로 바뀌었다. 현재 개발업자들은 국방부언어연구소에 인접한 퍼시픽 그로브와 몬터레이를 상업지역으로 개발하지 못해 안달하고 있으며, 퍼시픽 그로브 역시 캐너리 로우[12]를 내려다볼 수 있는 아름다운 숲으로 둘러싸여 있다.

1969년 당시, 캐너리 로우는 지금의 화려하고 고급스러운 분위기와는 달리 다소 음울한 거리였다. 황폐해진 부두 쪽 창고와 공장은 빛바랜 듯 보였으며, 부두 근방은 다이빙에 적합한 장소였다. 그 시절 나는 수업이 끝난 오후면 운동복으로 갈아입고 온종일 부두를 뛰어다녔다.

언어능력 수업에서는 배우기 어려운 한국어는 물론, 역사와 문화 그리고 전통까지 배웠는데 모두가 흥미로웠다. 강사들은 대부분 종전 후 지독한 가난을 피해 기회를 찾아 혈혈단신 미국으로 건너온 한국인들이었는데 한국어뿐만 아니라 한국에 관한 여러 지식들을 전해주었다. 그들은 배우기 어려워하면서도 한국어에 흥미를 느끼는 내게 많은 것을 알려주고 싶어 했다. 한국의 마음, 정신까지도 말이다.

여기서 한국인들의 기원을 잠시 말하고 싶다. 일단 미국인들은 한민족이 5천 년이 넘는 오랜 역사를 지닌 사실을 알면 상당히 놀라워한다. 고고학자들은 중앙아시아 바이칼 호 주변에서 건너온 유목민들이 한반도 최초 거주민이 되었다고 추측한다. 선사시대에 수많은 사람들이 수렵을 하며 이곳저곳 떠돌다가 베링 해를 건너 북아메리카로 갔고, 또 일부는 더 남쪽으로 내려가 남아메리카에 정착하기도 했다. 열약한 이동 수단과 환경을 고려해볼 때, 이처럼 유목민들이 신세계를 찾아 먼 거리를 이동한 것은 거의 초자연적인 현상과 가깝다. 그리고 이 과정에서 유목민들이 어느 한 곳에 정착하면서 현재 한국인, 중국인 또는 일본인과 같

---

12. 과거 정어리 통조림 공장이 좌우로 즐비했던 거리로 현재는 카페, 기념품 상점과 숙박업소가 많다

은 각기 다른 신체적 특성을 가진 민족들이 출현했다.

중앙아시아를 거쳐 한반도에 도착한 고대 유목민족들은 아마도 말을 이동수단으로 삼았을 것이다. 한국어 강사 박 선생은 "한국의 전통 복장을 주의 깊게 보세요"라고 말하곤 했다.

"한국 사람들의 바지를 보면, 중간은 헐렁하고 발목으로 갈수록 좁아집니다. 이 바지 모양은 한민족이 본래 기마민족이었다는 점을 말하고 있지요."

하지만 일단 한반도에 정착하자 더 이상 이동을 할 필요가 없어지면서 기마문화의 전통도 사라지기 시작했다. 박 선생은 이어서, "한민족은 실용적이고 광대한 초원을 생활 근거지로 삼은 몽골이나 미국 인디언들과는 달리 산악 지역인 한반도로 이주하면서 정착과 안정적인 문화를 발전시켰지요"라고 설명했다.

민족이 단일하다는 것은 한국의 가장 주요한 특징 중 하나다. 즉 남부 중국과 동남아시아는 다양한 민족과 언어가 혼합된 다민족 다언어 국가를 형성한 반면, 한민족은 단일 민족이라는 면에서 일본이나 중국의 한족과도 비슷한 전통을 가지고 있다. 나는 한국에서 '한국인'이라는 의미가 매우 명확하게 정의되는 것을 많이 보아왔다.

그러나 한국은 단일민족이라는 특성만으로 설명하기는 무언가 부족하다. 알고 있겠지만 한국은 많은 변화 과정을 거쳤다. 가장 중요한 단계 중 하나는, 1천 년 전 세 왕국이 한반도를 분할 지배한 삼국시대를 들 수 있다. 이 삼국 중에서도 고구려는 대략 현재 북한 영토와 만주까지 지배했고, 지금 남한 영토의 동서를 반으로 갈라 서쪽에는 백제, 동쪽으로는 신라가 있었다.

동맹국과 적대국은 지형적 이해관계에 따라 달라졌다. 예를 들어 '적의 적은 나의 동지'라는 말이 있듯이, 내가 경쟁하는 나라의 경쟁자는 곧바로 동맹자가 되는 식이었다. 따라서 서쪽에 위치한 백제는 일본과 동맹을 맺고, 동쪽의 신라는 중국과 친선관계를 맺었다. 그리고 차후에 신라가 무력으로 나머지 두 나라를 정복해 통일시켰지만, 이 고대에 발생한 지역적 갈등은 사회적인 지역감정으로 남아 아직까지도 현대 한국의 정치에 영향을 미치고 있다. 아울러 한국은 신라 통일왕국부터 근대까지, 중국과 정치 문화 면에서 긴밀한 관계를 유지했다.

한국이 친 중국적인 성향을 보인 데에는 여러 이유가 있었다. 그중 하나는 반복되는 일본의 위협 때문이었다. 근대 이전의 일본은 무질서한 봉건국가로 천연자원이 부족해 생존에 위기를 느끼며 외부로 눈길을 돌렸다. 당시 일본은 해상 약탈자들로 가득한 나라와 다름없었고, 실제로 한국이나 중국 해변 지역을 공격해 강간과 약탈, 파괴를 서슴지 않았다.

근래 들어 일본의 문화 일부가 한국을 거쳐 들어온 중국의 선진문명이라는 증거가 속속 드러나고 있지만, 일본 국수주의자들은 으레 그렇듯이 이런 문명 전파설을 수긍하지 않고 있다. 나를 가르친 한국어 강사 중에 저스틴 김Justin Kim이라는 사람은 중국 한자가 한국을 거쳐 일본에 전해지면서 히라가나, 간지[13], 등에 적용되었다는 증거가 있다고 주장했다.

이것은 이 지역에서 무역, 통상과 왕래가 얼마나 빈번했는

---

13. 한자의 일본식 독음

지를 단적으로 보여주는 중요한 증거다.

한국은 14세기 후반까지 움직임 없이 조용한 나라라는 뜻에서 '은자의 나라Hermit Kingdom'라고 불렸다. 한국은 중국보다 더 완벽한 유교국가로 변신했고, 유교철학은 조선시대로 승계되면서 더욱 발전했다. 또 조선 왕조는 19세기 말 경 중국으로부터 떨어져 나오기까지 500년 가까이 단일한 국가로서 존재했다. 사실 역사적으로 한 국가가 500년 동안 명맥을 유지한 예는 그다지 흔치 않다.

또 한국인들은 공자의 유교철학을 통해 사회적 지위와 인간관계의 덕목을 배웠다. 또 인간의 뿌리는 본분과 가족에 있으며, 교육을 중시해야 한다는 가르침을 받았다. 유교철학에 따르면 현재는 과거를 통해 해결해야 하며 법과 규율은 고정된 것이 아니라 시대에 따라 달라진다고 규정하고 있다. 한민족은 이 같은 유교의 가르침을 사회 전반에 매우 엄격하게 적용했다. 500여 년 동안 공자라는 위대한 철학자의 가르침이 한국 문화 곳곳에 스며들어 큰 영향을 미친 것이다.

오랫동안 유지된 안정과 평화로 인해 많이 한국인들이 조선 왕조야말로 역사적으로 이상적인 시대였다고 생각한다. 하지만 그 평화로웠다는 시기도 사실 생각만큼 안정적이지는 못했고 그런 생각 자체가 다소 근거 없는 통념이라는 지적도 있다. 모든 문화에는 신화적 요소가 있으며 한국도 예외는 아니었기 때문이다.

또 한국은 역사적으로 외국 세력에 좋지 않은 인상을 가진 탓에, 한국에 가보면 이전에 비할 바는 못 되지만 여전히 외국인들을 의심의 눈초리로 바라본다. 한국 사람들은 중화주의를 강조했던 중국 왕조처럼 자주적이고 자립적이며 봉쇄적인 국가를 바람직한 국가상으로 여겨, 새로운 사상과 문화, 사조를 받아들이고 흡수하는 데 경계를 늦추지 않는다. 특히 한국인들은 자국에 유입된 저급한 문화가 사회적 문제를 일으키는 이른바 '문화적 오염'을 강하게 경계한다. 미국의 오락 문화, 패스트푸드와 소비재 산업의 유입 속에서 국민들이 미국 상품과 사상에 급속히 물들어가는 풍조를 우려한다. 심지어 일부는 고립 정책 속에서 자립경제를 꾸려가는 북한의 외면만 보고 향수에 젖어, 북한이야말로 고대의 바람직한 '은자의 나라'를 대변하고 있다고 주장하기도 한다. 고향을 떠나온 많은 한국인들과 마찬가지로, 박 선생 또한 은자의 나라였던 지난날에 향수를 느끼고 있었다. 나는 처음에는 이런 박 선생을 잘 이해할 수 없었지만, 그의 모진 인생살이를 조금씩 알아가면서 어느 정도는 그럴 수도 있겠다는 생각을 품게 되었다.

 어느 날, 박 선생은 수업이 끝난 후 소위 '위대한 태평양 전쟁'에 일본 황군으로 징용되어 끌려갔던 경험을 말해주었다. 회상에 잠긴 듯 눈을 지그시 감고 거의 속삭이듯이 "우리에게 인생은 한 편의 공포소설 같았습니다. 일본인 신병을 훈련시키는 규칙도 엄했는데 하물며 한국인에게는 말도 못할 지경이었지요"라고 이야기를 시작했다. 당시 계급 낮은 하사관들에게, 체벌은 유일하게 주어진 특권과 같았다. 아무리 무서운 체벌을 가해도, 가해자가 상사라는 이유로 그 모든 것이 용납되었다. 가장 잦은 체벌은 몽둥이로 엉덩이를 맞는 것이었는데, 엎드리거나 손으로 벽을 짚고 맞으면서도 움직이거나 소리를 질러서는 안 되었다. 피가 흐르고 살점이 엉길 정도로 심한 상처를 입는 일도 다반사였으며, 심지어는 불구자가 된 신병과 기간병들도 많았다. 더 큰 문제는 이런 야만적 체벌이 신병 교육 부대뿐만 아니라 일반 부대에서도 만연했다는 사실이다.

박 선생은 일본 병사들도 이런 체벌을 받았는데 한국 사람은 어떠했겠느냐며 "한번 상상해 보세요! 일본 하사관들은 오키나와, 타이완, 한국 사람들은 '진정한 황국신민皇國臣民'이 아니라며 가혹하게 대우하기 일쑤였습니다. 그 중에서도 한국인은 가장 비인간적인 대우를 받았어요. 술에 취해서, 때로는 지루하다는 이유로, 또는 개인적인 스트레스를 풀기 위해, 특별한 이유 없이 식민지 병사들을 때려 죽이는 경우도 많았지요"라고 말했다.

박 선생은 그 고통스러운 시간에서 거의 20년이 지났는데도, 국방언어연구소에서 마주친 일본인 강사에게 인사조차 건네기 힘들어 하는 자신을 보고 얼마나 당혹스러웠는지 모른다고 말했다. 당시 언어연구소 건물은 일본어부는 2층에, 한국어부는 3층에 있어 서로 부딪칠 수밖에 없었고, 일본에 대한 한국인의 적대 감정은 연구소에서 늘 문제가 되었다. 한국어 선생들은 하루에도 몇 번씩 일본어부 근처를 지나가야 했는데, 박 선생 역시 일본인 동료와 마주치지 않는 날이 없었다.

"강제징집 동안 나는 단 하루도, 정말로 하루도 빼놓지 않고 일본인 하사관이나 상급자에게 맞았습니다. 기절하거나 의식이 완전히 없어질 때까지 맞은 적도 있지요. 또 처참하게 맞고 쓰러진 내게 동료들이 해줄 수 있는 일이라곤 진료소로 업고 가 정신이 돌아오거나 상태가 나아지기를 기다렸다가 상처에 연고를 발라주는 정도였습니다. 연고라도 바르면 그나마 나은 경우고, 보통은 아무 조치 없이 내버려 뒀지요."

"그렇게 맞아야 했던 이유가 뭡니까?"

나는 믿을 수 없다는 표정으로 물었다.

"무슨 일을 했기에 그렇게 가혹한 체벌을 받았습니까?"

"한국인이었기 때문입니다. 가장 악질적인 하사관들을 살펴보면, 일본군 밑에서 일하는 한국인 하사관들이 꼭 있었지요. 그들은 자신들이 일본인보다 충성스럽다는 것을 증명하려고 그런 짓을 자주 저질렀습니다. 내가 속한 부대는 마오쩌둥의 팔로군과 싸우기 위해 중국 북부로 향했습니다. 그중에서 일본이 장악한 지역은 별 볼일 없었고, 대부분의 지역은 팔로군 게릴라 수중에 있었지요. 팔로군에게 우리가 한국 사람인지 일본 사람인지는 중요하지 않았습니다. 그들에게는 모두 적이었던 셈이지요. 팔로군에게 잡히면 무조건 죽었습니다. 팔로군은 포로 개념이 없고 일단 잡으면 가혹한 고문을 가하다가 죽이죠. 우리 부대는 최전방 지역에 길게 퍼져 있었는데, 부대원들끼리 너무 떨어져 있어 비상시에는 소리를 쳐 도움을 청해야 했습니다."

그는 말을 계속 이었다.

"어느 날 저녁인가, 전투 장비를 챙겨 정렬하라는 명령을 받았습니다. 중국군 공격을 받고 있는 일본군 진지에 증원 명령이 내려졌던 거지요. 작전명령을 받아 움직일 때면 반드시 빠른 걸음으로 분주히 움직여야 합니다. 뛰는 것은 아니고, 여하튼 빠른 걸음이라고 할 수 있겠군요. 그날, 해가 떨어진 후에도 계속 구보를 하고 있었습니다. 아마 예닐곱 시간인가, 그렇게 먼지 날리는 길을 뛰어간 뒤 간신히 몇 분의 휴식을 얻었습니다."

"그제야 처음으로 물을 마실 수 있었습니다. 각자 물통은 하나씩 있었지만 음식 배급은 없었습니다. 그런 상태로 우리는 밤새 뛰었고 다음날도 마찬가지였습니다. 병사들은 지쳐서 하나둘씩 길가로 나가떨어지기 시작했어요. 하지만 쓰러진 동료들을 도울 수는 없었습니다. 대열에서 조금만 벗어나도 어김없이 게릴라의 공격을 받았기 때문이죠. 둘째 날 저녁이 되어서야 목적지에 도착했습니다. 하지만 중국 게릴라들이 우리보다 앞서 도착해, 이미 일본군 부대를 몰살시킨 후였습니다. 시체 대부분은 끔찍하게도 손발이 잘려 있었어요. 시체를 모아 태우라는 명령이 내려왔고, 우리는 밤새 시체를 태우고 그 재를 모아 단지에 담았습니다."

"우리는 유골을 담은 단지를 장교에게 건넸고, 장교는 거기에 전사자의 이름을 붙여 유가족에게 보냈습니다. 유골이 보내지느냐 버려지느냐는 선임 장교의 기분에 달려 있었습니다. 심하면 그냥 쓰레기통에 버리는 경우도 있었으니까 말이죠. 밤새 경계를 서며 시체 태울 나무를 모아 전사자를 처리한 다음, 올 때처럼 종종걸음으로 뛰어 부대로 돌아갔습니다. 이것이 바로 한국이 해방된 1945년까지 근 8년간 겪은 일입니다. 아직도 그때 기억이 잘 지워지지 않아 일본인을 대하기가 어렵습니다."

그동안 나는 박 선생과 여러 번 대화를 나누면서도, 한국인과 일본인 사이에 존재하는 깊은 적대감을 어렴풋이나마 이해하기 시작한 것은 이때가 처음이었다. 미국인은 용서도 빠르지만 잊기도 잘한다. 하지만 한국인은 과거를 잘 잊지 못하는 것 같았다. 여성 한국어 강사인 최 선생은 가끔씩 나와 한국의 독특한 문화적 특징을 토론하곤 했다. 어느 날 오후, 나는 망설이다가 박 선생 이야기를 꺼냈다.

"박 선생님이 겪었던 일은 정말로 끔찍합니다. 그런데 그 일은 몇몇 사람만 겪은 게 아닐까요?"

그녀는 단호하게 고개를 저었다.

"박 선생님은 일반 한국인보다 아주 조금 더 많은 일을 겪었을 뿐이에요. 제가 알기로 박 선생님과 같거나 그 이상 잔혹한 경험을 한 사람이 수백, 아니 수천 명은 될 거예요. 일본은 우리나라를 강탈하면서 남자만 군대로 징집한 게 아니라 그 이상의 것을 빼앗아 갔어요. 바로 한국의 정신과 여성들이었죠."

처음에 일본은 군수품을 생산한다는 이유로 한국 여성들을 모집했지만, 결국에는 강제 노역에 동원했다. 일본은 군인 모집 때와 마찬가지로, 좋은 보수 안전한 작업 환경, 깨끗한 숙소를 제공한다는 미끼로 여성들을 유인했다.

그러나 막상 일본의 서구화된 대규모 공장지역에서 그들을 기다리고 있는 것은 모집 포스터에서 본 내용과는 완전히 달랐다. 여성들은 강제 노역에 동원된 남성들과 다를 바 없이 노예와 같은 환경에서 일해야 했으므로 신체적으로 더 고통을 받았고 감독자들의 성희롱도 빈번했다. 또한 일부 여성은 혹독한 추위가 기다리고 있는 북쪽 섬으로 끌려가 어부들이 잡아 온 해산물을 가공하면서 노예 같은 생활을 했다. 한국인 여성 노동자들은 항상 배고픔에 시달렸고 위험한 환경에서 일하다 다쳐도 거의 치료를 받지 못했다. 전장보다 정도는 덜했지만 인정이라고는 눈곱만큼도 찾아 볼 수 없는 일본 공장에서 수십만 명의 여성들이 고통받으며 죽어갔다.

| 위안부 동원이라는 끔찍한 범죄행위

한국인 선생들은 식민 통치 시대를 통틀어 가장 잔인했던 '위안부 동원'에 대해서는 공개적으로 말하기를 꺼려했다. 실제로 이 행위는 입에 담기에도 끔찍한 만행이었다. 나도 인근 연구소에서 일하는 어떤 학자에게 이야기를 듣기 전까지만 해도 이 끔찍한 일을 알지 못했다. 그는 이렇게 말했다.

"일본 황군과 정부가 저지른 가장 비인간적이고 무자비한 행동은 식민지의 어린 여성들을 납치해 성적 노리개 역할을 강요한 일입니다. 일본 정부가 직접 이 일에 관여했는데 매우 잔학한 행동이었죠."

이 여성들을 일컫는 우회적인 용어가 많지만, 대표적인 것은 '위안부'라는 용어다. 오늘날 많은 사람들은 이 지칭에 심한 불쾌감을 표한다. 심지어 일부 일본인들은 위안부를 '신체기부부대'라고 부르며, 이들이 전장에서 싸우는 병사들의 사기를 고조시키기 위해 애국심을 발휘해 자진 참여했다는 터무니없는 얘기를 퍼뜨리기도 한다.

현재 일본 정부가 위안부 모집에 깊이 관여했다는 것은 분명히 밝혀진 사실이지만, 워낙 비밀스럽게 진행된 일이라서 확인할 자료는 거의 남아 있지 않은 상황이며, 역시나 일본 정부는 아직까지도 위안부의 존재를 공식적으로 부인하고 있다.

일본은 부대 근처에 마련한 매춘굴에 대략 병사 50명 당 한 명의 위안부를 배치했다. 부대 장교나 하사관들은 혹시 병사들과 위안부 여성들 사이에 동정적인 관계나 사랑이 싹트지 않을까 우려해 가급적 이들을 가혹하고 비인간적으로 대하라고 명령했다.

결국 위안부 여성들은 병사들의 기분에 따라 폭행당하기 일쑤였고, 불구가 되거나 죽는 경우도 허다했다. 성적 육체적인 학대가 공공연하게 이루어졌으며, 청결과 의료는 물론 최소한의 음식과 생활 조건 등 여성으로서의 모든 기본적인 요구까지도 무시되었다.

일본의 위안부 제도가 더욱 증오스러운 것은, 일본 정부가 어린 여성, 그것도 12세에서 16세까지 소녀들을 국제적으로 찾아다녔다는 사실이다. 당시는 현대 의학의 발전으로 항생제가 출현하기 전이었으므로 병사들은 전투에서 입는 부상보다 성병을 두려워했다. 성병은 몸을 극도로 쇠약하게 만들고 때로는 치명적인 결과로 이어지기 때문이다. 따라서 위안부를 찾아다니는 일본인들은 가능한 한 어리고 건강한 소녀들을 납치해왔고, 그렇게 납치한 여성들을 일본군 점령 지역에 빠지지 않고 설치되어 있던 이동 위안소로 보냈는데, 그중에서도 한국 여성들이 가장 많았다. 특히 많은 나라들 중에서도 한국은 여성의 순결을 매우 중시해, 이 또래 소녀들은 대부분 성 경험이 없어 성병에 걸렸을 가능성이 매우 낮았다.

당시 강제 납치된 여성들의 수는 정확하지는 않지만 징병된 일본군 숫자와 최근에 발견된 일본 자료에 근거해 대강 추산해보면 한국에서만 20만 명 이상의 여성이 납치되었다고 한다. 실로 상상할 수 없는 수가 아닌가.

| 가슴 아픈 생존자들

위안부 여성들은 대부분 살아 돌아오지 못했다. 그들은 성적 학대와 군인들에게서 옮은 질병으로 목숨을 잃었다. 또 일부는 살아서 고향에 돌아가봤자 환영받지 못하고 수치스러운 삶을 살아야 한다는 것을 깨달아 자살했고, 이 뼈아픈 경험에서 살아남은 여성들도 결코 고향으로 돌아가지 않았다. 즉, 그들은 인생의 막다른 길에 서 있던 셈이다. 대부분 일본군들은 진지를 버리고 도망가기 전에 일단 위안부들을 처형했다. 일본군에게 위안부는 이른바 증거와 같았다.

예상할 수 있듯이, 그나마 살아남은 소수의 여성들은 자신을 거부하는 세상에 비극적인 존재로 남겨졌다. 남성의 가장 기본적인 임무 중 하나는 여성을 보호하는 것이다. 따라서 한국 남성들은 자신들의 누이를 지키지 못했다는 사실에 심한 자책을 느껴야 했다. 또 한국 여성을 무참히 유린한 일본에 분노하면서도 피해자인 여성들에게 비이성적으로 분노를 표출했다.

결과적으로 한국인들은 위안부 문제로 더 이상 수치를 느끼지 않기 위해 그간 철저히 이 문제를 회피해 왔다. 그러나 이미 70대를 훌쩍 넘긴 생존 위안부 할머니들이 자신들이 당한 고통과 오랫동안 억눌린 정당한 분노를 표출하면서, 드디어 위안부 문제는 사회적 관심을 받게 되었다. 그들은 공개적인 활동을 펼치며 미디어의 이목을 끌었고, 위안부 문제도 한국과 일본 사이의 문제임을 정확히 부각시켰다. 하지만 위안부 문제는 한국과 일본뿐만 아니라, 역시 자국 여성들을 빼앗긴 필리핀과 타이완, 인도네시아 등에게도 민감한 사안이다. 일본 패망 전까지 일본 전쟁광들의 탐욕을 충족시키기 위해 수백만 명의 위안부 여성들이 희생되고, 수많은 사람들이 이름도 없이 병들고 상처받으며 외롭게 숨겨간 사실은 결코 잊어서는 안 될 고통스런 역사다. 특히 일본인들이 이 점을 명심하고 이런 어처구니없는 행동을 다시는 되풀이하지 않아야 함은 두말 할 나위가 없다.

| 열강의 손에 맡겨진 한국의 운명

이처럼 한국인 강사들과 많은 대화를 나누게 되면서, 나는 한국에 대해 더 많은 호기심을 가지게 되었고, 결국 한국은 언어 외에도 배울 것이 많은 나라라고 생각해 언어연구소에 있는 한국 친구들과 자주 대화를 나누며 한국에 대해 깊이 있게 공부하기 시작했다.

미국 사람들은 한국 현대사에 많은 영향을 미친 당사자면서도, 정작 한국의 놀랍고 경이로운 역사와 현재에 대해서는 아는 바가 거의 없다.

19세기 말에서 20세기 초, 동북아시아는 커다란 혼란에 휩싸여 있었다. 사무라이가 지배하던 일본은 지난 30년간 근대적인 무기로 무장하면서 소리 없이 강해졌지만, 주변 국가들은 이 위협을 인식하지 못하고 있었다. 그러나 1904년 초, 일본이 러시아를 공격해 2년간 치열한 전쟁을 벌이자, 주변국들도 일본이 과거와 달라졌음을 절감하기 시작했다.

러일전쟁이 터지면서 양국은 중재자를 필요로 했고 미국이 그 역할을 자임했다. 그리고 1905년, 러시아와 일본이 루스벨트 대통령의 중재 아래 뉴햄프셔 포츠머스에서 평화협정을 맺었고 협정을 성사시킨 젊은 대통령 루스벨트는 그 공로를 인정받아 노벨평화상을 수상했다. 이 협정은 현재까지도 국제 외교사에서 주목할 만한 성과로 인정되고 있지만, 정작 미국인들은 대부분 이 협정을 잘 모르는 반면 한국 학생들은 학교에서 이를 배운다. 이 협정이 한국에 결과적으로 바람직하지 못한 영향을 가져왔기 때문이다. 다름 아닌 이 협정으로 한국이 일본의 보호국이 된 것이다. 당시 강대국이 약소국을 보호국으로 삼자는 규정을 내세운 표면적인 이유는 '선진'국이 '후진'국에 조언을 함으로써 '후진국의 발전'을 도모하자는 취지에서였다. 하지만 그 바탕에는, 자국의 의사와 상관없이 강대국에게 주권을 빼앗길 위험이 내제하고 있었다. 물론 한국도 예외가 아니었다.

그렇다면 공정한 사람으로 정평이 난 루스벨트가 이 협정에 동의한 이유는 무엇일까?

우선 부분적 이유는, 국제정세의 변화를 제대로 파악하지 못하고 왕족의 명맥만을 유지하려 한 조선 왕조에 있다. 당시 상황에서 조선이 취한 정책이 적절했는지 여부를 단언하기는 힘들겠지만, 분명한 것은 조선이 폐쇄 정책으로 퇴보함으로써 열강들에게 스스로 문제를 해결할 만한 역량이 부족한 중국의 변방국에 불과하다는 인상을 심어주었다는 점이다. 실제로 조선 왕조는 몇 번의 개혁 기회를 놓쳤고 왕조를 견고히 지키기 위해 문을 걸어 잠그고 순수한 유교국가로 남기를 고집했는데 이런 조선의 정책은 오히려 외부에 왕가가 부패하고 무능력하다는 인상을 심어주었다. 당시 국제사회는 마치 부모가 위험하게 칼을 가지고 노는 두 살짜리 자식을 걱정하듯 한국을 바라보았다.

이처럼 한국을 찬찬히 살펴보려는 노력조차 기울이지 않은 열강들도 문제지만, 한국의 주권이 '어른의 감독'을 위해 열강에 넘어간 책임 일부는 시대 조류에 따라 개혁을 달성하지 못한 조선 왕조의 무능력에 있었다. 개혁과 개방을 도외시하고 외세를 배격한 조선의 정책은 국방력을 약화시켰고, 오히려 외세 침입으로 더 큰 고통을 겪는 계기를 만들었다.

| 외세의 개입 그리고 합병

일본은 포츠머스 협정으로 한국에 개입할 수 있는 근거가 생기자 망설임 없이 행동을 개시했다. 마침내 감추어 둔 궁극적인 목적을 실행에 옮겨 한국을 통해 중국을 지배할 야심찬 계획의 근거를 마련한 것이다. 그들은 일단 만주까지 세력을 확장하고 뒤이어 중국 전체를 지배할 생각이었고, 이 목적이 달성되면 한국과 중국은 일본 제국의 경제적, 정치적 신하가 될 처지였다.

그렇게 일본 제국주의 열차는 서서히 바퀴를 굴리기 시작했다. 1910년, 제국주의 일본은 국제사회가 한국 문제에 의도적으로 중립을 표명하거나 묵인하는 가운데 공식적으로 한국을 합방했다. 일부에서 한일합방을 반대하는 목소리가 있었지만 일본은 이를 곧 잠재웠고, 그 이후로 한국은 일본의 일부로 간주되기 시작했다. 실제로 당시 세계지도를 보면, 1910년 이후 국제사회도 한국을 일본 영토로 여겼음을 알 수 있다. 보통 지도에서는 한 국가의 영토는 같은 색으로 표시하는데, 그 무렵 세계지도에는 한국과 일본이 같은 색으로 표시되어 있다.

한편 일본은 군부가 정권을 장악하면서 군부대신들이 천황 히로히토에게 충성을 맹세했다. 그들은 무장한 군인을 동원해 거리에서 무장시위를 벌이며 정부 관료들을 위협했고, 협조하지 않는 각료나 중도주의 정치가를 시와 때를 가리지 않고 암살했다. 과거 무사도 정신과 현대 군사 기술이 가장 극단적으로 결합한 양상이었다.

이 결합의 산물은 소위 대동아공영권Greater East Asia Co-Prosperity Sphere의 건설로 나타났는데, 일본은 이를 통해 피지배국에서 물자와 노동력을 공급받아 상품을 만든 뒤 내수에 조달하거나 수출했고, 대다수 자원을 군사력 강화에 필요한 산업이나 군수물자 생산에 사용했다. 군사적으로 강력한 힘을 지닌 이 시기의 일본은 아시아 전체를 지배하고 이 야욕에 반대하는 어리석은 열강들을 응징하려는 존재였다.

일본 관료, 기술자, 사업자, 교육자와 전문가들은 군대나 비밀경찰과 긴밀한 유대관계를 맺었다. 또 히로히토 천황을 포함해 고위 관료들은 합방 과정의 일부로 일본에 남아 있는 모든 한국 문화의 흔적을 체계적으로 제거하고, 한국인을 이등 일본 국민으로 전락시켜 일본 제국주의자들의 영광을 달성하는 도구로 이용하는 등 신중한 정책적 결정을 감행했다. 한국인은 일본의 지배와 지도를 감사히 여기도록 강요받았으며, 불만이 있어도 침묵해야 했다. 일본은 자치를 원하는 한국인들의 열망을 철저히 무시하고, 조금이라도 불만을 표출하면 무자비하게 탄압했다.

어떤 민족의 문화와 정신을 말살할 때 자주 그러듯이, 일본은 한국에 관한 거의 모든 것을 없애버리기 위해 겉으로 드러나는 부분부터 점점 깊은 곳까지 파고들기 시작했다. 제국주의자들의 첫째 원칙은 접근하기 쉬운 곳부터 없애버리는 것이다. 이를테면 도로 표지판, 언론매체, 상점과 광고 간판과 지도 등 외부로 드러나는 상징들이었다.

일본은 우선적으로 한국인들이 자랑스러워하는 한글과 한국어를 말살하기 시작했다. 한국어로 말하고 쓰는 행위는 범죄로 취급될 정도였다. 합방 초기 일본은 '조선'이라는 고유의 이름을 바꾸고, 한국인들에게 창씨개명을 강요했다. 이로써 한국인들은 수 세대 동안 공개적으로 모국어를 사용하지 못하고 서로의 이름까지도 생소한 일본식 이름으로 불러야만 했다.

이것은 대단히 모욕적인 조치로 수백 년 동안 존중해온 전통의 핵심을 훼손하는 일이었다. 리처드 김Richard Kim이라는 작가는 자신의 소설, 《잃어버린 이름: 한국 소년 시절에 대한 단상Lost Names: Scenes from a Korean Boyhood》에서 '잃어버린 이름'이란 구절을 사용해 잔인한 일본 식민시대를 은유적으로 표현했다.

나는 때때로 한국인들에게 왜 일본인을 싫어하냐고 물어보았다. 내가 말하고 싶은 것은 두 나라가 과거의 불편한 감정을 극복하고 협력하면 모두에게 유익하지 않겠냐는 점이었다. 하지만 과거의 유령이 현재, 심지어는 미래까지 위협하는 경우가 있다.

그리고 한국은 많이 누그러졌지만, 아직까지도 오랜 적대 감정이 수면 밑에 가라앉아 양국 관계에 중요한 요소로 작용하고 있다.

한국은 20세기에 들어 시대 흐름을 무시하고 과거의 유교적인 전통을 고수한 조선 왕조에 안주한 결과, 잔인한 지배자에게 예속되었다. 한국인들은 일본의 가혹한 식민 지배와 철저한 사회 통제로 인해 사실상 효과적인 저항을 시도해볼 수조차 없었다. 그 와중 남북한에서 각각 모습을 드러낸 이승만과 김일성도 사실은 수십 년간 미국과 소련에서 망명생활을 한 사람들이었다. 그들은 각각 식민지의 억압 유린, 고문과 소외에서 나라를 일으켜 세워야 한다는 막중한 과제를 부여받았다.

한 가지 내 흥미를 끈 건 국방부 언어연구소에서 근무했던 한국어 강사 모두가 천주교 또는 기독교 신자였다는 사실이다. 그들 중 대다수는 교회나 선교단체의 도움으로 미국에 이민을 왔다.

기독교가 한국에 소개된 것은 19세기 중후반이었는데, 당시 한국은 외국인을 경계하듯 외래 종교를 침입으로 받아들였다. 하지만 기독교는 일제 강점기까지 계속된 박해와 탄압에도 무럭무럭 번성했고, 현재 한국은 세계를 통틀어 기독교가 가장 빨리 성장한 국가가 되었다.

나는 이 사실을 눈으로 직접 확인한 바 있다. 한국을 방문할 때마다 밤하늘에 빛나고 있는 네온 십자가를 보고 큰 감명을 받은 것이다. 처음에는 최초로 한국을 방문한 다른 외국인들과 마찬가지로, 그 십자가가 약국이나 비상구급센터 또는 병원 것이려니 생각했다. 하지만 그 십자가들은 다름 아닌 교회나 성당의 표식이었다. 이처럼 기독교가 번창할 수 있던 것은 기독교가 중시했던 구원의 약속, 사후세계 또는 믿음 등이 희망을 제시했기 때문은 아닐까.

| 제5장 |

전후의 북한

 김일성은 지배 초기부터 통치 우선순위를 분명히 했다. 경제, 농업, 사회기반 시설 확충에는 관심을 두지 않고, 남한을 공격하기 위한 군사력 확장에만 심혈을 기울였다. 명목상으로는 남한의 침입에 대비한 방어적 군사력이라고 주장했지만, 사실상 북한은 방어가 아닌 공격을 준비하고 있었다.
 일단 북한군은 소련의 모든 것을 받아 들였다. 군복은 짧은 상의에 깃이 높고 어깨가 넓은, 모스크바 '붉은 광장'에서 흔히 볼 수 있는 소련군 제복과 똑같았다. 또 소련이 유럽에서 펼친 전략은 북한 지형에 유용했으며 남한의 수도 서울이 비무장지대에서 남쪽으로 고작 35마일 떨어진 거리에 있다는 사실도 북한에게 중요한 지리적 이점을 제공했다. 소련의 기습 전략에 따라 야포, 탱크와 보병을 일시에 동원해 대규모 공격을 감행하기에 더없이 좋았기 때문이다. 사실 이런 식으로 북한이 공격해올 경우 공격 통로에 자리 잡은 한국과 미국 방어부대는 시간을 벌기 힘들어진다. 방어전을 펼치려면 가능한 한 천천히 후퇴해 공격자의 힘을 소진시키고, 이 과정에서 공격자의 전력이 한계에 다다르면 이를 기회 삼아 반격을 시도해 전세를 역전시켜야 한다. 실제로 소련은 히틀러가 러시아를 침략했을 때 이 전략을 사용해 톡톡히 효과를 봤는데, 서울에서는 이런 방어 전략을 실행한다는 자체가 불가능했다. 따라서 미국과 한국은 배수진을 쳐 공격에 맞설 수밖에 없는데, 그럴 경우 상호 막대한 희생이 불가피했으며, 남북 모두 이런 전략을 썼을 때 유리한 점과 불리한 점을 너무나 잘 알고 있었다.

북한은 소련의 막대한 물질적 지원에 힘입어 빠른 속도로 군 현대화 작업을 진행해 나갔다. 한국 군대도 나름대로 같은 작업을 했지만 북한에 비해 상당히 느린 속도였다. 김일성은 절대적인 독재체제를 구축 강화하면서 동시에 군 증강사업을 시작했다. 북한 주민을 확실하게 장악하는 수단으로 인민군을 활용하면서 지원을 아끼지 않았다. 예를 들어 군대에 장비, 식량, 연료, 의료지원 등을 우선적으로 제공하는 대신, 군대는 위대한 지도자 김일성과 국가에 무조건적인 충성을 서약했다. 그리고 이렇게 군대에서 입지를 강화한 김일성은 북한 사회에서 자신의 역할을 확대해 나갔다.

1953년, 남북은 휴전협정의 잉크가 채 마르기도 전에 상대 영토를 침입하고 정찰하며 적대 행위를 일삼았다. 하지만 도를 먼저 넘긴 쪽은 북한이었다. 한편 김일성의 아들이자 후계자로 지목된 김정일은 이처럼 적대적인 환경에서 성장했고, 후계자 수업 중에는 테러작전을 계획하고 실행하는 임무도 포함되어 있었다. 이 시절 김정일은 지금보다 훨씬 수수께끼 같은 베일에 쌓인 인물이었다. 그는 모습을 드러내는 일이 거의 없었으며 국제 언론의 시선을 피해 다녔다. 김일성 일가가 거주하는 경비가 삼엄한 주석궁에서 찍힌 것 외에는 사진조차 볼 수 없었다. 북한 정부는 김정일을 언급할 때면 간접적인 표현을 사용했는데, 보통 '당 중심'이란 모호한 용어를 쓰다가 한참 뒤에야 '경애하는 지도자'라는 호칭을 공식적으로 사용하기 시작했다. 김일성은 공식적으로 외부 활동을 하기 전까지 정보기관의 수장으로서 국제 테러 활동을 지휘하는 데 전념했고, 이 업무를 꽤 성공적으로 수행해냈다.

| 박 대통령 암살 계획

1960년대 후반, 김정일은 테러 조직을 관장하는 업무에 관여했다. 이미 이 시절 북한은 박정희 대통령을 제1 암살 대상으로 주목하고 있었다. 박정희 대통령은 그간 남한의 학계와 좌파 지식인들로부터 인권 유린, 독재체제의 원흉이라는 비판을 받아왔지만, 본래는 누구보다도 국민을 생각하는 지도자였다.

박정희는 1961년에 쿠데타로 권력을 잡은 후부터, 즉흥적으로 대중 앞에 모습을 드러내곤 했다. 자주 운전사에게 차를 세우라고 지시한 뒤 밖으로 나가 사람들과 섞여 있기를 좋아했으며, 늙고 거리감 있는 대통령에게 익숙했던 시민들에게 박정희의 서

민적인 모습은 좋은 인상을 심어 주었다. 또 시민들과 격의 없이 어울리는 소탈한 모습은 민심 파악에 도움이 되었을 뿐만 아니라, 대중들도 대통령에게 호감 내지 감동을 느꼈다. 그러나 호시탐탐 암살을 노리던 북한 요원들에게 대통령의 이 같은 행동은 더 없이 좋은 기회였다.

| 청와대 습격

북한의 박정희 암살 시도 가운데 가장 악명 높은 것은, 1968년 청와대 습격 사건이다. 당에 선발되어 습격 훈련을 받은 특수요원 20명이 밤을 틈타 미군이 경비하는 비무장지대를 넘어온 것이다. 정작 한국군과 미군은 이들의 침입을 눈치 채지 못했지만, 우연찮게 산속에서 마주친 벌목꾼들에 의해 정체가 탄로가 났다. 그들은 엉뚱하게도 주어진 임무를 망각한 채 벌목꾼들을 잡아놓고 북한이 얼마나 위대한 나라며, 공산주의가 얼마나 위대한지를 장황하게 설명해 중요한 시간을 허비했다. 그리고 공작원들은 벌목꾼들로부터 자신들의 존재를 누설하지 않겠다는 다짐을 받은 뒤 풀어주었다. 이후 그들은 남쪽으로 전진해 기회를 엿보며 숨어 있었다.[14]

---

14. 북한 공작원 또는 테러리스트들을 혼란스럽게 만든 요인 중 하나가 바로 남한에 대한 북한의 의식화 작업이었다. 일단 공작원들이 남한에 내려와 실상을 보니 남한 사회가 그동안 교육받은 내용과 상당히 다르다는 것을 깨닫고 마음에 동요가 일어났다. 그들은 남한 사람들이 잔인한 독재와 가난, 배고픔에 시달리고 있기 때문에 북한 공작원들이 해방자로 환영받을 것이라고 들었다. 실상을 깨달았을 때 많은 공작원들은 사기가 꺾여 도망가거나 자살 또는 투항했다.

그날 밤, 보병 제 2사단 전술작전본부TOC, Tactical Operations Center 에서 당직을 서고 있던 미 육군 중위 스티브 시아델리Steve Ciardelli 는 이상한 제보를 받았다. 일단의 벌목꾼들이 북한 공작원들을 봤다고 연락해온 것이다. 하지만 그는 설마 하는 마음에 진위 여부를 의심했다. 그는 당시를 회상하며 이렇게 말했다.

"처음에는 20명이나 되는 북한 공작원이 감시망에 걸리지 않고 넘어왔을 것이라고는 상상조차 할 수 없었습니다. 그저 벌목꾼들이 술에 취해 잘못 신고했으려니 하며 첫 신고를 무시한 거죠."

사실 이런 업무는 야전에서 잔뼈가 굵은 고참 장교의 전담이었던 만큼, 시아델리는 신참 장교로서 자신의 판단에 확신을 가질 만한 충분한 경험이 없었다. 게다가 TOC에서 함께 당직을 섰던 다른 이들도 이 보고에 관심을 기울이지 않았다. 결국 시아델리는 모두들 거짓 정보일 것이라고 단정 짓는 상황에서, 굳이 곤히 자고 있을 상관을 깨워 소란을 피울 필요가 없다고 판단했다. 또 혹여나 거짓일 가능성을 우려해 상관에게 즉각 보고하지 않았다.

하지만 추가 보고가 속속 도착하자 처음에 만연한 회의적 반응은 사라지고, 북한이 실제로 작전을 펼치고 있다는 긴장감이 감돌았다. 사태의 심각성을 깨달은 전술작전본부 근무 장교들은 당황하기 시작했다.

이미 비난을 피하기는 늦은 상황이었으므로, 즉시 상급자에게 북한군의 침입 사실을 보고하고 경보를 발령했다. 이후 계속해서 침입의 징후가 포착되면서 책임 소재를 공방하는 무전이 오고가는 가운데, 미군과 한국군은 북한 공작원의 위치를 포착하기 위해 전력을 기울였다. 북한 공작원들은 체력적으로 강인하고 이동속도도 빨라 추격하기가 매우 힘들었다.

보통 공작원들은 비밀스럽게 군사적 목표를 파괴하거나 정보를 수집하는 것이 주된 임무지만, 이 부대는 다른 곳은 무시하고 오직 서울을 향해 전진하고 있었다. 즉, 서울에 있는 한 가지 목표 박정희 대통령을 시해하겠다는, 육탄 공격에 가까운 목적을 꿈꾸고 있던 것이다. 상상을 뛰어넘는 강인한 체력을 보유한 북한 특수부대원들은 대항군들을 번번이 혼란에 빠뜨렸다. 그들은 말 그대로 날아다니며 추적을 따돌리고 있었다. 북한 요원들의 예상 경로에 부대를 투입해도, 발견한 것은 고작 이미 그들이 지나쳐간 흔적뿐이었다. 심지어 인간으로서 도저히 하루 만에 갈 수 없다고 판단되는 지점으로 달려가도 북한 요원들은 이미 그 지점을 통과한 후였다. 북한 요원의 능력을 따라잡기 힘든 군과 경찰, 예비군 부대는 자신들의 능력에 회의를 품기 시작했다. '과연 북한 요원을 제지할 수 있을까?' 하는 의문만 머리에 맴돌았다.

북한 요원은 거침없이 서울을 향해 내려오고 있었다. 인구가 밀집된 서울 근교 지역에 이르러 더이상 숲이나 산속을 통해 은밀하게 이동할 수 없게 되자, 곳곳에서 마주친 대항군들과 산발적인 교전을 벌였다. 그 와중 즉각 즉각 들어온 시민들의 신고 덕에 점점 추격 거리가 좁혀지면서 여러 번의 교전이 벌어지고 심지어 마을에까지 총탄이 날아들었다. 총알이 오고가면서 북한 측 희생자도 늘어갔지만, 그들은 여전히 세력을 유지한 채 계속해서 도주했다. 점점 더 많은 군과 경찰이 소탕 작전에 투입되어 병력 수천 명이 북한 공작원을 쫓기 시작했다. 그 와중에 한 가지 의문이 고개를 들었다. '지금 우리가 쫓는 북한 공작원은 미끼에 불과하고, 더 강력한 부대가 다른 방향에서 은밀하게 청와대에 접근하고 있는 것은 아닐까?'

청와대는 경복궁 뒤편에 있으며, 높은 화강암 산이 주위를 감싸고 있다. 주변은 높은 담장과 삼엄한 경비, 탐지 장치 등으로 보호되어 있었지만, 경호원들은 투철한 목적의식을 지닌 북한 공작원의 침투력을 두려워했다. 황급해진 대통령 경호실에서는 대통령에게 강력하게 피신을 건의했지만, 군 경험이 많은 한 박정희 대통령은 청와대를 떠나길 단호히 거부하고 상황을 주의 깊게 관찰했다.

현장에서 올라오는 정보를 수집하고 분석한 결과, 북한 공작원 수는 20명으로 추정됐다. 사살당한 수는 점차 늘고 있었으나 누구도 항복을 표하지 않았으며, 부상당한 공작원은 생포를 피하기 위해 스스로 목숨을 끊었다. 더디긴 하지만 생존자에 대한 포위선이 점차 좁혀지기 시작했다. 급격하게 생존자 수가 줄어든 북한 공작원들은 더욱 격렬하게 저항했지만, 다행히 서울 시내에서는 전투가 벌어지지 않았다. 불리한 상황 속에서도 공작원들은 여전히 청와대라는 목표를 고수하고 있었다.

시간이 갈수록 청와대 경비는 더욱 삼엄해졌다. 막다른 상황에 이른 북한 공작원들은 시내버스를 납치해 무고한 시민을 해치고 집중 사격을 받으면서도 청와대를 향해 돌진했다.

그리고 청와대 앞 1킬로미터 지점에서 마지막 남은 공작원들은 미국의 전설적 은행 강도인 존 딜린저John Dillinger와 2인조 갱 보니와 클라이드Bonnie and Clyde처럼 퍼붓는 총알 세례에 목숨을 잃었다.

| 국립극장에서 울린 총성

김정일은 이 같은 실패에도 아랑곳하지 않고, 일본 오사카에서 22세의 문세광을 뽑아 암살 기술을 가르쳤다. 1974년 8월 15일 박정희 대통령은 서울 남산 중턱에 위치한 국립극장에서 열린 기념식에 참석해 축사를 발표했다. 이날 연설은 보통 행사장에서 쓰이는 의례적인 내용이었고, 경호원을 내부에 배치하고 경계 병력을 외부에 배치하는 등 보안 역시 평소 행사와 다르지 않았다.

박정희 대통령의 축사가 예정된 무덥던 그날, 문세광은 고급 호텔에서 나와 기사가 딸린 렌터카를 타고 국립극장에 도착했다. 가슴에는 일본 경찰서에서 훔친 것으로 밝혀진 38구경 권총을 숨기고 있었다. 당시 모든 경호는 대통령에게 집중되어 있었기 때문에 문세광은 아무런 제지도 받지 않고 권총을 소지한 채 국립극장 안으로 들어갈 수 있었다. 이처럼 여러 가지 허점이 발견된 이날 사건 이후 대통령 경호도 매우 강화되었다.

기념식장 안으로 들어간 문세광은 대통령의 연설이 진행되는 가운데 연단을 향해 뛰어가며 권총을 발사했다. 연단에 선 박 대통령 옆에는 국민들의 사랑을 한 몸에 받았던 영부인 육영수 여사가 앉아 있었다. 그녀는 밝은 오렌지색 한복을 입고 무릎에 손을 포갠 채 조용히 남편의 연설을 듣고 있다가, 연단을 향해 뛰어나온 문세광의 총탄에 머리를 맞고 앞으로 쓰러졌다.

문세광은 그 자리에서 체포되어 외부로 호송되었고 심문 후 재판을 받아 사형되었다. 박 대통령은 문세광을 밖으로 끌어내면서 소란이 가라앉자, 하던 연설을 마치고 기념식장을 떠났다. 부인이 총탄에 쓰러졌는데도 연설을 계속했다는 것은 어찌 보면 무정하고 비정하게 보인다. 하지만 한국에 정통한 외신 기자 돈 오버더퍼Don Oberdorfer는 박 대통령의 행동을 이해할 수 있다고 회고했다. 엄격한 유교적 전통에서 성장한 박 대통령에게 '대국민 연설'이라는 대중적 책임을 중도에 포기한다는 것은 있을 수 없는 행동이라는 것이다. 훗날 박 대통령의 측근 중 한 사람은 오버더퍼에게 "대통령은 책임감이 무척 강한 사람입니다. 그는 자신이 시작한 일을 끝내야 한다고 생각했습니다"라고 당시 상황을 설명했다.[15] 그리고 대통령은 연설을 마치고 나자 곧바로 병원으로 달려가 사경을 헤매는 부인 옆을 지켰다.

이외에도 북한은 계속해서 비정상적인 수단을 동원해 한국에 압력을 가해왔다. 비무장지대를 순찰하던 북한 정찰병들은 한국군과 미군 병사에게 총격을 가하거나 기습공격을 하는 등 적대적 행위도 서슴지 않았다. 1953년에 맺은 휴전협정에 의하면 비무장지대를 정찰하되 상대방 경계를 침범하지 않아야 한다. 다시 말해 북한군 수색대는 남한 군사 경계지역을 침범하지 말아야 하며 한국군도 마찬가지다.

---

15. 《두 개의 한국(The Two Koreas)》에서 인용

이 시절 북한군은 군사 경계선을 상습적으로 넘어와 미군과 한국군의 경계 위치를 파악하고 부비트랩과 지뢰를 설치했다. 심지어 비무장지대에서 서로 마주친 양측 정찰병들 사이의 교전은 아예 일상적일 정도였다. 또 비무장지대 밖에서 진지를 구축하다가 북한군을 마주쳐 총격전을 벌이는 경우도 있었다. 그리고 이때 사살한 북한군의 복장 등 증거자료를 종합해 보면, 북한에게 남한 지역으로 침투할 의도가 있었음이 분명하다. 이처럼 북한은 고의적으로 도발을 해 시선을 다른 곳으로 돌리면서 공작원이나 간첩을 한국으로 파견하는 전략을 펼쳤는데, 그야말로 효율적인 전략이다.

북한은 끊임없이 육지와 해상에서 도발행위를 저질렀고, 그를 위해 해병 특수부대까지 창설했다. 이 부대는 첩보, 파괴, 일대일 전투와 관련된 특수 훈련을 받고 미 해군과 한국군이 '스컹크 보트 skunk boat'라 부르던 아주 특이한 장비를 사용했다. 북한의 한국 침투 전략은 통상 두 가지였다. 하나는 어선이나 일반 상선으로 가장해 침투하는 방법, 또 하나는 속도도 빠르고 레이더에도 잡히지 않는 소형 잠수정을 이용하는 방법이었다. 그러나 이후 북한은 알 수 없는 이유로 잠수정 전략은 포기했다.

공작원의 임무는 매우 다양했으며, 침투 방법도 작전 당일이 되어서야 통보받는 경우가 많았다. 때때로 스컹크 보트가 한국 해안으로 몰래 침입해 한두 명의 공작원을 내려놓고 소리 없이 사라지곤 했는데, 이 방법은 한국의 기지, 지원 시설, 작전 상황 파악 등, 시간이 오래 걸리는 임무에 효과적이었다. 또 고정간첩이나 장기체류 첩보원을 상륙시키는 데에도 역시 스컹크 보트가 사용되었다. 이렇게 한국에 상륙한 간첩들은 간첩망 구축, 노동계 또는 학생조직, 체제에 반대하는 정치적 조직에 침투해 단순한 관찰과 보고를 비롯한 다양한 임무를 시행했다. 한국에는 북한에서 월남한 많은 실향민들이 있었으므로, 위조 신분증만 있으면 북한 사투리쯤은 큰 문제가 되지 않아 취직을 하거나 공개적인 삶을 살 수도 있었다.

사실 현재도 얼마나 많은 간첩들이 한국 사회에서 활동하고 있는지 정확히 모른다. 그중 일부는 한국이 자신들이 떠나온 나라에 비해 얼마나 자유롭고 윤택한지를 느꼈을 수 있으며, 또 일부는 한국 당국에 자수해 자신이 누구고 어떤 배경과 임무를 지녔는지 실토했을지 모른다. 언뜻 보기에 위험하지만, 한국 사회는 자수한 사람은 잘 받아들인다. 한국에서는 숨으려는 노력이 더 위험할지 모른다.

하지만 일부는 여전히 조국에서 내린 명령을 가슴에 품은 채, 조용히 숨어 지내며 은밀한 활동을 벌이고 있을 것이 분명하다. 아마 수집한 정보를 보고하고 암살과 파괴 활동을 벌이는 임무가 대다수일 것이다. 때문에 현재 한국도 활동 가능성이 커진 북한 간첩의 존재를 의식하며, 김정일이 분명 이곳에서도 역할을 하고 있다고 생각해 경계를 늦추지 않고 있다.

| 땅굴의 명수, 북한

북한은 군사력 증강에 전력을 기울인 1960년대 후반부터 비무장지대 땅 밑에 굴을 파기 시작했다. 이 무렵 한국군 병사들은

비무장지대 인근에서 이상한 폭파소리 등을 수년간이나 정기적으로 들었다. 또 이 부근을 찍은 항공사진에서도 어디선가 파낸 듯한 엄청난 양의 암석 덩어리들이 곳곳에서 발견되었다. 다른 정찰 사진도 마찬가지였다.

1973년, 한국군 부대 하나가 남한 경계 구역 벌판에서 김이 솟아오르는 것을 발견했다. 곧이어 조사팀이 그 지역에서 함몰 부분을 발견했고 그곳을 파내려가다 갑작스러운 총격을 받았다. 바로 북한군이 한국 침투를 위해 판 '제1호 땅굴'이었다. 그 후로 7년 동안 3개의 땅굴이 더 발견되었는데, 지진탐사기로 조사해 본 결과, 20여 개의 땅굴이 더 있는 것으로 확인됐다. 아직도 한국군은 이 땅굴들을 봉쇄하지 않고 있다.

하지만 북한 땅굴을 탄광의 갱도나 영화 〈대탈주The Great Escape〉에 나오는 밀실공포증을 일으킬 정도로 좁은 통로로 생각하면 안 된다. 또 공간이 넓은 지하실 모양도 아니다. 북한 땅굴은 지상 80-90미터 아래, 사방이 단단한 화강암으로 둘러싸인 채 바닥은 평평하고 천장은 둥근 터널 모양이며, 서너 명의 사람들이 어깨를 마주대고 지나가거나 대포를 실은 소형 트럭이 움직일 수 있을 정도로 넓다. 분석가들은 이 정도 땅굴이면 한 시간에 수백 명의 병력이 남한 지역으로 이동해 전투를 수행할 수 있을 것이라며 그 위험성을 우려했다.

북한 측 땅굴은 탐사 활동이 허락되지 않는 비무장지대에 있어 정확한 길이를 알 수 없지만, 길이는 최소 5킬로미터 정도로 추정된다. 경계를 중심으로 각각 2킬로미터인 남북한 비무장지대를 통과한 것은 물론 남한 쪽으로 수십 미터 이상 더 내려왔으니, 분명 5킬로미터가 넘는 셈이다. 이 시절 다소 냉소적이고 비판적인 성향이 강했던 나는 땅굴 무력화 팀의 한 기술 장교에게 이렇게 물었다.

"땅굴이 스무 개 이상 더 있다는 걸 알면서 왜 발굴하지 않는 겁니까?"

당시 무력화 팀이 북한 땅굴을 탐지하기 위해 지상에서 광범위한 굴착 작업을 하고 있다는 사실은 공공연한 비밀이었다. 그들은 지상에서 지하로 파이프 박는 작업을 하다가 북한 터널을 발견하면 파이프를 통해 물을 쏟아 붓는, 소위 '차단 터널' 작업을 벌이고 있었다. 북한은 공격 개시 직전에 땅굴을 완성할 생각으로 남한 측 지표 바로 아래에서 작업을 중단했다. 따라서 차단 터널을 길게 파지 않아도 북한의 땅굴을 무력화시킬 수 있던 연유를 몰랐던 나로서는 '왜 미군은 모든 땅굴을 발굴하지 않을까?'라는 의문을 가질 수밖에 없었다. 내 질문에 땅굴 무력화 팀 장교는 침착한 어조로 이렇게 대답했다.

"이렇게 생각해 보게. 자네는 실이 감긴 패를 들고 책상 위에 서 있고, 다른 한 사람은 바늘을 들고 그 책상 아래에 있네. 그런 다음 아래에 있는 바늘에 실을 꿰어 보게나. 정말 어렵지 않겠나? 하지만 지하 250미터 아래 있는 3-5미터 넓이의 땅굴을 찾아내려고 지상에서 파이프를 박아 넣는 일에 비하면 아무것도 아니지. 명심하게, 고든, 그들은 땅굴을 파는 데 귀신인 놈들이야."

그 뒤로 나는 절대로 땅굴 무력화 팀을 얕보지 않았다.

실제로 북한 땅굴을 견학해 보는 것은 좋은 경험이 된다. 나는 지금까지 공개된 땅굴 중 세 군데를 가봤는데, 한국군이 만든 땅굴 차단 터널을 통해 비무장지대 깊숙이 들어간다. 그래서 땅굴 가까이 접근할 때에는 북한 쪽에서 기관총을 쏘면 어떻게 하나 하는 두려움이 들기도 한다. 차단 터널은 경사가 상당히 심한 편이며, 내부 환경은 천연동굴이나 탄광처럼 습기차고 항상 일정한 온도를 유지하고 있었지만 여러 모에서 동굴이나 탄광과는 확연한 차이가 있다. 일단 땅굴은 차단 터널보다 넓고 높으며 완성도가 높다. 달리 표현하자면 차단 터널은 북한 땅굴을 확인하기 위해 성급하게 뚫은 티가 나지만 북한 땅굴은 계획적이고 치밀하게 공사를 한 흔적이 역력하다. 북한은 땅굴 안에서 병력과 장비가 쉽게 이동할 수 있도록 땅굴 지면을 평평하면서 넓고 경사가 심하지 않도록 건설했다. 하지만 북한 땅굴에 맞춰 뚫은 한국의 차단 터널은 땅굴 지표에 빨리 도달하도록 설계해 경사가 상당히 급하다. 북한은 우연찮게 1호 땅굴을 들켜버린 것을 매우 아쉬워 했을 것이다. 침략 직전 지표와 닿은 나머지 부분을 마저 뚫고 보병과 경장갑차를 굴려 남한에 선제공격을 퍼부은 후 총공세를 펼칠 계획이 수포로 돌아갔으니 말이다.

  땅굴을 견학하면서 기술자들의 자세한 설명을 듣다보면 더 확실히 이해가 간다. 안내자는 일행이 땅굴 내부로 들어가자 북한의 땅굴은 "일반 터널을 파는 작업처럼 뚫고 폭파해 잔해를 제거하는 굴착 방식을 사용했다"고 설명하면서, 차단 터널과의 차이를 확실히 느낄 수 있을 것이라고 설명했다.

  땅굴 발견 후 벌어진 판문점 휴전위원회에서는 또다시 언쟁이 벌어졌다. 북한 대표는 한국 측이 땅굴을 팠다는 증거를 들이대자 땅굴의 존재를 부인하며 오히려 한국과 미국이 땅굴을 판

것이 아니냐고 비난했다. 지금껏 북한은 한국과 미국이 북한의 이미지를 훼손하려 든다는 선전 활동을 벌여왔다. 하지만 전문가가 아니라도 그 땅굴들은, 남에서 북이 아닌, 북에서 남으로 파내려 왔다는 것을 쉽게 알 수 있다. 즉 어느 쪽 말이 사실인지, 북한의 선전이 얼마나 터무니없는지를 금방 알 수 있다는 뜻이다. 과거에도 지금도, 그리고 앞으로도 이 땅굴은 남북한 사이에 긴장이 고조되었던 시대에, 북한이 벌인 시대착오적 발상을 증명하는 생생한 증거로 남게 될 것이다. 지금도 북한은 수백 미터 지하에 있는 숨겨진 땅굴에 몸을 숨긴 채 공격을 기다리고 있다.

| 외교전쟁

김일성은 독재체재 하에서 한반도를 무력 통일하겠다는 집착 속에서, 한국을 약화시키기 위해 상상 가능한 모든 전술을 사용했다. 그 즈음 두 나라는 외교적으로 '체제 인정' 전쟁을 벌이고 있었다. 더 많은 나라에서 체제 정당성을 인정받아 자신들이야말로 한반도를 대표하는 정식 국가임을 강조하려 했던 것이다. 때때로 중립국들은 두 체제를 모두 승인하기도 했지만, 냉전시대에 힘입어 양국을 승인한 국가는 비슷한 수였다. 공산주의국가는 북한을 승인했고 민주국가들은 한국을 인정했다.

이따금 상황이 역전되는 일도 있었다. 노동당 정부가 집권하던 때, 호주는 평양에 대사관을 개설했다. 그러나 호주 대사관 직원들은 전체주의적 국가에서의 답답한 생활을 달가워하지 않았다. 당시 평양에 근무했던 외교관 아드리안 부조Adrian Buzo는 그

후 호주 외교부를 떠나 서울로 이주하면서 다국적 문화조직인 왕립아시아협회Royal Asiatic Society 같은 단체에 연사로 자주 등장했는데, 북한에서 근무하던 시절에도 평양 생활이 어렵다고 토로하곤 했다. 북한에서는 외교관들조차 북한당국의 엄중한 감시를 피할 수 없었다. 김일성 정권은 종종 대놓고 외국인을 감시했고, 그러한 조치를 완화할 의도도 전혀 없는 듯했다. 부조와 그의 동료들은 공개적으로 북한 요원의 감시를 받았으며, 대사관과 외교관 주거지에도 예외 없이 도청장치가 설치되었다. 당시 부조는 비상식적인 북한 당국의 감시를 받으면서 스트레스에 시달렸으며, 때로는 감시의 도가 지나쳐 참기 힘들 정도였다고 한다. 감시당하고 도청당하면서 자유로운 삶을 구속받는다면 누군들 힘들지 않겠는가?

또 부조는 김일성 일가족을 우상화하는 북한 전체주의 사회와 김일성 개인의 공산주의 사상이 북한 사회에 얼마나 많은 영향을 미쳤는가를 목격하면서 커다란 충격을 받았고, 북한의 실상을 다음과 같이 고발했다.

"북한 사회는 모든 것이 김일성과 연관되어 있습니다. 공산주의가 모든 것을 뒤바꿔 놨습니다."

사실 이 말을 들으면, 5천 년의 유구한 역사와 문화를 간직한 나라가 한 정권의 힘으로 그렇게까지 변할 수 있을까 하는 의문이 든다. 아무리 전체주의 체제라 해도 그 정도는 힘들지 않을까 하는 의구심 말이다. 하지만 부조뿐 아닌 많은 목격자의 증언에 따르면 북한 정권은 오랜 역사와 문화를 순식간에 오염시킨 지배 권력이었다. 북한 사회의 전통문화는 김일성의 스탈린식 변혁 작업으로 완전히 변질되었다. 아마 김일성 일가의 우상 숭배가 타도될 즈음이면 그 우상 숭배와 공산주의가 한국의 전통문화와 역사에 얼마나 많은 영향을 미쳤는지를 알게 될 것이다. 그러나 유래가 짧은 공산주의나 자본주의와 같은 이데올로기가 한국의 오랜 문화와 역사를 아주 급격히 변화시키지는 못할 것이다. 두 이데올로기 모두 현재 남북한에 영향을 미치고 있긴 하지만, 한반도의 역사와 문화의 깊이에 비하면 영향을 미친 기간이 너무 짧기 때문이다.

| 고정간첩과 어부

한곳에 오래 머물며 임무를 수행하는 소수의 북한 고정간첩들에게 수시로 북한을 오가는 일은 부담스럽고 비효율적이었다. 매우 위험할 뿐만 아니라 한국 사회에서 의심을 받지 않고 시민으로 가장해 활동하려면 발각되지 않고 조용히 살 필요가 있었기 때문이다. 하지만 어부로 가장한 간첩들은 북한을 수시로 왕래하며 활동했다. 한국 어부들은 낡은 소형 목제 어선부터 대형선박까지 다양한 배를 몰며 노련하게 많은 어획고를 올리는 것으로 유명하다. 또 어부는 오랫동안 조류를 따라 거친 파도와 싸우며 바다에서 생활하기 때문에 상대적으로 감시와 통제에서 자유롭다. 현재 남북한 당국은 어부들을 특별히 감시하고 통제하려 노력하지만, 그럼에도 많은 북한 난민이나 귀순자들이 바다를 넘어 한국을 찾아든다. 그래서 남북 모두 어부들을 통제하기 위해, 상대방 진영으로 귀순한 사람이 생겼을 때 귀순자의 가족, 친구

또는 마을 전체에 보복 조치를 취하는 것을 하나의 방법으로 사용했는데, 실제로 남한이나 북한을 찾으려던 어부들도 측근에게 돌아갈 피해를 우려해 쉽게 월남이나 월북을 하지 못한다. 하지만 공작원이나 간첩은 국경을 넘을 수 있는 어부의 이점을 능수능란하게 이용해 공작 업무를 수행해왔다.

| 남침을 위한 부대 배치

오랫동안 북한은 대규모 병력의 전진 배치와 함께 포대, 탄약과 연료 저장 시설을 구축하고 화강암 산을 파 비행기 격납고를 짓는 등 비무장지대 인근에 공격부대를 집중 배치해왔다. 또 공격 시설을 구축할 때면 미 정찰기의 감시와 많지는 않지만 북한에서 활동하는 적국 정보원들의 시선을 피했다. 지금까지 공격 준비 시간을 수 주일에서 며칠로 단축시키기 위해 노력해온 북한은, 이제 몇 시간 내에 강력한 화력을 동원해 미군과 한국군을 공격할 만한 능력을 갖추게 되었다. 심지어 북한군은 신속한 공격을 위해 평상시에도 높은 경계 태세를 유지한다.

그러나 한국은 선제공격을 배제한다고 공식적으로 공표한 이상, 이제 선제공격은 어디까지나 북한에 속한 사안이 되어 버렸다. 근래 들어 선제공격에 대한 두려움은 많이 약해졌지만, 아직도 미국과 한국의 군사 전략가들은 북한의 선제공격을 중요한 군사적 문제로 다루고 있다.

| 제6장 |

전후의 남한

 한국전쟁 이후, 미국은 한국의 육해공군과 긴밀히 협조해 한국군 현대화에 많은 도움을 주었다. 실제로 지금까지 미국은 유교국가에서 맏형이 동생을 돌보는 것처럼 한국의 큰 형 역할을 자처해왔으며, 한국 사람들은 미국인들이 알고 있는 것 이상으로 미국에 대해 감사하고 있다.
 한미 장교들 사이에 인연도 세월이 흘러가면서 진정한 형제 관계처럼 발전하고 있다. 최근에도 나는 오래 전 미국인 자문관들과 인연을 맺은 뒤 아직까지도 좋은 감정을 가지고 있는 퇴역 한국군 장교들과 자리를 가진 적이 있었다. 이제 그들 모두 일흔을 넘긴 노병이 되었지만, 아직도 연락을 주고받으며 가족끼리 알고 지낸다. 당시 미국은 대표적으로 '한국지원 합동미군사자문단Joint U. S. Military Advisory and Assistance Group-Korea'처럼 다양한 형태로 조직을 운영하며 한국에 군사자문을 했는데, 냉전시대 개발도상국들은 공산주의 세력에게 직접적인 위협을 받거나 내부에서 공산주의 세력이 선동하는 폭동이나 반란이 발생하면 미국에게 많은 도움을 청했다. 그리고 당시 북한의 군사적 위협하에 놓인 남한에도, 유엔군 사령부와 미8군사령부(두 사령부 모두 미군 4성 장군이 사령관으로 지휘했다)가 위치한 용산 기지 근처에 본부를 둔 2,500명 이상의 미 장교와 전문가들로 구성된 가장 큰 지원부대가 있었다.

지원 프로그램을 원활히 진행하기 위해 한국군의 조직과 장비는 대부분 미군 조직과 장비를 기준으로 재편되었다. 양국이 유사한 조직과 장비를 갖추는 것은, 한미 두 나라 모두에게 이익이었으며, 이처럼 표준 무기와 지원 장비를 사용한다는 원칙은 곧이어 '합리화rationalization, 표준화standardization, 상호호환화interoperability'라 불리는 전력 증강 사업으로 확대되었다.

매우 어려운 뜻을 포함하고 있지만, 알고 보면 이 용어는 오히려 복잡한 과정을 단순화하고 있다. 다시 말해 한국군과 미군이 동일한 장비를 사용하면 위기가 발생했을 때 서로에게 큰 도움을 줄 수 있으며, 유지 보수 방법이 동일하고 호환이 가능하므로 예를 들어 전투에서 탄약이 부족할 경우 얼마든지 상대방의 탄약을 빌릴 수 있는 것이다. 또 통신 체계가 달라서 발생하는 혼란을 피해 안전하게 무전교신도 할 수 있다. 실제로 장비의 표준화가 중요하다는 것을 간파한 드와이트 아이젠하워Dwight D. Eisenhower 장군은, 유럽에서 표준화된 현대 병참 기술을 실제로 적용해 그 유용성을 증명하기도 했다. 즉, 복잡한 병참 시스템을 간

편화하고 단순화시키면 전투력을 크게 증가시킬 수 있는 셈이다. 이렇듯 군에서는 표준화되고 상호호환성이 높은 시스템이 매우 중요하며, 나는 한국에 온 얼마 후 고공낙하를 하면서 그 중요성을 직접 깨달았다.

| 문 앞에 정렬!

낙하에 앞서 공수부대원이 마지막으로 듣게 되는 명령은 "문 앞에 정렬!"이다. 낙하 교관은 제일 먼저 뛰어내릴 부대원을 시속 140킬로미터의 바람이 몰아치는 비행기 문 앞에 정렬시킨다. 세찬 바람에 옷이 펄럭이고 상대적으로 낮은 고도 때문에 비행기가 심하게 요동쳐 문 앞에 선 병사는 누구나 아찔함을 느낀다. 게다가 특수부대는 대부분 야간에 낙하하기 때문에 병사들은 밤눈을 밝히기 위해 켜놓은 등화관제용 붉은 불빛이 가득한 오싹한 비행기 안에서 아무것도 보이지 않는 깜깜한 어둠 속으로 몸을 날려야 한다.

1970년 가을, 내가 이끄는 특수부대 분대는 해마다 한국 특전사 부대와 공동으로 벌이는 모의전쟁 연습 '독수리훈련Foal Eagle'에 참가했다. 우리는 4개의 프로펠러 터보엔진으로 작동하는 C-130 수송기를 타고 경상북도 외진 곳에 위치한 낙하 지역으로 향했다. 우리의 낙하 지역은 상주 북부 지역에 있는 논이었다. 오산 공군기지에서 비행기에 탑승하기 몇 시간 전, 대원들은 무거운 전투 장비에 보조 낙하산까지 착용하고 대기했다. 일반 육군 보병에 비해 상당히 무거운 장비를 메고 낙하하는 셈이다.

우리는 한국 특전사 김 대위, 곽 상사와 함께 낙하를 진행했는데, 이 두 사람은 한국 전통무술인 태권도 고수로 외국 귀빈 앞에서 무술 시범을 보이는 시범단을 책임지고 있었다. 언젠가 김 대위는 서울을 방문한 린든 존슨 대통령 앞에서, 그리고 테헤란에서는 이란 국왕 앞에서 시범을 보였다고 자랑스럽게 얘기한 적이 있었다.

그날 훈련에서 낙하교관을 맡은 사람은 나와 선임상사 리처드 헤럴드Richard Herald였다. 곽 상사는 우리 쪽으로 걸어오려 했지만 장비가 너무 무거워 움직이기조차 힘든 듯했다.

그는 개인 장비에다가 미 특전사가 개별적으로 제공한 장비까지 착용했고, 게다가 김 대위가 떠맡긴 장비까지 메고 있었다 (김 대위는 자신의 장비를 곽 상사에게 떠맡겼다). 곽 상사는 뛰어난 태권도 사범이었지만 낙하에는 두려움을 가지고 있었다. 게다가 한국군은 야간낙하를 자주 하지 않았으므로, 야간에 벌이는 공수 작전은 더 그런 것 같았다. 그는 너무 긴장한 나머지 연신 수통에 입을 댔는데, 그 수통에는 한국 사람들이 좋아하는 우윳빛 막걸리가 들어 있었다. 나는 곽 상사와 서툰 한국어와 영어로 대화를 나눴다. 곽 상사는 낙하할 때 그 성가신 장비들이 방해가 되지 않을까 걱정하고 있었다.

그가 "나를 사정없이 밀어 주세요"라고 요청했다. 낙하할 때 머뭇거리면 체면이 크게 손상되니 낙하 시점에 자기를 비행기 밖으로 밀어달라는 부탁이었다. 그런 부탁을 어떻게 거절하겠는가? 우리는 그의 부탁대로, 낙하 지점에 가까워지자 낙하 순서가 제일 빠른 곽 상사에게 소리쳤다.

"문 앞에 정렬!"

나는 곽 상사가 너무 빨리 몸을 던지지 않도록 그의 옷을 손으로 꽉 붙잡은 채, 문 앞에 무릎을 꿇고 고개를 내밀어 멀리 보이는 낙하 지점을 살폈다. 비행기는 상주 상공을 날고 있었고 아래에는 간간이 민가의 불빛들이 깜빡였다. 육안으로는 정확히 낙하지점을 파악하기 힘들었지만, 저만치 지상에서 한국군 병사들이 손전등으로 '뒤집힌 L' 모양을 만들어 낙하 지점을 표시하고 있었다.

나는 낙하 지점을 계속 주시하며 자리에서 일어나 문 옆에 서 있는 헤럴드 선임상사에게 엄지손가락을 들어 신호를 보냈다. 갑자기 비행기 내부의 빨간 등이 녹색으로 바뀌었다. 비행기가 'L'자 구역을 지나고 있다는 신호였다. 나와 헤럴드는 곽 상사를 동시에 들어 올려 깜깜한 하늘 속으로 던졌고, 이어서 몇 초만에 모든 대원들이 한명씩 어둠 속으로 몸을 내던지기 시작했다. 나는 헤럴드를 향해 모두 문제없이 낙하를 시작했다는 눈신호를 한 뒤 각자 문을 박차고 차갑고 어두운 하늘을 날았다. 반갑다, 한국!

그날은 이제껏 했던 야간 낙하 중에 가장 어두운 밤이었다. 별빛은 선명했지만 달은 없었고, 낙하 지역에 등화관제가 실시되어 불빛도 없었다. 나중에 안 사실이지만, 지상에서 손전등으로 낙하지점을 표시했던 병사들은 낙하하는 모습이 보이지 않자 낙하가 취소되었다고 생각했다고 한다. 실로 그날 밤 어둠은 칠흑처럼 짙어 나는 배낭 밑에 매달린 4.5미터 정도의 밧줄이 논바닥에 닿았다는 느낌이 들기도 전에 땅바닥에 내동댕이쳐졌다. 착륙

지점을 몇 미터만 벗어났더라도 개간을 준비하며 물을 대놓은 논에 처박혔을 것이다.

우리는 훈련 일부로 낙하 지점에서 상주와 김천을 거쳐 대구까지 행군했고, 가끔 경찰 트럭을 얻어 타기도 했는데, 당시 한국은 전력 사정이 좋지 않아 전기가 들어오는 몇몇 지역 외에는 깜깜한 어둠 속에 잠겨 있었다. 조명으로는 등잔불을 밝히고 연탄도 조리와 연료를 위해서만 사용하는 것이 전부였기 때문이다. 우리는 행군을 하는 동안 마실 수 있는 물이나 공중 화장실을 갖춘 마을을 한 번도 만날 수 없었다. 기껏해야 재래식 화장실이 있었는데, 거기에 쌓인 분뇨는 집 근처 논이나 밭에 비료로 사용한다고 했다.

몇몇 지역은 정부의 산림 녹화사업으로 새롭게 소나무를 심은 흔적이 있었지만, 마을 인근 야산에는 나무가 거의 없었다. 다만 행군 중에 만난 사람들은 열심히 즐겁게 일하며, 모두 미소를 띠고 인사를 건넸다. 일부는 존 웨인의 영화를 봤는지 우리를 보며 "그린베레"라고 외치기도 했다. 우리는 훈련 내내 비포장도로를 걷다가 한국에서 셋째로 큰 도시인 대구에 도착해서야 처음으로 포장도로를 볼 수 있었다. 이처럼 내가 한국에서 받은 첫 인상은 가난과 불결함, 그리고 질병이라고 하면 맞을 것이다.

우리는 북한의 침입, 무장 공작원이 가져올 위험에 대해 잘 알고 있었다. 실제로 1969년에는 한국에 배치된 일부 미 특수부대원들이 북한의 무장 공작원 120명과 치열한 교전을 벌인 적이 있었다. 이때 교전으로 상당수의 한국 병사가 전사하고 북한 공작원 쪽은 모두 사살되거나 생포 당했다. 이처럼 북한은 한국전쟁 이후에도 수많은 침략행위를 서슴지 않았고, 나는 앞으로도 북한이 이 같은 도발행위를 계속할 것이라 예상했다. 훈련을 마치고 오키나와로 귀대하기 위해 오산에서 C-130 수송기를 탔을 때, 우리는 물 부족으로 씻지 못한 지저분한 몰골에 수염이 덥수룩했으며, 시베리아에서 불어오는 11월 초의 바람은 황록색 춘추복으로 몸을 감싼 우리를 추위에 떨게 했다. 비행기가 활주로를 날아올라 기수를 남쪽으로 돌릴 무렵, 한국은 전쟁으로 너무 큰 파괴를 겪어 다시 회복되기 힘들 것이라는 아버지 말씀이 생각났다. 물론 그 말씀을 하신 지 이미 17년이 지났지만, 그때만 해도 그 견해는 그리 틀려 보이지 않았다.

　　1968년과 1972년 사이에는 북한이 남한을 전면 공격해올 경우 병참 부분만 생각해봐도 전투 수행에 필요한 물자가 턱없이 부족했다. 탄약은 관리가 부족해 탄약고에서 녹슬고 있었으며, 그나마 보유하고 있는 물자도 제대로 기록되어 있지 않았다. 비행기와 전투용 차량은 중요한 연료 공급 파이프라인이 엉망이라 곳곳에서 기름이 새거나 부품을 도난당하는 등 거의 붕괴 직전의 꼴이었다. 당시 한국에서 근무했던 한 병참 장교에 의하면 많은 물자관련 자료가 '조작' 되었다고 했다.

　　오랫동안 많은 군수장교들과 하사관들이 실제와는 다른 수량과 물자 상태를 기록했기 때문이다. 탄약 창고의 경우, 더 이상 사용하지 않는 탄약이 여전히 창고에서 녹슬고 있었다. 전투식량 역시 창고에 박혀 썩어가고 있었으며 의약품은 소리 없이 사라지는 경우가 많았다. 조작 장부를 귀띔해준 장교는 아마도 이 물자들이 암시장에서 거래되고 있는 것 같다고 말하며, "북한이 쳐들어올 경우, 공격에 맞서 전투를 벌일 물자가 없습니다"라며 격앙했다.

베트남 전쟁이 한창일 때도 비슷한 일이 있었다. 수만 톤의 군수 물자가 어디론가 사라진 것이다. 또 소련군과 대치하던 독일, 북한군과 첨예하게 대치하던 한국처럼 전략적 요충지에서도 군수 물자가 엉뚱한 곳으로 사라져 전투력이 약화되었던 일이 있었다. 이런 상황이 일어나면 적이 공격을 해와도 변변한 장비 없이 맨손으로 맞서야만 한다. 한국에 다행히 적의 공격이 없었으니 망정이지, 또 다른 남침이 있었다면 아마 심각한 사태가 초래되었을 것이다.

| 미군 재배치

1971년까지 미 육군은 전투 사단인 보병 제2사단과 보병 제17사단을 한국에 배치했다. 하지만 베트남 전쟁이 치열해지면서 조급해진 미군은, 월남군만으로 부족하다고 판단해 더 많은 미군 부대를 베트남에 투입했다. 한국과 유럽에 있던 미군들이 즉각 베트남으로 이동했고, 1971년 한국에 있던 보병 제17사단도 해체되어 베트남 부대로 재배치되었다. 대신 미국은 이 공백을 메우기 위해 17사단의 트럭과 중장비, 무기, 통신장비 등을 한국군에 제공했지만, 남한에 주둔하는 미 지상군은 미군 보병 제2사단뿐인 상황이었다.

문제는 워싱턴이 한국과 아무 상의 없이 제17사단을 재배치했다는 사실이다. 사정은 둘째 치고, 미군의 재배치는 한국의 지도자들, 특히 박정희 대통령의 분노를 샀다. 사실 이때 미국의 결정은 워싱턴의 일방적인 면을 보여주는 전형적인 사례로, 북한의 위협을 받고 있는 한국 실정을 전혀 고려하지 않은 판단이었다.

한국에서는 상대방을 배려하지 않는 쪽은 신뢰할 만한 친구로 대접받지 못한다. 그처럼 미국의 일방적인 행동은 한국의 자존심을 크게 건드렸으며, 이로써 한국 지도자들은 과연 위기가 발생했을 때 미국이 얼마나 한국 방어에 적극적으로 개입할지 의구심을 가지게 되었다. 한국 지도자들에게 한국전쟁은 지나쳐 버리기에는 너무나 생생한 기억이었으며, 강력한 북한군의 존재 또한 쉽게 간과하기에는 너무나 위협적이었다.

1975년 4월, 북베트남군이 대대적인 봄철 공세를 펼치면 미군은 베트남을 포기하고 철수했고, 이를 목격한 한국의 지도자들은 북한이 쳐들어올 경우 도움을 주리라 믿었던 미국을 의심의 눈초리로 바라보기 시작했다.

미군 부대가 철수하자 한국은 동요했고 한국 방어를 고민했던 미국 정치가들도 한국의 반응에 당황했다. 사실 지상군의 존재는 그 나라를 방어하겠다는 확실한 의지의 표명으로 해석된다. 공군이나 해군도 육군만큼 큰 확신은 주지 못한다. 이유는 간단하다. 만일 지상군을 파견한 나라에서 미군 사상자가 발생하면, 미국도 어쩔 수 없이 전쟁에 깊이 개입하게 된다. 그리고 이 미국의 '인계철선 효과trip-wire effect'[16]는 수십 년간 적의 침입을 저지하는 실제적인 역할을 했다. 반면 전투기나 군함은 전쟁이 일어나도 지상군보다 훨씬 빨리 다른 곳으로 이동할 수 있으므로 육군만큼 인계철선 효과를 발휘하기 힘들다. 다시 말해 전쟁이 발발하기 쉬운 지역에는 으레 지상군을 배치하는 것이 관계였으므로, 한국 정부는 한반도에서의 미 지상군 철수 논의를 매우 심각하게 받아들였다.

또 지상군 철수는 적에게 잘못된 신호로 비칠 가능성이 있었다. 유사한 사례로 1950년에 미국은 알류산 열도-일본-오키나와 라인을 방어선으로 채택하면서 소련과 북한을 부추겨 한국전쟁의 중요한 단초를 제공했다. 전쟁은 많은 사상자와 엄청난 재산 손실을 가져온다. 따라서 이미 전쟁이 난 뒤 군대를 파견하는 것보다는, 분쟁지역에 미리 지상군을 배치해 두는 것이 비용이나 인명 손실 측면에서 훨씬 효율적이다.

불행하게도 1968년 이후 한반도는 불안정한 군사적 상황 하에 놓여 있었지만 지상군 배치에서는 독일이나 베트남보다 우선 순위가 아니었고, 이로써 한국군의 전쟁 준비 수준은 여전히 형편없었다. 대부분 병사들이 신병이거나 아주 기초적인 훈련밖에 받지 못한 징병군이었고, 군에 들어온 지 6개월밖에 되지 않아 전투를 치를 준비를 전혀 갖추지 못한 상황이었다.

또 많은 장비와 지원이 베트남에 집중되면서, 주한미군은 기초적인 물자 부족에 시달리고 있었다. 그나마도 구식이거나 관리가 소홀해 필요한 탄약조차 변변치 않았다. 어떻게든 교체를 한다 해도 역시 상태와 관리가 좋지 않았다. 한국에 공급되는 연료, 식량, 의복 및 기초 공급품은 매우 열악했고, 서울을 방어한

---

16. 폭발을 유도해내는 철선으로, 여기서는 미군의 역할이 대규모 응징보복공격을 촉발하는 것에 비유. 즉 한국 전방지대에 미군이 배치된 상황에서 북한군 포병공격을 받으면 자국군 피해를 내세워 곧바로 본토 병력으로 응징한다는 전략

다는 기본 계획은 상황 변화를 따라가지 못했다. 서울 인구가 그처럼 빨리 증가하리라는 예상도 하지 못했고, 공포에 질린 피난민을 어떻게 처리할 것인가 하는 계획, 민간인 사상자에 대한 적절한 대처 방안도 없었다.

| 은밀한 위협

어릴 적 일본에서 살았을 때, 대중탕을 갈 때마다 온몸에 문신을 한 사람을 자주 보았다. 미군정의 지배를 받던 시기 일본에는 요즘보다 대중탕이 훨씬 많았다. 아버지 말씀으로는 온몸에 문신을 한 사람들은 일본의 갱 집단 야쿠자 대원들이라고 했다. 그리고 나는 1960년대, 1970년대에 다시 일본으로 돌아와 이 기이하고 흥미로운 야쿠자 집단에 대해 더 많이 알게 되었다. 어떤 군 정보 관계 기관에 의하면, 상당수의 재일 한인이 북한을 지지하는 정치 조직에 참여하고 있고, 그 중에서 가장 큰 것은 재일본조선인총연합회在日本朝鮮人總聯合會, 조총련라고 했다. 이처럼 일본에서 활동하는 친북한 정치 조직과 범죄 조직들은 김일성 체제와 유대관계를 맺고 한국의 평화와 안전을 위협하고 있었다. 하지만 이들의 활동은 극히 비밀스러워 한국 당국으로서는 이를 효과적으로 제지하기가 힘들었다.

일본에 그처럼 한인들이 많아진 이것은 일본이 전쟁중인 1930-1940년대에 수만 명의 한인을 끌고 와 산업 지역에 투입해 노예와 다름없는 노동을 시켰기 때문이다. 당시 끌려온 한국인들은 고국에 돌아가지 못하고 일본에서 소수자로 살게 될 자신들의 미래를 전혀 예상치 못했다. 그리고 50년이 지난 현재, 총 200만 명이 넘는 수가 재일 한인으로 정착해 일본 서부 지역에 거주하고 있다. 그들은 대다수 일본의 주요 섬 중 하나인 혼슈에 속해 있으며, 많이 살고 있는 도시로는 오사카, 나고야, 고베가 있다.

이 지역은 전쟁 기간 동안 일본의 핵심 산업 지역이던 터라 아직도 상당한 공업 시설이 남아 있다. 일본은 태평양전쟁 후 재건 작업에 박차를 가하면서 이곳의 도시와 산업 시설을 새롭게 단장했고, 그러면서 인근 항구도 활기를 되찾았다. 동시에 이곳에 자리 잡는 재일 한인 수도 꾸준하게 증가했지만, 일본과 한국에서는 아무 준비도 마련해놓지 못한 상황이었다.

물론 이들을 바라보는 한국과 일본의 시각은 무척 상이하다. 일본인들은 다른 동북아시아 국가와 마찬가지로 외국인을 혐오하고 인종적, 지역적 동질성을 중시하는 나라다. 게다가 그들은 자신들이야말로 우월한 민족이며, 따라서 일본 민족의 순수성을 보존해야 한다고 믿는다. 그 결과 일본은 이민법과 시민권 취득에 관한 법률에서도 외국인 이민을 까다롭게 다루고 있다. 그렇다면 일본은, 여러 세대를 거쳐 일본에서 태어나고 자란 수백만 명의 재일 한인에게는 어떤 조치를 취했을까?

재일 한인은 대부분 일본어를 모국어로 삼고 있는 반면, 일본 밖을 여행해 본 적도 없다. 또 일부를 제외하고는 스스로를 일본인으로 생각하지만, 정작 일본 시민권은 없다. 일본 당국은 재일 한인에게 외국인 등록을 강요하고 있는데, 일본에서는 자국민에게만 여권을 발급하므로 외국인 취급을 받는 재일 한인들은 일본이 아닌 다른 나라의 여권을 소지해야만 한다. 그러면 재일 한인들은 어느 나라 여권을 소지하고 있을까?

재일 한인들 중 가장 많은 수가 북한에 고향을 두고 있다. 북쪽은 해방 전 한반도에서 규모가 가장 큰 공업지역이자 문맹률도 낮았기 때문에, 일본인들도 공업 발전을 위해 대다수 이곳에서 강제로 노동력을 징발했던 것 같다(한국의 남부지역은 농업이나 어업이 주력산업이었기 때문에 제국주의 일본은 남부지역 노동력을 징발해 쿠릴열도나 사할린에 보냈다. 아직도 그들의 후손이 그곳에 살고 있다). 그리고 남북한 중 하나를 국적으로 택해야 할 시기가 다가오자, 많은 재일 한인들이 고향이었던 북한을 선택했다. 또 재일 한인들은 남북한보다 살림살이가 나았기 때문에 오랫동안 북한에 경제적으로 많은 지원을 해왔다.

한편 재일 한인들은 대다수가 하층 사회에 머물러야 했다. 일본 정부가 높은 보수를 받는 전문직에 종사하지 못하도록 압력을 가했기 때문이다. 이런 열악한 환경에서 야쿠자가 되는 한인들도 있었다. 그들은 대다수 범죄자나 도시 곳곳의 구슬 도박장 파친코에 기생하며 삶을 이어갔다.

일본 밤거리, 특히 나이트클럽이 밀집해 있는 오사카나 나고야 같은 유흥 지역을 거닐다 보면, 일본 고유 도박 게임인 파친코 기계에서 울리는 딸랑딸랑 소리가 끊임없이 들려온다. 게임 방식은 이렇다. 돈을 주고 구입한 작은 쇠구슬을 스프링 달린 장치에 넣고 손잡이를 당겼다 놓으면, 구슬이 위로 튕겨져 올라갔다가 떨어진다. 이때 떨어진 구슬이 파친코 판 아래에서 이리저리 움직이다가 특정한 구멍으로 들어가면 그에 따라 점수를 얻게 되는데, 획득한 점수는 자동으로 계산되어 구슬이 나온다. 운이 없을 때는 구슬이 그냥 떨어져 0점이 되는 경우도 있지만, 운이 좋으면 높은 점수의 구멍에 들어가 여러 개의 쇠구슬을 얻는 경우도 있다. 그러면 종업원이 구슬을 모아 플라스틱 상자에 넣어 주는데, 게임자는 이 구슬로 다시 게임을 하거나 카운터에서 일정한 상품으로 바꾸면 된다.

일본에서는 도박이 불법이라 현금 대신 상품을 지급하는 것이다. 하지만 다행히도 파친코 주변에는 어김없이 이 상품들을 현금으로 바꿔주는 조그만 교환소가 있다. 파친코에서 딴 상품은 저마다 가격을 매기는데, 예컨대 큰 곰 인형은 1만 엔이다. 사람들은 파친코에서 딴 이 곰인형을 교환소에 가서 현금으로 바꾸고, 이 인형은 다시 파친코로 돌아가 다른 사람 상품으로 넘어간다.

결국 파친코는 이런 식으로 현금 거래를 피해 불법 도박의 위험에서 벗어 날 수 있다. 다시 말해 그날 운이 아주 좋았으면, 지갑에 빳빳한 지폐를 두둑이 챙겨 나올 수도 있다.

하지만 파친코 기계도 카지노의 슬롯머신과 마찬가지로 승률을 조작해 당연히 나가는 돈보다 수익이 훨씬 크다. 또 여느 도박 산업과 마찬가지로 파친코도 검은 세력과 관련이 있다. 또 그 검은 세력들 중에 한인 야쿠자 역시 파친코 사업뿐만 아니라, 매춘, 공갈과 갈취, 마약, 고리대금 등 관서 지방 조직폭력배가 자행하는 전형적인 불법 행위에 빠져든다. 밤늦은 시간 이 지역을 깊숙이 들어가다 보면, 갈수록 달갑지 않은 가이진外人, 환영받지 않는 외국인 취급을 받게 된다. 특히 네온사인이 휘황찬란하게 번쩍거리는 오사카 시내의 좁은 뒷골목을 한 번 걸어보면 이방인이라는 느낌이 더 절실하다. 행인은 경직된 얼굴로 싸늘하게 스쳐 지나가고, 어디나 지하세계를 연상시키는 화려한 네온사인이 번쩍인다. 운이 좋다면 잘 차려 입은 누군가(항상 남자다)가 당신에게 다가올지도 모른다. 그는 매우 겸손하고 친절하게, 좋은 곳에서 즐기겠냐는 제의를 해온다. 장담하건대 유혹에 이끌려 따라가도, 결코 근사한 기쁨을 맛보기는 힘들다. 오히려 유혹에 끌려 간 그 곳에서 더더욱 자신이 '가이진'이라는 현실을 실감할지도 모른다. 내국인이라면 그곳이 어떤지를 이미 알고 따라가지 않을 테니 말이다. 야쿠자가 운영하는 비밀 업소는, 내국인은 초대 없이 못 들어가지만 외국인은 예외다.

한인 야쿠자가 단순히 일본 내 소수 범죄자 집단에 불과하다면, 그들의 활동도 그저 그런 현상으로 치부할 수 있다. 하지만 그들이 벌어들이는 현금들은 다름아닌 북한으로 흘러 들어간다. 북한 원산항과 일본 혼슈 북부를 오가는 정기선이 이 현금을 운송해 가는데, 일본 세관원들은 이 사실을 알면서도 포대에 담아 운반되는 현금을 슬쩍 눈감아줘야 한다. 이처럼 한인 야쿠자가 제공하는 현금은 자금 부족에 시달리던 북한에게 오랫동안 요긴한 자금원이 되어왔고, 따라서 한국 당국으로서는 북한을 아낌없이 지원하는 일본 관서 지방에 거주하는 친북 성향의 재일 한인들만큼 속 썩는 골칫거리도 없는 셈이다.

또 한인 야쿠자들은 도박이나 강탈로 돈을 벌거나, 북한에서 들여온 헤로인이나 각성제 등 일반 대중에게 큰 영향을 미치는 마약을 일본과 호주, 한국으로 밀매한다. 더 나아가 국제 야쿠자 조직과 결탁해 일을 진행하자 드디어 일본 당국도 사태의 심각성을 깨닫고 그동안 눈감아 왔던 북송 현금을 문제 삼기 시작했다. 이제 일본도 불법적인 현금 밀반출을 단속하기 시작했고, 현재 한인 야쿠자의 비밀 활동은 과거보다 어려워졌다.

| 간첩, 공작원, 그리고 반체제 인사

술, 마약, 매춘과 파친코 외에도 일본에서 활동하는 한인 야쿠자들은 직간접적으로 남한을 공격하려는 북한의 작전을 은밀하게 돕는 역할까지 자청했다. 북한 첩보 조직은 오랫동안 일본 관서 지방을 공작원을 발굴, 교육하는 장소로 활용해왔다. 당시 재일 한인들은 일본에서 외국이라는 천대와 차별을 받으며 무국적자와 다름없이 지내고 있었다. 그러면서 젊은 재일 한인들의 사회적 불만은 이상주의적 사상과 결부되었고, 북한은 그 처지와 심정을 악용해 이들을 북한 공작원으로 양성했다. 테러 조직들이 세계 도처에서 테러리스트들을 모집하고 교육해 사악한 행동을 하는 것처럼, 일본 관서 지방은 북한 테러리스트를 모집할 수 있는 데 최적의 장소였다.

한편 북한은 자살 테러를 자행한 사람을 순교자로 선전하는 이슬람 근본주의자들과 달리, 자신들의 행동을 발뺌하고 숨기려고 한다. 사실 많은 테러리스트들이 임무를 완수하다가 목숨을 잃는다. 자살 그 자체가 목적이 아니라 체포를 피하기 위한 최후 수단이다. 이처럼 아예 자살을 결심하고 임무를 수행하는 것과 임무를 수행하는 과정에서 어쩔 수 없이 자살을 하는 것과는 큰 차이가 있다. 또 임무를 위해서는 목숨을 바치겠다는 선서를 바친 투철한 북한 간첩, 무장 공작원들도, 마음속으로는 살아서 귀환하겠다는 희망을 결코 버리지 않는다. 마음가짐 자체가 몸에 폭탄을 두르고 목표물을 향해 뛰어드는 헤즈볼라Hezbollah 테러리스트와는 분명 다르다는 것이다. 게다가 북한 공작원들은 이 마음가짐뿐만 아니라 임무 수행 교육의 면에서도 일반 테러리스트들과 큰 차이가 있다.

북한은 일본에 거주하는 재일 한인 중에서 공작원을 선발하되, 남한의 이중첩자가 섞여 있을 가능성을 대비해 철저한 선별 과정을 거친다. 북한 공작원이 되고 싶다고 위장 접근한 뒤 이중첩자로 활동하는 이들이 있기 때문이다. 그리고 엄격한 선발 과정을 통과한 공작원 후보는 대부분 북한이 제공한 위조여권을 소지하고 일본을 떠나 북한에 입국한다. 그리고 신출내기 공작원들은 북한에서 신분을 가장하고 목표 장소에 잠입하는 법과 신분을 감추기 위해 여러 단계로 위장하는 복잡한 시나리오 등 파괴와 첩보, 테러 행위를 집중적으로 교육받는다. 또 경우에 따라서는 신분 노출을 예방하려고 스스로 경범죄를 조작하기도 한다.

예를 들어, 한국에서 간첩 혐의로 체포된 공작원은 당국의 조사를 받을 때 수사에 혼선을 주기 위해 일부러 사기죄나 기업 비밀 절도죄처럼 경미한 범죄 사실을 자백한다. 사소한 범죄 행위를 미끼로 더 깊은 조사를 피하려는 의도다. 북한 공작원 김현희도 대한항공 858을 폭파한 혐의로 체포되었을 때 이 방법을 사용했다. 처음에는 일본인처럼 행동하더니 나중에는 중국에서 왔다고 '실토'하는 등(이는 중국 정부를 매우 화나게 했다) 자신의 신분을 이

중으로 위장했다.

　　교육을 마친 공작원들은 일본으로 돌아와 손쉽게 남한 여권을 취득하고 자유롭게 여행한다. 물론 모든 여행이 첩보 활동은 아니지만, 해외, 특히 남한으로 가는 여행도 법적으로는 아무 문제가 없다. 이따금 한국 재벌의 후원 하에 북한 공작원들이 한국을 방문하는 일도 있다. 일본에서 사업 기반을 넓히고자 노력했던 일부 한국 기업들이 한인 야쿠자와 접촉했기 때문이다.

　　대우 그룹 전성기 때, 서울역 힐튼호텔 근처 사우나를 가보면 오사카나 나고야에서 날아온 한인 야쿠자들을 볼 수 있었다. 야쿠자들은 온몸에 가지각색으로 화려한 문신을 해 쉽게 눈에 띄었다. 목부터 손목까지 온통 문신을 새긴 야쿠자들은 서구식 정장으로 신분을 감췄는데, 잘린 손가락만은 어쩔 수 없었다. 당시 야쿠자는 배신 행위를 했을 경우 우두머리 앞에서 손가락을 자르는 전통 처벌 방식이 있었다.

　　그 무렵 한국 정보당국은 일본 지하 세력들이 벌이는 범죄나 간첩 행위를 감시하려 했지만, 사업가로 위장해 활동하면 찾아내기가 매우 힘들었다. 한국과 일본은 경제적으로 밀접해 많은 사업가들이 오갔으므로 북한 공작원도 사업가로 신분을 위장하는 데 별 어려움을 겪지 않았다.

　　역으로 한국 중앙정보부에서 보낸 정보원이 일본에서 첩보 활동을 할 때도 마찬가지였다. 한국의 중앙정보부 요원들은 폐쇄적이고 은밀한 야쿠자 조직에 침투하기 위해 차츰 일본 관서 지방에서 온갖 노력을 기울였다. 하지만 조직 침투는 생각만큼 쉽지 않았고 신분이 탄로 난 요원들은 심한 고문을 받고 소리 없이 사라졌다. 또 일본 경찰이나 정보 당국에게 신분을 들키면 재판에 회부되거나 한국으로 강제 추방되었는데, 이 문제는 양국에 마찰을 가져왔다.

한국 좌파나 친북 반체제 인사들이 일본 관서 지방을 한국 중앙정보부의 감시를 피할 수 있는 안전한 장소로 활용하기 시작하면서 한일관계는 더욱 불편해졌다. 더구나 한국 반체제 인사들은 '적의 적은 나의 동지'라는 개념 하에 자연스럽게 친북 성향 한인 야쿠자들과 동맹관계를 맺고 있었다.

또 이 시기, 남북한 모두 국민을 탄압하던 때라 국제사회에서는 박정희나 김일성 체제를 존중하지 않았다. 다만 냉전시대의 논리에 따라 공산 진영은 북한을, 자유 진영은 한국을 지원했을 뿐이다. 하지만 그중에서도 미국과 유럽의 좌파 지식인들은 한국의 인권 문제는 강하게 비판하면서, 인권 상황이 더 심각한 북한을 문제 삼지 않는 이율배반적인 행동을 보였다. 이처럼 좌파 지식인들이 한국을 공격의 대상으로 삼은 것은 인권 남용의 정도와는 상관 없이, 남한의 경우 미국에 대한 의존도가 심한 반면, 북한은 미국을 경멸하며 상대를 하지 않아 상대적으로 한국을 비난하는 것이 쉬웠기 때문이다.

1970년대 중반, 미국은 한국 정보 당국이 일본, 유럽에서 벌이는 첩보 활동을 이상할 정도로 눈감아주곤 했다. 한국은 반체제 인사를 납치해 본국으로 송환하는 활동을 은밀히 진행했고, 어쩌면 박정희 대통령에게 정치적으로 위험하다고 판단된 인물들을 암살했을지도 모를 일이다. 실제로 그 무렵 한국 정보기관은, 반체제 인사 김대중을 일본 관서 지방에서 납치해 한국 화물선에 태웠다. 서울에서는 김대중을 살해해 바다에 내던질 것이라는 소문이 돌았지만, 주미대사인 필립 하비브Philip Habib와 당시 미 중앙정보국CIA 한국 지부장이었던 도널드 그레그(Donald Greg, 나중에 한국 주재 미국대사가 되었다)가 강하게 개입하면서 역사를 뒤바꿀 수도 있었던 암살 음모도 불발로 끝났다.

만일 그때 김대중이 암살당했더라면 한국 정부의 비도덕성을 질타하는 여론이 들끓어 한미관계가 새롭게 재편되면서 주한미군이 철수하고, 한반도에서 다시금 전쟁이 발생할 수도 있는 상황이었다. 아니, 이처럼 심각한 불행은 벌어지지 않았다 쳐도 적어도 한국의 민주주의는 돌이킬 수 없는 손상을 입었을 것이다. 이 시기, 한미관계는 팽팽한 긴장 상태였다. 당시 전 세계는 MAD 전략에 따라 핵 공격을 상호견제하고 있었다. 미·소 양국은 치열하게 경쟁하며 세계 도처에서 대리인을 내세워 전쟁을 치루는 상황이었고, 이 강대국들의 대결은 제3세계 국가나 개발도상국에도 상당한 영향을 미쳤다. 이 와중에 개발도상국들은 미·소 갈등을 적절히 활용해 이익을 얻으려 했는데, 특히 북한은 소련과 중국 사이에서 교묘한 줄다리기를 하며 추가 지원과 외교적 후원을 얻어냈다. 또 한국은 한국대로 미국 내부 워싱턴 정가에, 사업가면서 로비스트인 박동선을 파견해 로비 활동을 펼쳤다.

1970년대 초중반 박정희 정권은, 미국의 계속되는 지원을 정권을 인정하겠다는 신호로 해석했다. 따라서 독재체제는 유지하되 골수 반공국가라는 미국 내부의 비판을 피해가는 아슬아슬한 줄타기를 했는데, 이런 상황을 빗대어 "그래, 박정희는 나쁜 작자야. 그래도 우리 편인걸"이라는 유행어가 떠돌기도 했다. 하지만 이 표현은 박정희뿐만 아니라 정치 권력을 잡았던 다른 모든 강압적 지도자들에게도 해당되는 말이다(타이완의 장제스, 싱가포르의 리콴유, 칠레의 피노쳇, 니카라과의 소모사, 이란의 팔레비, 필리핀의 마르코스 등이 있다). 또 많은 사람들이 간과하고 있지만, 소련과 중국의 영향을 받던 공산국가 지도자, 동독의 호네커, 루마니아의 차우셰스쿠, 칠레의 아옌데, 니카라과의 오르테가, 그리고 쿠바의 카스트로 등도 역시 이와 별다를 바 없는 인물들이다.

| 고립된 지도자

박정희가 집권 초기의 대중적 모습을 잃고 점점 고립 된 데에는 많은 이유가 있다. 특히 박정희를 혼란에 빠뜨린 가장 큰 원인은, 국립극장에서 부인이 암살당한 사건이었다. 그 이후로 박정희는 성격이 돌변해 현 체제를 반대하는 이들에게 더 의심스런 눈초리를 보내며 강하게 탄압했다.

집권 초기의 원만하고 소탈했던 성격은, 갈수록 모든 면에서 남을 믿지 못하는 성격으로 변했다. 게다가 자신과 가족을 해치려는 북한의 공격이 수차례 계속되면서, 외부에 모습을 드러내는 것조차 꺼려했다. 그는 북한의 끊임없는 암살 시도를 막기 위해 경비를 강화했고, 가급적 대중에 모습을 드러내지 말라는 측근의 조언에 무게를 두었다. 경호실장 차지철의 권력 강화도 바로 이런 바탕 속에서 이루어졌다. 신변 보호가 강화되면서 오직 경호실장 차지철만이 대통령을 자유롭게 만날 수 있었던 것이다.

이처럼 차지철이 대통령과 외부를 연결하는 중요한 통로 역할을 하면서 대통령과 관련된 모든 업무와 면담자들은 반드시 차지철을 거쳐야만 했다. 실제로 권력의 환심을 사려는 관료들은 차지철을 대통령에게 없어서는 안 될 중요한 인물이라며 추켜세웠고, 이로서 그의 권력 기반도 크게 확대되었다. 동시에 박 대통령도 차지철과 중앙정보부장 이후락, 김재규에 대한 의존도가 커지면서 그들의 판단을 전적으로 신뢰하기 시작했다. 이 세 사람은 사소한 상황까지도 위험하다고 부채질하며 대통령에게 접근해 권력을 키웠다. 결국 대통령이 외부와 차단된 생활을 계속하게 되면서 너무 커진 측근의 영향력은 이후 큰 문제를 초래했다.

　　박정희는 외부와의 거리가 점점 커지면서 의심이 늘어, 정치적 경쟁자를 아예 적의 앞잡이로 생각할 정도였다. 의심은 또다시 의심을 낳으면서 점점 커지게 마련이다. 그리고 그 의심과 함께 박 대통령의 독재적 성향도 함께 자라기 시작했다.

　　박정희는 군인 출신, 즉 권위적 문화의 산물이었으며, 당시의 한국 사회는 민주주의와 대중적 의사결정 문화를 쉽사리 받아들일 만한 기반이 없었다. 어떤 국민들은 한국에서는 민주주의가 불가능하며, 따라서 강력한 지도자가 나라를 이끌어가는 것이 효과적이라 생각하고 있었다. 그리고 적대적인 이웃(북한, 중국, 소련)들이 총부리를 겨눈 상황에서 궁핍한 경제를 선진국 수준으로 끌어 올리고 싶었던 박정희는, 결국 모든 권력을 가장 믿을 만한 사람, 단 한 명에게 집중시켰다.

　　그는 다름 아닌 박정희 자신이었다.

| 박정희 정권에 대한 비판

　미국 언론, 외교관, 한국 야당과 학생들은 계속해서 박정희에게 가차 없는 비판을 퍼부었다. 여기에 북한의 신랄한 비판까지 더해졌다. 물론 박정희의 행동 중 많은 부분이 비판받아 마땅하다. 그는 자신에게 반대하는 사람들과 노동계를 가혹하게 탄압했고 내부 정보기관인 중앙정보부를 그 탄압에 부당하게 사용했다. 또 인권 남용도 역시 주요 비판 대상이다.
　그는 정적과 반대자라면 무조건 감옥에 처넣는가 하면, 심한 경우 납치를 하거나 사형을 선고했다. 나는 이런 사실을 변명할 생각은 없지만, 짚고 넘어가야 할 부분이 하나 있다.
　분명히 박정희는 특정 개인을 탄압하기는 했지만 이를 제도화하지는 않았다. 아울러 그가 실시한 탄압과 국가 통제 정도는 북한과는 비교가 되지 않는다. 예를 들어, 한국은 적어도 수십만 명이 강제 노동에 시달리다 죽거나 처형당하는 집단 수용소는 운영하지 않았다는 것이다. 또 박정희 정권 하에서 한국은 자력으로 눈부신 경제성장을 이룩했으며, 박정희 스스로는 검소하게 살며 부패에 물들지 않았고 권력을 세습하지 않았다. 물론 개인숭배를 강요하는 일도 없었으며 북한처럼 드러내놓고 테러 행위를 하지도 않았다.
　다시 말해 한국의 열악한 인권은 변명할 여지가 없지만, 북한이 일상적으로 자행하는 비인간적인 처사보다는 훨씬 강도가 약하고, 이런 상황들을 고려할 때 박정희가 너무 가혹한 비판을 받고 있다고 생각하지 않을 수 없다. 모든 상황을 고려한 공정하고 균형 잡힌 평가가 필요하다는 것이다.

박정희, 그는 한국 사회에서 과도기적 인물로서 민주주의 정착에 앞서 이룩해야 할 경제 발전과 국가안보를 건설했다. 만일 박정희 대통령이 독재정권을 유지해 북한의 남침 야욕을 효과적으로 저지하지 못했더라면 한국 사회에 민주주의가 이처럼 빨리 정착될 수 있었을까 하는 생각도 해볼 필요가 있다. 이견이 있겠지만 나는 박정희야말로 20세기 아시아를 통틀어 가장 위대한 지도자 중 하나라고 생각한다.

| 베트남 전쟁, 그 이후

1975년 4월, 미국이 베트남을 포기하고 철수하자 한국을 비롯한 많은 아시아 동맹국들도 많은 충격을 받았다. 그중에서도 한국이 받은 충격은 유독 컸다. 닉슨 대통령은 파리협약Paris Accords을 조인하면서 반드시 남베트남을 사수하겠다고 확언했다. 그러나 엄청난 수의 난민들이 바다를 떠돌고 미 헬리콥터들이 지상과 항공모함을 오가며 베트남에서 미국인들을 빼내기 위해 안간힘을 쓰는 가운데, 사이공에 북베트남 탱크가 진주하는 모습이 텔레비전과 신문 지상을 장식하면서 그 확언도 물거품으로 돌아갔다. 결국 미 의회는 파리에서 공언한 약속을 의회에 통과시킬 때가 다가오자 정부의 지나친 베트남 개입을 막기 위해 파리협약 비준을 거부했다.

또 언론은 수년 동안 정직하지 못한 태도로 일관한 정부의 베트남전에 대해 비판을 서슴지 않았고, 전쟁 반대를 외치는 학생운동도 격화되었다. 그리고 이 엄청난 정치적 반발은 아직까지도 미국에 여파를 미치고 있다. 또 한국 역시 1975년의 베트남 사태를 목격하며, 북한이 다시 남침을 시도하지는 않을까 하는 우려 하에 자주국방의 필요성을 절실히 깨달았다.

    1975년, 미국에 우호적인 아시아 국가들은 미국이 베트남 전쟁의 후유증으로 태평양 지역 개입을 꺼리지나 않을까, 공산화 위험이 재개되지는 않을까, 걱정하기 시작했다. 또 아시아뿐만 아니라 미국 내부에서도 베트남전으로 인한 사회적 갈등이 높아졌다. 잦은 거리시위, 대통령과 의회의 갈등, 마약과 자기탐닉에 몰두하는 무관심한 대중 등 여러 가지 문제들이 미국 사회에 등장했다.

    결국 공산화의 길로 들어선 베트남을 지켜본 한국 정부로서는 과연 미국의 안보 공약이 잘 지켜질 것인지 우려할 수밖에 없었다. 따라서 무작정 미국에 의존하고 있을 수만은 없다고 판단해 몇 가지 정책을 실시했다.

    박 대통령은 특히 충분한 군사 장비를 원했다. 그는 베트남을 지켜주기로 한 약속을 제쳐놓고 빗발치는 공격 앞에서 발을 뺀 미 의회의 결정을 지켜본 뒤, 한국에서도 똑같은 일이 발생할지도 모른다는 우려로 미국에게 더 많은 물질적 지원을 호소했다. 미국이 계속 주한미군을 감축하려 든다면 스스로 무기를 만들어 한국군을 현대화하겠다고 압박한 것이다. 그로서는 북한이 전력을 크게 강화하고 있는 상황에서 이에 맞설 조치를 시급히 취해야 했으므로 수석 보좌관들과 함께 직접적으로 북한을 겨냥한 군사력 증강 논의를 벌였다.

물론 정보기관들은 이 정보가 새어나가 북한이 도발 행위를 하지는 않을까 두려워했다. 북한은 항상 기회를 엿보며 남침을 정당화할 준비를 하고 있었기 때문이다.

당시 한국은 호시탐탐 기회를 노리는 적과 대치하고 있는 상황에서 미국이 한국 방어에 불명확한 입장을 표명하자 매우 어려운 상황에 처해 있었다. 1976년 여름, 한반도의 긴장은 찌는 듯한 여름날만큼이나 뜨거웠다.

| 제7장 |

긴장의 시기

1976년 봄, 캘리포니아 몬터레이에서 한국어 고급 과정을 수료한 나는 노스캐롤라이나 포트 브래그로 전출하라는 명령을 받았다가, 그 후에 다시 한국 전문가가 되기 위한 교육의 일부로 서울에 있는 주한미국대사관에서 근무하라는 명령을 받고 바짝 긴장하고 있었다. 더불어 일본, 중국, 타이완, 홍콩과 필리핀을 여행하면서 이 지역의 군사적 상황이 어떤지 파악하라는 명령까지 받게 되었다. 가족은 내가 한국으로 되돌아가게 된 것을 반기지 않았지만 개인적으로는 몹시 기쁜 일이었다. 게다가 가족들의 걱정과 달리 한국이 전보다 훨씬 안전하고 청결해졌으며, 가족 중심 사회로 변했다는 소식을 들었던 차다. 서울에 있는 한 지인은 아마도 한국에 오면 육군대학에서 1년짜리 중간 관리자 교육에 참가할 가능성이 높다고 귀띔해 주었다. 이 과정은 미 육군에서 '지휘관, 참모급 교육'에 해당했다.

그 소식에 기쁘면서도 걱정이 앞섰다.

나는 대사관 무관인 롤랜드 로저스Roland Rogers 대령에게 "아직 제 한국어 실력은 한국 교육기관에서 수업을 받을 만큼은 아닙니다"라고 말했지만, 대령은 "상관없네. 거기서 자네가 해야 할 중요한 임무는 오래도록 관계를 지속할 친구를 사귀는 걸세. 교육에 최선을 다하며 한국어 실력을 늘리게나"라고 대답했다.

그다지 흥분되거나 고무되는 대답은 아니었지만, 당시 대위였던 나로서는 대령과 논쟁을 벌일 수 없었다. 그렇게 해서 처음에는 내키지 않는 마음으로 육군대학을 다니게 되었으나, 덕분에 당시 대위에 불과한 직급으로 소령이나 중령급인 한국군 장교들을 사귈 수 있었고 훗날 그들에게 많은 도움을 받았다. 베트남전 이후 미군은 심각한 인사적체로 승진이 더디어졌기 때문에 나도 대위직에 12년간이나 머물러 있었다. 심지어 자식들도 내 이름을 '대위'로 알 정도였으니 말이다.

한편 포트 브래그에서 외국 주둔 장교 교육을 받고 있을 때, 한국에 매우 불안한 기류가 흐르고 있다는 소식을 접했다. 당시 훈련 교관이었던 짐 힝크 중령은, 한반도 상황을 다음과 같이 설명했다.

"지금 한국에는 긴장이 매우 고조되고 있다. 미국 대통령 후보인 지미 카터가 주한미군 철수를 주장해 한국 정부와 미국 사이에 갈등이 증폭되고 있는 거다. 아울러 북한이 이 주장을 오판해 도발을 저지를지도 모른다. 또 포드 대통령은 닉슨이 사임한 후 잔여 임기를 물려받아 정치적인 기반이 약하다. 한국에서 뭔가 큰일이 일어날 수도 있으니 이 사실을 항상 명심하도록!"

| 도끼살인사건

　　무덥고 습했던 1976년 여름, 우리는 판문점 공동경비구역 JSA, Joint Security Area에서 벌어진 사건을 보고, 곧 전쟁이 벌어질지 모른다고 생각했다. 당시 공동경비구역은 2킬로평방미터 정도 되는 개방 구역으로, 남북한 군인은 물론 미군, 중국군까지 이 지역 활동이 가능했으며, 이유는 모르겠지만 병사들은 헌병이 아니면서도 헌병 완장을 차고 다녔다. 1975년까지 공동경비구역에서는 서로 험한 말을 주고받다가 몸싸움과 주먹다짐을 벌이는 일이 심심찮게 일어났다. 공동경비구역에서 근무하는 남북한 병사들은 각자 무술 유단자고 미군 병사들 또한 좋은 체격 조건과 튼튼한 체력을 갖추고 있었으므로, 일단 몸싸움이 발생하면 유혈 사태로 번지기 십상이었다.

　　전쟁이 끝난 지 23년이 흘렀건만 서로에 대한 증오는 아직도 대단하다. 무표정하게 경비를 서는 북한군 병사의 모습은 종종 사진 찍기 좋은 소재인 동시에 화젯거리가 되었다.

　　1976년, 한국군과 미군은 북한을 향해 다툼을 피하기 위한 모종의 조치를 취하자는 제의를 건넸다. 하지만 북한은 그 제의를 거부하며 애초의 합의에서 어떤 수정도 가하지 않겠다고 완강하게 맞섰다. 하지만 나날이 몸싸움과 충격전 횟수가 늘어나자, 미군과 한국군은 어떤 일이 일던간에 신체적 접촉만을 피하라는 엄중한 지시를 내렸다. 때문에 판문점에서 경비를 담당하는 병사들은 많은 스트레스 속에서 인내를 발휘해야 했으며 양측의 갈등이 심해지는 상황에서 조만간 큰일이 벌어지지 않을까 걱정했다.

그 무렵 미군에게는 심각한 약점이 하나 있었다. 대부분의 장교와 하사관, 병사들이 1년씩 순환보직을 맡아 업무 연속성과 전문성이 부족하다는 점이었다. 업무에 익숙해질 무렵이면 모두 다른 곳으로 전출을 간 셈이다. 나중에 합참의장이 된 4성장군 잭 베시Jack Vessey는 "미군은 한국에 25년간이나 주둔했지만, 그들 중 1년 이상 한국을 경험한 군인은 없습니다"라고 단적으로 이 상황을 표현했다. 새로 부임한 미군들은 낯선 환경에 적응하는 것만으로도 벅찰 지경이었다. 하지만 이처럼 심각한 문제를 안고 있는데도 미군은 근무 개선 의지를 비추지 않았고 따라서 나같은 지역 전문가 장교들은 사령관에게 매우 소중한 자산이 되었다.

북한군은 도끼살인사건이 발생하기 몇 년 전에도 야만적인 도발 행위를 저질렀다. 사전 계획에 따라 공동경비구역을 방문 중이던 헨더슨Henderson 소령을 공격한 것이다. 당시 무술 실력이 뛰어난 북한군 경비 몇 명이 헨더슨 소령을 판문점에 있는 건물 벽에 밀어놓고 무차별 구타를 했다. 그리고 우연히 공동경비구역을 취재하던 사진기자 한 명이 그 장면을 찍었는데, 이 사진을 보면 북한군이 치밀한 계획 하에 헨더슨 소령을 공격했다는 것을 분명히 알 수 있다.

그날 헨더슨 소령은 무심코 동료들 곁을 떠나 홀로 걷고 있었다. 그렇다고 금지구역에 들어간 것도 아니고, 창문을 통해 정기적으로 정전 위원회가 열리는 건물 내부를 살펴보고 있었을 뿐이었다. 당시 동료들은 시야가 건물에 가려 헨더슨을 볼 수가 없었다. 얼마 후 핸더슨이 고개를 돌려 근처 있던 북한군 경비를 바라보았을 때, 갑작스러운 일이 벌어졌다. 북한군 경비들이 뭐라고 소리치며 달려오더니 다짜고짜 주먹질과 발길질을 시작한 것이다. 곧 주위 사람들이 소리를 쳐 위급한 상황을 알렸고, 건물 반대편에서 미군과 한국군 경비가 달려왔다. 하지만 핸더슨 소령은 이미 북한군 경비들의 무차별 공격으로 쓰러진 상태였다. 북한군은 의식을 잃은 채 하늘을 보고 대자로 쓰러진 그의 목을 군화 뒷굽으로 짓누르고 있었다.

사진을 통해 모든 것이 드러났듯이 북한군들의 의도는 명백했다. 그들은 핸더슨 소령의 후두부를 강타해 죽이려 했다. 하지만 핸더슨 소령은 살아남았고, 목에 심한 부상을 입어 십여 년간 수차례 수술을 받아야만 했다. 사실 북한의 도발 수위를 잘 알면서도 1976년까지 아무 예방 조치도 취하지 않았다는 사실은 놀랍기만 하다. 나중에 생각해보니, 북한의 도발 징후는 곳곳에 있었고 매우 쉽게 알아챌 수 있었다. 하지만 우리는 이런 심각한 상황에서도 손을 놓고 있었다.

| 비극의 원인이 된 나무

1976년 8월까지 양측은 공동경비구역에서 발생하는 여러 문제를 다루기 위해 몇 번의 회의를 가졌다. 그 무렵 미군과 한국군은 거의 매일같이 북한군과 욕설을 주고받으며 주먹다짐을 벌였다. 북한군은 공동경비구역 내에 불법적인 차단 시설과 검문소를 설치했는데, 이 같은 행위는 명백한 협정 위반으로 의도적으로 남측을 괴롭히려는 심산임이 분명했다. 미군과 한국 측은 여러 번 엄중한 항의를 전달했지만 북한은 설치물 제거를 거부했다. 아니 항상 그래왔듯이 오히려 미군과 한국이 갈등을 일으키는 위법행위를 저지르고 있다고 역공을 취했다. 이처럼 판문점에서 열리는 회담은 언제나 적대적이고 흥분된 고성이 오갔다.

하지만 이 위법 검문소 외에도 북한은 관측과 안전을 방해하는 행동을 다수 벌였다. 사실 나무 관리와 배치 인력 문제는 북한이 협의할 의도만 있으면 몇 분 만에 해결할 수 있는 사소한 사안이었다. 하지만 북한은 아무리 하찮은 문제도 사사건건 시비를 걸었기 때문에, 결국 양측의 협의는 서로를 신랄하게 비난하는 가운데 아무 소득 없이 끝나는 경우가 많았다.

한 가지 예를 들어보자. 공동경비구역 북서쪽 구석에 '돌아오지 않는 다리'라는 교량이 있다. 이 다리는 미군과 한국군이 북진을 했을 때 잡은 포로를 교환했던 '포로교환 대작전Operation Big Switch'과 '포로교환 소작전Operation Little Switch' 등으로 세상에 알려졌다. 하지만 이때 북한의 강력한 송환 요청으로 북한으로 돌려보낸 포로들이 거의 살아남지 못했다는 의혹이 있다. 스탈린과 마찬가지로 마오쩌둥이나 김일성도 서방사회에 '오염된' 자국 병사를 신뢰하지 못한 것이다. 그들 중 미군에 협조했다는 의심을 받은 사람은 즉시 총살당했고 살아남은 사람들도 강제수용소에서 중노동에 시달리다 목숨을 잃었다. 결국, '돌아오지 않는 다리'라는 이름처럼 이 다리를 건너 북으로 간 사람은 다시는 이 세상으로 돌아오지 못했다.

한편 이 다리는 공동경비구역으로 곧바로 이어졌기 때문

에, 미군과 한국군은 다리 근처에 검문소를 세워 공동으로 경비를 섰다. 이때 한국군 경비들은 끊임없이 서로의 상태를 확인해야 했다. 북한군은 남한의 경비병이 동료들과 떨어져 있는 것을 발견하면 욕설을 퍼붓거나 신체적 공격을 해왔기 때문이다. 따라서 아군 초소의 경비병이 위협을 받게 될 경우 다른 동료들이 도움을 주기 위해 항상 주의를 기울여야 했다.

전쟁이 끝난 뒤 양측은 황량한 다리 주변에 나무를 심어 오랜 시간이 흐르면서 경관이 나아졌다. 하지만 나무가 무성해지자 시야에 방해가 되었고, 그해 여름 미군과 한국군은 지나치게 뻗은 나뭇가지를 쳐야겠다고 생각했다. 한미군 초소와 돌아오지 않는 다리 근처의 검문소 사이, 높이가 12미터 정도 되는 미루나무가 시야를 방해한 것이다.

1976년 8월 6일, 미군과 한국군 분대원들은 나무를 베어내라는 명령을 받고 작업을 나갔으나 북한 경비병들의 방해로 그냥 돌아올 수밖에 없었다. 결국 미군 당국은 북한군의 극심한 적대 행위에도 불구하고 합당한 해결책을 찾으려 했고, 그 결과 8월 18일 미군과 한국군 작업 분대원들은 나무를 자르는 대신 가지만 쳐 초소와 검문소 사이의 시야를 확보하기로 했다. 이 작업을 진행한 사람은 아서 보니파스Arthur Bonifas 대위였고, 미국 시절 나와 같은 부대에서 근무한 적이 있는 유능한 장교 마크 배럿Mark Barrett 중위가 작업을 도왔다. 또 그들과 함께 십여 명의 한국군과 미군 그리고 일반인 인부들이 투입되었는데, 작업에 투입된 경비병들은 45구경 권총을 소지하되 사용을 엄격히 자제하라는 명령을 받았다. 결국 그들은 북한군이 공격할 빌미를 찾고 있으니 매우 조심해야 한다는 우려 하에, 우발적인 사고를 피하기 위해 권총을 한데 모아 보관했다.

작업이 시작되자 한 북한군 병사가 다가와 항상 그랬듯이 거만한 태도로 무슨 일을 하고 있냐며 큰 소리로 물었다. 그러는 사이 태양이 중천에 뜨면서 작업 속도도 느려질 무렵, 북한 경비병들이 다시 돌아왔다. 맨 앞에는 당시 북한군을 인솔했던 박 중위가 있었다. 그는 다짜고짜 미군과 한국군 병사들에게 작업을 중지하라고 소리쳤다. 하지만 보니파스 대위는 이를 거부하고 분대를 향해 계속 일하라고 지시했다. 박 중위는 위협을 가해왔지만 북한군의 욕설에 익숙한 보니파스 대위는 그 요청을 묵살했다. 결국 박 중위는 부하들에게 지원 인력을 모아 오라는 명령을 내렸고 얼마 되지 않아 남측 작업 인력 수를 훨씬 넘는 30여 명의 북한군들이 모여들었다. 북한군 박 중위는 매우 격렬하게 위협하기 시작했다.

멀리 떨어진 검문소에서 미군과 한국군 경비병은 나무를 베러 간 작업 인력이 북한군과 실랑이를 벌이는 모습을 녹화하기 시작했고 북한군의 무전교신 내용을 주시했다. 양측의 긴장 상태는 멀리서도 쉽게 감지할 정도였다. 남한의 경비병들은 사태가 심상치 않다는 생각에 걱정하기 시작했다. 북한군의 대응이 평상시와 달라 보였기 때문이었다.

상황의 심각성을 알아차린 검문소 경비병은 즉각 무전으로 본부에 보고했다. 본부의 명령에 따라 공동경비구역 인근에 위치한 비상 소대가 차량을 타고 만일의 사태에 대비해 출동 준비를 하고 있었다. 하지만 작업 분대를 지휘하던 보니파스는 북한군의 위협을 무시한 채 박 중위에게 등을 보이며 뒤돌아섰다. 보니파스는 볼 수 없었지만 박 중위가 손목시계를 풀어 손수건에 싸서 바지 주머니에 넣는 모습이 카메라에 찍혔다. 또 다른 북한군 장교가 소매를 걷기 시작하는 모습도 잡혔다. 동시에 북한군 병사들은 흩어져 작업인력을 포위했다. 미군 하사관이 보니파스에게 조심하라는 말도 하기 전에 "죽여 버려!"하고 박 중위는 북한군 병사에게 명령을 내렸다.

사전에 계획한 공격 방침에 따라 박 중위는 보니파스의 허벅지 윗부분을 걷어차 쓰러뜨렸다. 그러자 갑자기 북한군 경비병들이 근처에 있던 트럭에서 작업 연장을 가져오고 한국 측의 연장을 빼앗아 미군과 한국군 병사를 구타하기 시작했다. 북한군은 땅바닥에 누워있는 보니파스의 헬멧을 휙 벗기고 쇠 지렛대와 도끼로 그의 머리와 얼굴을 때리기 시작했다. 나중에 보니파스의 사인을 확인해 보니, 도끼의 무딘 날에 맞아 죽은 것으로 밝혀졌다. 그리고 배럿 중위는 북한군 여섯 명에게 쫓겨 시냇가까지 도망갔다가 곤봉을 맞고 수풀에 쓰러져 사망했다. 살아남은 사람도 있었다. 한국군 하사관 한 명은 심하게 구타 당했지만 다행히 목숨은 건졌고, 미군 병사 한 명은 난투 중에 트럭 한 대를 몰고 부상당한 아군 병사와 인부를 싣고 탈출했다. 대응군이 긴급 출동해 현장에 도착했을 때, 이미 상황은 끝나 있었다. 이 사건으로 미군 장교 두 명이 사망했고 여러 명의 병사와 인부들이 심하게 다쳤다. 그리고 북한군은 사건이 일어난 지 채 몇 분도 안되서, 돌아오지 않는 다리를 건너 북측 구역으로 돌아가 버렸다.

조사 결과, 이 만행은 사전에 철저히 계획된 것으로 밝혀졌다. 북한군이 작업 현장에 파견된 방식과 조직적인 행동 등을 보면 의심할 여지가 없다. 그들은 한국군과 미군을 단지 괴롭히는 것이 아니라 살해할 생각이었으며, 특히 미군 장교를 주 목표로 삼았다. 북한군이 의도적으로 만행을 저질렀다는 사실이 분명한데도 일부 사람들은 8월 6일 이미 북한군이 처음으로 나뭇가지 치는 작업을 반대했다는 사실을 들어, 무리한 작업을 감행한 것이 아니냐, 미국이 북한의 공격을 유도하지 않았느냐는 궤변을 늘어놓기도 했다. 하지만 이는 앞뒤가 맞지 않는 말이다. 아군이 가지를 치려 했던 나무를 생각해보자.

사건의 발단이 된 나무는 미군과 한국군 측의 시야를 방해했고, 이를 그냥 방치하면 쥐도 새도 모르게 동료들이 공격받을 수 있었다. 그런 상황에서도 나뭇가지를 그냥 놔둬야 한단 말인가?

공동경비구역 협약에 따라 미군과 한국군은 일상적인 관리 활동을 할 수 있는 권리와 정당성을 가지고 있었다. 아울러 북한은 비무장지대를 사이에 고도의 긴장 상태로 잘 알면서도 사건이 비화될 만한 빌미를 일부러 만들었고, 이는 상부의 지시 없이는 불가능한 행동이었다. 북한군은 최고위층의 지시 없이는 어떤 행동도 취하지 않는 특성이 있었기 때문이다. 결국 이 사건은 김일성의 지시에 따라 자행되었을 가능성이 높다.

1976년의 8.18 도끼살인사건은 북한이 저지른 비열하고 뻔뻔스러운 도발 행위였다. 문제는 이 사건으로 전쟁이 일어날 수도 있었다는 사실이다. 실제로 미국 대통령 선거를 90여 일 앞둔 1976년 8월, 대통령 후보가 주한미군 철수를 공약으로 내건 가운데, 미국 사령관, 특히 주한미군 사령관은 지금이야말로 김일성이 전쟁을 일으킬 수 있는 가장 적당한 시기라고 생각했다. 만일 미군과 한국군이 도끼 만행 사건에 대해 보복 행위를 해온다면, 김일성은 최소한의 방어를 위해 전쟁에 발을 들여놓을 수밖에 없었다고 핑계를 댈 게 뻔했다. 또 미 국민들도 왜곡된 언론 보도로 미군이 먼저 전쟁을 일으켰다고 잘못 알게 될 가능성이 높았다.

결과적으로 리처드 스틸웰Richard Stilwell 장군과 한국군 수뇌부는 도끼 만행에 보복적 공격을 해야 할지 확신하지 못한 채, 다만 사태가 확대되지 않도록 노력했다. 즉 도끼살인사건을 납득할 만한 수준에서 해결하는 동시에, 김일성에게 전쟁의 빌미를 제공하지 말아야 했던 것이다.

이 어려운 사후 처리는 출중한 능력을 맡은 스틸웰 장군과 그의 참모진, 그리고 유명한 잭 싱글러브Jack Singlaub 소장이 맡아 훌륭히 해결했다. 일단 미 당국은 미군의 체면을 국제적으로 깎아내린 나무를 베어버리도록 조치했다. 아울러 북한 영공 근처에 B-52 전폭기 편대를 출격시켜 무력 시위를 하며 김일성 측이 먼저 팽팽한 긴장을 거두지 않으면 공격도 불사하겠다는 단호한 의지를 보였다. 선택의 시간이 다가오자 김일성은 머뭇거리며 함부로 공격적 행동을 취하지 못했다.

당시 한국군과 미군 지도부가 보복적 행동을 참았던 일은 칭찬 받아 마땅하다. 심지어 휴가중인 병사를 모두 귀대시켜 높은 경계태세를 유지하면서, 경솔한 행동은 삼가되 도발은 좌시하지 않겠다는 확고한 의지를 보인 것이다. 중화기로 무장한 병력이 삼엄한 경계 태세를 펼치는 가운데, 한미 측은 전동 톱으로 미루나무를 잘라내는 작전을 펼쳤다. 미국의 전설적인 나무꾼의 이름을 딴 이른바 '폴 버니언 작전Operation Paul Bunyan'이었다.

미루나무 제거 작전이 진행되는 동안 하늘에서는 병력을 가득 태우고 중무장한 헬리콥터가 북한이 조금이라도 공격적인 행동을 취한다면 즉시 응징할 준비를 갖추고 비무장지대 외곽을 선회했다.

숨 막히는 몇 시간 후, 북한군은 뒤로 한 발짝 물러섰고 결국 김일성은 사과라기보다는 유감에 가까운 뜻을 전해왔다. 일촉즉발의 사태는 다소 완화됐지만 양측의 팽팽한 긴장감과 가슴의 앙금은 쉽사리 사라지지 않았다. 그리고 이 사건으로, 마지막 남은 공동경비구역조차 상대측 영역을 침범하지 못하도록 확실한 경계선이 그어졌다.

심지어 포트 브래그에서 교육을 받던 시절, 군대 특유의 빈정거리는 농담을 잘하는 한 동료가 어느 날 도끼살인사건과 관련된 사진 한 장을 게시판에 붙이더니 사뭇 진지한 표정으로 "공동경비구역에 배치 받아도 절대 나무를 베어서는 안 돼!"라고 말했는데, 왠지 그 말이 단순한 농담처럼 들리지 않았다.

그리고 카터가 대통령에 당선되었을 무렵, 한국으로 향하던 나는 서울에 도착할 무렵 주한미군을 철수하겠다는 카터 대통령의 충격적인 발표와 북한군이 대규모로 전력을 증강하고 있다는 소식을 접했다. 이제 나도 팽팽한 긴장으로 휩싸인 역사의 현장 속으로 들어가고 있는 중이었다.

7년 만에 다시 한국을 찾았지만, 머릿속에는 아직도 이전의 모습들이 남아 있었다. 사실 내가 기억하는 한국의 이미지는 그다지 유쾌하지 않았다. 가장 먼저 소매치기를 당하지 않기 위해 항상 경계하며 거리를 걸었던 기억이 났다. 골목이나 문가에서 갑자기 튀어나온 소매치기들이 무심코 거리를 걷고 있는 행인의 선글라스, 시계, 가방, 지갑, 보석, 값비싼 펜 등 돈이 되는 물건을 채가곤 했던 것이다. 또 1960년대 후반에서 70년대 초반까지, 한국은 통신 시설이 매우 열악해 전화를 할 때면 감도가 좋지 않아 고래고래 소리를 질러야 했고, 자동 시스템이 없어 교환원을 통해 전화를 걸어야 했다. 교환원은 더 많은 통화를 연결하기 위해 손을 빠르게 놀려 교환기를 작동했는데, 전화 연결을 부탁하는 사람 목소리가 작거나 대답이 조금이라도 늦으면 지체 없이 다른 라인을 연결했다(한국의 노년층 세대는 이 시절에 전화하던 습관이 남아 통신 수준이 매우 높은 지금도 전화하면서 '여보세요'라는 말을 할 때 고래고래 소리를 지르기도 한다).

이외에도 한국은 불결하다는 인상을 주었다. 특히 시골 마을은 더 그랬다. 당시에는 거의 모든 도로가 더럽고 울퉁불퉁한 비포장 도로였던지라, 서울에서 부산까지 가다 보면 다리가 없어 차를 탄 채로 얕은 개울을 건너거나 편도차선인 가교를 건너야 했다. 그렇게 가다보면 400여 킬로미터 거리를 가는 데 3일이나 걸렸다. 기본적 위생 상태도 매우 열악했다.

가정과 지방 여관은 솥단지를 공동으로 사용했고 화장실도 옥외에 있는 재래식 변소가 전부였다. 또 수도 시설이 없어 집집마다 식수로 사용하기에 안전하지 않은 우물을 파고 물통을 드리워 놓았다.

덥고 습한 8월, 김포공항에 막 도착했을 때, 내 마음은 한국에 대한 좋지 않은 기억으로 가득 차 있었다. 하지만 주위를 둘러보는 순간, 마치 오랜만에 방문한 친구 집에서 꼬마였던 아이들이 훌쩍 커 청년이 된 모습을 보는 느낌이었다.

우리는 도착한 날 오후 중앙청 부근의 호텔로 향했는데, 저만치 잘 차려입은 젊은 여인이 반대편에서 걸어오다가 내 몇 미터 앞에서 하이힐 굽이 보도블록 사이에 끼어 앞으로 넘어졌다. 스타킹이 무릎까지 찢어지고 오른쪽 다리에서는 피가 흘렀다. 공교롭게도 그곳은 한국 외무부 건물 앞이라, 정복을 입은 경비병 두 명이 근무위치에서 그 모습을 지켜보고 있었다. 나는 본능적으로 그녀를 돕기 위해 다가갔지만, 예전처럼 곳곳에서 소매치기가 내 물건을 노릴지 모른다는 생각에 가방을 땅에 내려놓아야 될지 머뭇대고 있었다. 그래서 나는 한 손에 가방을 든 채 어색한 포즈로 그녀를 일으켜 세우려 했다.

그러자 여인은 길거리에서 넘어진 것도 창피한데 낯선 사람, 그것이 외국인 앞에서 넘어진 것에 더 당황스러워 했다. 내가 한 손으로 서툴게 도우려는 동안 그녀는 다리의 아픔도 잊어버린 채 간신히 일어나더니, 고개를 숙이고 종종걸음으로 도망치듯 가버렸다. 다행히 크게 다친 것 같지는 않아 호텔로 돌아가려 할 때였다. 눈매가 날카로운 경비병과 살짝 눈이 마주쳤다. 경비병은 상당히 능숙한 영어로 "매우 친절하시군요"라고 말하며 내게 경례를 해왔다. 나 역시 답례로 경례를 보내고 호텔로 걸어오면서, 깊은 감회에 젖어들었다(정말로 한국에 대한 인상이 확 바뀌는 순간이었다). '한국이 이전 같지 않구나. 정말 많이 변했어!'

| 다시 시작된 위험

　다시 한국으로 돌아온 첫날, 나는 대사관 무관이자 한국에 정통한 짐 영Jim Young 소령으로부터 한국 상황에 관한 간단한 브리핑을 받았다. 한반도의 군사적 균형이 깨져 북한이 우세한 위치를 점하고 있다는 매우 충격적인 내용이었다. 그간 오랫동안 북한의 군사적 상황을 면밀히 관찰해왔지만, 이전에는 파악하지 못했던 사실이 최근 새롭게 드러난 것이다.
　당시 짐 소령은 뛰어난 민간 분석가이자 웨스트포인트 출신인 퇴역 장교 존 암스트롱John Armstrong이 포함된 분석팀을 이끌고 있었는데, 이 분석팀은 지금껏 한미 당국과 함께 정보를 분석해왔다. 그리고 용케 정보 분석가의 눈을 피해오다가 새로이 파악된 북한군 전력은 생각보다 높은 수준이었다. 성능이 향상된 항공촬영으로 새로운 정보를 수집해 분석해보니, 김일성의 북한군들은 상대방이 눈치 채지 못하게 한국 침략의 준비 기간을 단축시키고 짧은 시간 내에 특수부대를 소집할 능력을 키워온 상태였다. 정보원들과 항공촬영의 도움을 받은 짐의 분석팀은 신속하고 정확한 분석 보고서를 만들기 위해 밤낮 없이 일했고, 여러 가지 단서를 종합한 결과, 보고서에 기록된 북한군의 수보다 실제 북한군의 수가 훨씬 많다는 것을 확인했다.
　분석 보고서에 따르면 북한 기갑부대의 전력은 실제보다 80퍼센트나 낮게 평가되어 있었다. 북한은 생각보다 훨씬 뛰어난 야포 수준을 갖추고 있었으며, 땅굴이나 낙하산으로 침투해 한국의 주요 방어 시설을 파괴하기 위한 다양한 특수부대까지 창설한 상황이었다. 특수부대는 후방에서 작전 통제권과 통신 시설을 교란하고 주요 정치인과 군인을 암살하며 파괴와 테러를 자행하는 임무를 띠고 있었다. 이외에도 100만 명이 넘는 육군 정규군과 200만 명의 예비군 등, 북한의 전력은 가슴을 철렁하게 만들만큼 강력했다. 짐 영은 이에 대해, "현재 북한은 그동안의 추정보다 훨씬 많은 수의 북한군을 보유했을 뿐만 아니라, 전쟁을 위해 비축해 놓은 장비 수준과 병참계획까지 고려해보면, 선전포고 없이 남침할 수 있는 공격적 군사력을 갖춘 상태입니다"라고 분석 결과를 요약했다.[16] 당시 사령관이던 잭 베시Jack Vessey 대장은 브리핑 내내 침통한 표정으로 사태의 심각성을 확인하고, 이후 즉시 워싱턴으로 날아가 합참본부와 새로운 대통령인 지미 카터에게 이 상황을 보고했다.

| 주한미군 철수 논쟁

잭 베시 대장을 비롯한 군 수뇌부는 카터 대통령이 새로이 파악된 북한의 전력 상황에 어떤 반응을 보일지 예측할 수 없었지만, 카터 역시 해군 사관학교 졸업생에 장교출신인 만큼 북한의 도발 상황을 올바로 인식할 것이라 기대했다. 다만 그러지 않을 때의 가능성도 배제할 수 없었는데, 카터 대통령과 접촉했던

---

17. 지금은 퇴역한 짐 영 대령은 한국이 위기에 처했을 때 매우 뛰어난 분석결과를 제공했다. 나중에 그는 자신이 한국에서 경험한 일을 엮어 《한국을 바라보는 시각Eye on Korea, College Station: Texas A&M University Press, 2003》을 펴냈다. 이 책은 현재 한국의 긴장상황에 관심이 있는 사람이라면 반드시 읽어야 할 책이다.

대부분의 군 수뇌부들은 이 새로운 대통령이 병적일 정도로 군부를 통제하고 싶어 한다고 판단하고 있었다. 또 그 정도는 아니라고 생각하는 사람들도 대통령의 그런 면을 알고는 있었다.

카터를 만났던 군 수뇌부는 대통령에게 함부로 조언을 하지 말아야 하며, 설사 한다 해도 그 조언이 관철되지 않으리라고 확신했다. 카터 대통령한테 임명되지 않았던 장군들은 대통령과 면담을 끝내고 빠져나오면서 낙담한 표정으로 고개를 절레절레 흔들었다. 카터는 이미 마음을 정한 상태고, 무슨 일이 있어도 그 결정을 바꾸지 않으리라는 공감대가 형성되었다.

사실 카터의 완고한 성격은 대단한 장점일 수도 있었지만, 카터 행정부의 기본적인 외교 정책은 대체로 앞뒤가 맞지 않았다. 집권 내내 들쑥날쑥해 한마디로 말하면 '이렇게 하자. 아니, 이건 아니다' 식이었는데, 주한미군의 철수 또한 카터 행정부의 들쑥날쑥한 외교 정책의 대표적인 사례였다. 주한미군을 철수하겠다고 선언해놓고 막상 결정을 미루는 사이 양국 관계는 악화되었다. 또 그 와중 카터 또한 자신의 체면을 세우느라 급급해 명확한 결론을 내리지 못했으며, 미군 철수 논쟁이 10여 년이나 지속되는 동안 한국의 민주주의도 후퇴했다. 주한미군 철수가 거론될 때마다 위기 의식을 느낀 한국이 자주국방을 목표로 내부적인 군수물자 생산을 추구했던 것이다. 결과적으로 한국에 군수물자를 납품하던 미국 업체는 수 억 달러의 손해를 보았고, 한국 제조업체들도 경쟁력과 경험이 없는 새로운 분야로 뛰어들어 많은 고생을 해야만 했다. 아울러 한국은 균형 있는 경제 발전을 위해 사용할 소중한 자원을 군수물자 생산에 허비한 셈이었다.

| 흔들리는 우방

　　북한의 군사력이 마음만 먹으면 며칠 만에도 한국을 공격할 수 있을 정도로 증강되자 한국은 심각한 우려에 빠졌다. 북한의 갑작스런 공격에 대비해야 할 뿐만 아니라, 군대를 철수하겠다는 미국까지 적절히 다뤄야 한다는 두 가지 과제가 놓였기 때문이다. 사실 미국은 역사적으로도 여러 번 우방을 나 몰라라 했고, 불과 2년 전 베트남에서도 마찬가지였다. 따라서 한국은 '한반도에서 위기가 발생했을 때 미국을 신뢰할 수 있을까?' 하는 의구심을 품을 수밖에 없었다.
　　사태가 매우 심각하다고 생각한 한국 정부는 자주국방을 갖추기 위한 준비를 서두르기 시작했으며, 1977년 카터 대통령이 주한미군 철수를 공개적으로 선언한 이후부터 더욱 속도를 내기 시작했다.
　　카터는 무자비한 언론 횡포의 덕을 많이 본 경우였다. 당시 언론은 워터게이트 사건을 폭로해 닉슨 대통령을 실각시켰고, 제럴드 포드Gerald Ford가 그 자리를 이어받았다. 사실 포드는 대통령 선거에 당선된 적도 없고 심지어 부통령으로 뽑힌 적도 없었다[18]. 하지만 성격 좋고 경험이 풍부하며 청렴한 사람으로, 음울한 성격을 지닌 리처드 닉슨과 린든 존슨 대통령에 비했을 때, 그가 대통령 자리를 이어받은 것은 분명 환영받을 만한 일이었다. 하지

---

18. 포드는 매스컴을 비판하여 물의를 일으킨 애그뉴S. T. Agnew가 1973년 10월에 사임하자 부통령이 되었다

만 언론은 그에게 관대하지 않았다. 대통령 선거철이 다가오자 언론은 이제 변화가 필요하다고 선전했고, 그 변화를 이끌 사람으로 카터를 택했다.

사실 미 국민들은 카터 자체라기보다는 공화당 정권에 염증을 느껴 그를 대통령으로 뽑은 것에 가까웠다. 워터게이트 사건으로 언론을 회피했던 포드의 행동이 카터의 당선에 이득을 가져온 것이다. 카터는 치아를 드러내면서 크게 웃는 모습으로 대중에 호감을 불러일으켰고, 결코 거짓말을 하지 않겠다고 강하게 주지했다. 또 자신을 '지미'라고 불러달라며 권위적인 이미지를 벗어버렸다.

하지만 모든 것을 고려해보면, 그는 다소 경솔한 성품에 상대적으로 경험이 부족했고, 전국적인 지명도도 그리 좋지 않은 남부지방 주지사 출신이었다. 결국 그는 워싱턴에 제대로 적응하지 못한 상황에서 매우 과격한 외교 정책을 펼쳤다.

| 인권정책이 오히려 상황을 악화시키다

카터 행정부는 인권을 중요시하는 외교 정책을 펼쳤다. 카터는 인권문제만큼은 양보하지 않으려 했으며, 인권을 침해하는 국가에는 반드시 일정한 보복을 했다. 또 인권 침해 국가는 동맹국으로 여기지 않았고, 나중에는 인권의 범위에 주택과 교육문제까지 포함시켰다. 다시 말해 카터 행정부의 원칙은 인권이었던 셈이다.

표면적으로 볼 때, 인권을 강조하는 대외정책은 나쁠 것이 없지만, 외교 정책은 무엇보다 일관성이 중요하다. 즉, 오락가락하지 않아야 하며, 그 원칙 또한 보편적이고 공평해야 한다. 예를 들어 특정 국가에는 아주 높은 기준을 적용하면서 다른 국가는 적당하게 군다면, 이 외교 정책은 치명적 오류를 범한 것과 다름없다. 이중적 잣대를 가지면 모든 정책이 위선으로 변하고, 미국의 외교 정책도 신뢰를 잃게 된다. 그러나 아쉽게도 카터 행정부는 공평하고 보편적인 외교 정책을 펼치지 못했다는 큰 오류를 범했다.

또 카터는 심각한 인권 유린이 자행되고 있는 소련, 중국, 북한, 쿠바, 동유럽 국가를 추적하고 대응하는 데 필요한 용기와 자신감, 그리고 대담성이 부족했다. 대신 그는 미국과 밀접하고 여러 면에서 다루기 쉬운 조그만 나라들만 상대하기로 결정했다. 구체적으로, 우호적인 국가에는 참기 힘든 압력을 행사해 정치적 불안을 일으켰고, 그 때문에 권력에 공백이 생겨 그 나라에 오히려 통제와 의사소통이 불가능한 정권이 들어서도록 만들었다. 또 카터가 의도적으로 다른 나라의 인권 문제에 참견한 결과, 해당 국가 주민들의 생활 상태는 악화되었고 미국과 맺었던 중요한 관계가 단절되며 자유시장에 기반을 둔 민주주의 성장도 지체되었다. 그 대표적인 사례가 바로 한국이었다.

카터는 공개적으로 박정희 정권을 강하게 비판했다. 그는 한국 정부에 즉각적인 개혁을 요구했고, 결과가 만족스럽지 못할 경우 주한미군 제2보병사단을 철수하겠다고 선언했다. 제2보병사단은 한국에 주둔한 마지막 지상군이었으며, 북한 침략을 저지하는 중요한 역할을 맡고 있었다. 당시 한국의 정보기관은 세계에서 가장 악명이 높았다. 또 박정희 또한 국민을 심하게 탄압하는 지도자로 비춰졌지만, 사실상 한국은 카터의 인권 공세를 견디어낼 수 있을 만큼 안정된 국가였다. 그렇다면 박정희는 정말로 국민을 가혹하게 탄압하고 인권을 남용했을까?

물론이다. 그는 인권을 탄압했고, 변명의 여지가 없는 악행을 수차례 범했다. 하지만 그렇다고 한국처럼 작은 국가를 벼랑 끝으로 내몰고, 우방을 불안정하게 만들어 수많은 사람을 위험에 빠뜨리는 정책은 인정받을 수 없다. 오히려 외교력을 발휘해 박정희를 도덕적으로 설득하고 경제적 유인책을 제공함으로써 한국이 자유로운 민주국가가 되도록 유도하는 쪽이 옳았다.

만일 카터의 경우처럼 잘못된 외교 정책을 펼칠 경우, 폭군은 몰아내도 그 이후에 더 가혹한 폭군이 등장해, 오히려 이전보다 인권 상황이 나빠질 가능성도 있었다.

사실 카터의 강압적 외교 정책 보다는 한국에 자발적인 민주발전을 유도하는 방법이 옳았다. 즉 카터는 박정희를 구석에 몰아넣고 심한 압력을 행사해, 한국의 민주주의를 10여 년이나 후퇴시킨 셈이다.

그중에서도 특히 미군 철수는 한국에 매우 치명적인 조치였다. 당시 박정희는 주한미군에 관한 시론을 통해, 경제적 이유로 미군을 철수시키겠다는 카터의 주장에 반박했다. 미군을 철수함으로써 얻게 될 추정 금액은, 주한미군 철수를 그럴 듯하게 보이게 하려고 만들어낸 의미 없는 수치라는 것이다. 또 박정희는 한국에서 전쟁이 일어날 경우 미국이 부담해야 할 비용이 전쟁 방지 차원에서 주한미군을 유지하는 비용보다 훨씬 크다는, 간단하지만 호소력 있는 논리로 카터 행정부가 내세운 정책의 허구성을 역설했다. 동시에 주한미군이 계속 주둔을 약속하면 비용을 줄일 수 있도록 지원하겠다는 제안을 했다. 이 '주둔국 지원Host Nation Support' 프로그램은 일본과 독일에서 이미 시작한 바 있다. 그러나 카터는 지나치게 비타협적인 태도로 일관하며 참모에게 불평을 늘어놓았다. 이에 대해 오버더퍼는 자신의 책에서, 카터가 "대선 공약 중 주한미군 철수 정책은 바꾸지 않을 걸세"라고 말했다고 적은 바 있다. 그렇게 한국 정부와 카터 행정부 사이에 점차 갈등이 고조되는 가운데, 박정희 대통령과 각료들은 최악의 상황을 생각하기 시작했다.[19]

카터는 주한미군 철수 정책에 대한 지지를 모으는 대신, 철수에 반대하는 사람들을 쳐내는 방식을 택했다. 예를 들어 잭 싱글러우브 소장도 이 문제로 교체를 당했다. 하지만 이런 조치는 그를 미숙한 정치가로 비치게 만드는 역효과를 가져왔다. 카터는 주한미군 철수 정책에 관한 국민적 여론을 조성하기 위해 의회에서 청문회와 토론회를 열었지만, 시간이 갈수록 여론은 카터에게 불리한 방향으로 흘러갔다.

결국 카터는 체면치레로 1개 대대를 상징적으로 철수하고 나머지 부대는 계속 잔류시키기로 결정함으로써 가까운 시일에 전쟁이 일어날 가능성을 줄였지만, 그럼에도 한국은 주한미군 철수 논쟁 자체에 상당한 상처를 받았다. 일단 한국 정부와 국민들은 미국의 변덕 때문에 베트남처럼 한국도 상상조차 하기 싫은

---

19. 《두 개의 한국》에서 인용

험한 꼴을 당할 수 있다고 생각했다. 게다가 1970년대 후반 북한이 한국을 공격할 경우 하루 만에 서울이 함락될 것이라는 믿을 만한 분석 결과까지 나온 터라, 변덕쟁이 우방만 믿고 안심해서는 안 된다는 여론이 들끓었다.

1980년대 중반 주한미군 사령관을 지낸 빌 리브시Bill Livesey 장군은 카터 행정부의 잘못된 정책이 가져온 손실을 회복하기 위해 많은 노력을 쏟았다고 회고했다. "당시 카터는 두 가지 큰 실수를 했습니다. 하나는 주한미군 철수 계획, 또 하나는 훗날 섣불리 베시 장군을 징계하려 했던 시도입니다"라고 말했다.

제2차 세계대전에 사병으로 참전해 4성 장군까지 오른 베시 장군은 전력을 인정받아 육군참모총장 후보로 지명되었다. 그러나 카터는 베시와 형식적인 면접을 마친 뒤, 소심한 성격을 가진 3성 장군 에드워드 마이어Edward Meyer를 모든 4성 장군을 통제하는 참모총장 자리에 앉힌 뒤, 베시에게 육군참모차장을 제안하며 전역을 유도했다. 물론 달갑지는 않았지만 베시는 그 자리를 받아 근무했다. 그리고 1980년 로널드 레이건이 카터를 누르고 대통령에 당선되자 합참의장 자리에 올랐다. 많은 면에서 잭 베시는 그야말로 군인 중의 군인이었다.

그러면 계속 한국에 남겨둔 미 지상군은 어떤 의미였을까?

한국에게 그들의 존재는 전쟁 억제 이상의 의미가 있었다. 바로 전략, 전술, 정보공유, 무기 수준의 향상, 화력과 통신 지원, 그리고 군사 시스템에 관한 선진 기술을 이전 받을 수 있었던 것이다. 당시 비료, 화학, 직물 중심의 기초 제조업에서 벗어나 전자, 통신, 반도체와 같은 첨단 산업으로 진출하려는 상황에서, 기술 이전은 한국 기업들에게 매우 중요한 요소였다. 미국에서 구입한 장비나 시스템의 부품을 조달하는 과정에서 선진기술을 습득함으로써 전반적으로 기술 수준을 향상시킬 수 있었기 때문이다. 게다가 미국도 한국의 값싼 노동력으로 생산한 장비 부품을 구입해 제품의 가격을 낮추어 결과적으로 미 국민들의 세금 부담을 덜어줄 수 있었다.

그 무렵 한국 정부는 경제를 활성화시키기 위해 재벌 기업을 장려하고 보호하는 정책을 펼쳤다. 박정희는 1961년 쿠데타로 권력을 잡고 난 뒤 열악한 경제 현실에 낙담해 경제 발전을 매우 중요한 요소로 여기기 시작했다. 당시 북한이 한국보다 경제 수준이 높다는 것은 널리 알려진 사실이었다. 북한은 소련과 중국이라는 든든한 후원자로부터 수십억 달러를 원조 받으면서 자주와 번영을 표방하는 '주체 운동'을 벌이고 있었지만, 이에 비해 한국 경제는 미국의 꾸준한 원조에도 활기를 되찾지 못한 상태였다.

오랜 망명생활 탓인지 미국적인 사고를 지닌 이승만 대통령은 집권 당시 미국 외교관과 관리들에게 경제개발 계획을 맡겼다. 하지만 그들이 내세운 계획은 한국 상황에는 걸맞지 않고, 그 자체만으로도 한국을 모욕하는 것과 다름없었다. 하지만 새로 권력을 잡은 박정희는 한국이 소련과 중국의 식량 원조에 의지해 생계를 꾸려가는 북한처럼 되어서는 안 된다는 강한 의지를 표명했으며,[20] 자신이 집권하는 동안 한국 경제를 선진국 수준으로 끌어 올리겠다는 포부를 가졌다. 미국의 시각으로 보면, 정책 수혜자가 정책 입안과 실행에 참여한다는 것은 일종의 모순이었다.

하지만 박정희는 경제계획 수립 과정과 실행에 재벌들을 참여시켰으며 일부는 각료로 채용하기까지 했다. 또 인도네시아와 걸프지역에서 벌어지는 건설공사 입찰에 한국 기업의 참여를 독려했고, 공사를 수주할 수 있도록 막후에서 도움을 주겠다고 약속했다.

결국 정부의 든든한 보증 아래 한국 기업은 실패할 수 없었다. 결과적으로 재벌들은 이 시기를 밑바탕으로 급격한 성장을 보이면서 세계에서 가장 성공적인 기업가, 엄청난 위험을 감수하면서도 언제나 성공하는 기업가라는 명성을 얻었다.

한국은 여기에 머무르지 않았다. 그들은 이러한 명성을 기반으로 해외에서 투자를 유치하고 합작 사업을 전개했다. 박정희는 다른 선진국에서는 이미 사양 산업에 접어든 조선과 철강을 흔쾌히 받아들였다. 하나의 국가가 제철소도 없이 스스로 발전할 수는 없다고 생각한 것이다. 결국 많은 반대를 무릅쓰고 포항제철을 세워 철강 생산에 박차를 가했고, 그 결과 농업을 유일한 산업으로 삼았던 가난한 나라 한국은, 세계에서 가장 수준 높은 제철소를 보유한 국가로 변모했다. 이처럼 박정희 대통령이 가장 높은 우선순위를 매긴 것은 민간부문 무역이었다. 그는 잠시 국방 산업을 밀어놓고 민간에 유용한 산업과 수출 산업에 집중하기

---

20. 미국은 한국 개발에 많은 오류를 범했다. 대표적인 사례 하나를 제시한다. 1960년대 14세기부터 서울에 흐르는 한강에는 다리가 세 개밖에 없었다. 다리 두 개에는 차도와 인도가 있지만 다른 하나는 철로였다. 한국은 다리를 추가로 건설하기 위해 미국에 원조를 요청했다. 원조를 담당하는 미국 외교관은 "서울은 다리가 추가로 필요할 만큼 미래가 밝지 않습니다."라고 코웃음을 치며 거만하게 한국의 원조요청을 거부했다. 현재 한강에는 적어도 18개의 다리가 있으며, 늘어나는 교통량으로 더 많은 다리를 건설하라는 요구가 높다.

시작했으며, 한국의 거대 기업, 현대, 삼성, 대우, 금성, 쌍용, 금호 등은 조용한 파트너 박정희 정부와 함께 다음과 같은 비즈니스 모델을 추구했다.

첫째, 한국에 없는 원료를 수입한다. 둘째, 값싼 노동력을 기반으로 원료를 가공해 상품을 생산한다. 셋째, 생산한 제품을 외국에 수출해 외화를 번다. 넷째, 수출에서 벌어들인 외화를 생산시설에 재투자한다. 다섯째, 다른 산업으로 범위를 넓힌다. 여섯째, 계속 이 같은 과정을 반복 또 반복한다. 이는 무척 발전적이고 놀라운 계획이었지만, 이 정책이 성공하려면 노동자와 중산층의 절대적 지지가 필요했다. 한국 노동자 계층은 성장 과정에서 기꺼이 희생을 감수하고, 중산층은 오랫동안 상대적인 빈곤을 참아내야 했다. 정부는 '허리띠를 졸라매자' 또는 '미래를 위해 희생하자'라는 캠페인을 벌이며 조금만 더 참자고 호소했지만, 시간이 갈수록 효과는 떨어졌다.

당시 한국의 노동조합은 기업별 조직만 존재했다. 즉 미국의 전미자동차노동조합American Auto Workers Union 같은 산업별 조직은 없고, 개별 기업에 독자적인 노동조합이 있었다. 그 이유는 한국 정부에서 노동자가 집결하지 못하도록 분산 정책을 취했기 때문이다. 박정희는 노동운동과 노동조합 결성 운동을 본래부터 곱게 보지 않았고 공산주의의 온상이 될 수도 있다고 생각해, 대화와 설득보다는 곤봉과 최루탄으로 대처하는 등 엄청난 탄압을 가했다. 하지만 1970년대 후반이 되자 그간 박정희 정권 하에서 억눌려 왔던 여러 가지 문제점들이 수면 위로 불거지기 시작했다. 안팎으로 곤경에 처한 한국 정부는 '미국이 주한미군을 철수하고 경제와 국방 원조까지 중단한다면 어떻게 생존과 번영을 지속할 수 있을 것인가?' 하는 심각한 문제에 직면했다. 이는 바로 국가의 생사와 관련된 문제였다.

| 국방 산업의 강화

박정희 대통령과 한국 국민들, 그리고 여러 모로 한국을 도왔던 미국 내 친한親韓 세력은 한국에 대한 압력을 완화시키기 위해 카터 대통령을 설득했지만 뚜렷한 성과를 내지 못했다. 그러자 그들은 다음과 같이 생각하기 시작했다. '다른 나라는 가만 두면서 애꿎은 한국에 인권 향상의 압력을 넣다니, 이러다가 한반도에서 전쟁이 재발하게 되는 건 아닐까?', '그러면서 왜 북한의 인권 문제는 등한시 하는가?'

많은 사람들이 인권 상황이 정말 심각한 나라들은 제쳐두고, 유일한 우방이자 진정한 친구인 한국을 목표로 삼는 카터에게 불만을 표했다. 한편 한국은 그간 국민들이 허리띠를 졸라매며 열심히 일한 덕에 서서히 국제적 인정을 받기 시작했는데, 비현실적이고 순진한 미국 대통령 때문에 미국이 한국을 포기하면서 혹시나 공산화되지는 않을까 하는 공포에 휩싸여 있었다.

이렇게 위기가 고조될 무렵, 나는 다른 2명의 미군 장교들과 함께 아름다운 남쪽 항구도시 진해에 있는 육군대학에서 강의를 받기 시작했다. 1년간 진행되는 23기 중간 간부 교육이었는데, 나는 강의를 듣는 장교들 중 가장 선임이었고, 한국군 소중령 185명과 타이완에서 온 장교 한 명과도 동급생이었다. 그 동안은 한국군 장교들이 미국으로 오면서 와서 비슷한 프로그램을 들여왔다. 즉 미군 장교가 한국군 교육 프로그램에 참여한 것은 이번이 처음이었고, 육군대학 측은 이를 한국군의 우수성을 세계에 증명한 셈이라며 무척 기뻐했다. 나는 미군 중견 장교로서의 개인적 자격뿐만 아니라, 미국 정부의 대표로서 교육에 참여하는 것과 다름없었다.

한국군 동기생이나 강사, 참모들은 시간만 있으면 "왜 미국 대통령은 주한미군을 철수하려고 합니까?"라고 질문해왔다. 그 안에는 강한 비난과 신랄함이 묻어 있었다. 하지만 당시 말단 장교에 불과했던 내가 고위층의 결정에 대해 무슨 변변한 답을 할 수 있었겠는가? 하지만 한국군과 다름없이 일선 부대에서 근무했던 우리는 그들이 주장하는 현실과 사태를 충분히 공감했기 때문에, 상관에게 무조건 복종하는 군인 본연의 자세를 벗어나 군 수뇌부와 대통령을 원망하고 싶은 마음이 굴뚝같았다. 그러나 우리는 한국 장교들의 비난에 입을 맞춰 상부의 결정에 이러쿵저러쿵 토를 달지 않기 위해 노력을 했다.

한국의 육군대학에서 보낸 시간은, 내 군대 경력에서 가장 도전적이고 어려웠던 시기다. 주중에는 매일 8시간씩 강도 높은 강의를 들었고, 토요일 오전에도 마찬가지였다. 모든 강의와 교재는 한국어로 씌어 있었는데, 나는 고작 몬터레이에서 '상급언어과정'을 수료했을 뿐이고, 그나마도 강사들이 성심성의껏 가르쳐주지 않아(강사 중 한 명은 전임 한국군 중령 출신이었다) 읽고 쓰는 데 아주 서툴렀다. 지금도 나는 어떤 언어든 최소한 2년간 집중적으로 교육받지 않는 한 충분히 구사하기 어렵다고 확신한다. 하지만 미 육군 장교로서 2년이나 되는 시간을 특기 교육에 투자하는 것은 힘들었다. 결국 우리는 서투른 와중에도 어떻게든 한 명의 낙오자도 없이 교육 과정을 마쳐야 했으며, 한국 교관들도 우리가 낙제를 하지 않도록 열성적으로 도와주었다. 사실 한국 육군대학에서 미군 장교가 과정을 이수한다는 자체가 매우 큰 의미였으므로, 교관들은 우리를 엄하게 대하기도 하고, 어르고 달래기도 하며, 교육을 성공적으로 이수하도록 이끌었다.

매우 빡빡했던 교육 초기, 강단에 선 교관의 말은 마치 전선에서 무차별 난사를 하는 것처럼 도무지 알아듣기 힘들었다. 나는 뒤처지지 않기 위해 노력했지만 그 노력도 그다지 효과를 보지는 못했다. 언젠가 근엄한 고참 대령인 육군대학장에게 교육과정 상에서 미국인 학생들이 겪는 문제점과 불만을 이야기하자, 그는 손을 저으며 "규정상 예외없이 한국 장교처럼 똑같이 교육을 받아야 합니다"라고 말했다. 힘든 교육과정도 그렇거니와 일단 한국어에 익숙하지 못한 우리는 육군대학장과 밀고 당기는 게임을 했다.

처음에 학장은 거의 매일 나를 불러 심각한 표정으로 "한국말을 얼마나 이해하고 있습니까?"라고 물었다. 이해할 때도 있고 그렇지 않을 때도 있었기 때문에 나는 늘 두 가지 대답을 조심스럽게 준비해야 했다. 물론 이해하지 못할 때가 더 많았지만 말이다. 또 내 후견인 역할을 하던 이 소령은 내가 잘못을 저지르면 자신이 심한 질책을 받게 되므로 늘 내 대답을 기다리며 바짝 긴장하곤 했다. 그래서 나는 사실 한국말을 거의 이해하지 못하면서도, '전혀'라는 말을 붙이면 거짓말로 들릴 것 같아 '10퍼센트'

정도라고 서둘러 답했다. 학교장은 몇 주간 거듭해서 매번 "지난 번보다 얼마나 한국어가 늘었냐"며 날카로운 질문을 해왔다. 물론 나아진 모습을 보여야만 했지만, 많이 좋아졌다고는 답할 수 없었다. 그래서 나는 15퍼센트, 20퍼센트 또는 25퍼센트 정도라고 백분율로 답했다. 내가 대답하는 수치가 지난번보다 조금 높으면 육군대학장은 만족스런 표정으로 고개를 끄덕이며, 이 소령을 향해 "잘하고 있군!" 하는 듯한 눈짓을 보내며 아무 일 없이 지나갔다. 몇 주간 이런 게임을 하면서 나는 더 영악해져서 육군대학장에게 33.25퍼센트, 36.83퍼센트 처럼 말도 안 되는 수치를 보고했다. 그리고 학장이 정말로 내 말을 믿었는지는 모르지만, 내 대답을 그대로 받아들였다. 물론 이 소령은 내가 장난스럽게 굴고 있다는 것을 알고 이제 그만두라고 충고했지만 말이다.

다행히 교육이 후반기로 접어들면서 지도를 활용한 부대 기동전술을 배우기 시작하자, 비로소 교육 내용을 어느 정도 이해하게 되고 즐길 수도 있게 되었다. 육군대학에서의 교육 과정은 하루하루가 힘겨운 도전이었지만, 바로 그때 한국 군인들과 오래 지속될 친분관계를 형성했고, 그들 중 몇몇과는 지금도 연락을 주고 받는다. 나는 한국을 방문할 때마다 당시 과정을 함께 밟았던 동기생과 친구들을 만난다. 그들 중 상당수는 졸업 후 군에서 주요한 역할을 담당했다. 그들에겐 한국 친구들이 있었기에 다른 미군 장교들이 들을 수 없는 좋은 정보를 접할 수 있었다. 베시 장군과 존 위컴John Wickham 장군같은 사령관들은 현지 경험이 많고 현지인들과도 두터운 친분관계를 쌓은 외국 전문가를 가치 있다고 인정해 많이 활용하는 편이었다. 따라서 나는 한국의 육군대학을 졸업하자 서울로 돌아가 새로 창설된 한미연합사령부 Combined Forces Command에서 일하게 되었다. 한미연합사에서 근무하는 한국군 동료들은 나를 소개할 때마다 "이 분은 육군대학을 최초로 졸업한 미군 장교입니다"라는 말을 빼놓지 않았다. 결과적으로 미국인으로서 한국 육군대학을 졸업했다는 경력은 다른 한국 장교들과 관계를 맺을 때 매우 중요한 역할을 했다. 그리고 그러는 사이에도 한국 내에서의 긴장은 점점 고조되고 있었다.

당시 미국이 박 대통령에게 가한 압력은 절정에 이르고 있었다. 이에 박정희는 몇 가지 전략적 결정을 내려야 했다. 우선, 카터가 주한미군 철수에 대해 명확한 결정을 내리지 않고 있는 이상 무작정 미국의 원조에 기댈 수만은 없다고 생각해 자주국방에 필요한 기본적 국방산업을 발전시키라는 지시를 내렸다. 비록 한국과 미국이 전장에서 함께 피를 흘리고 공식적인 상호방위조약을 맺은 둘도 없는 우방이라 해도, 현재의 미국 대통령은 한국의 존폐를 위협할 정도로 악영향을 미칠 힘을 갖고 있다고 생각한 것이다.

박정희는 대통령으로서 더 이상 상황을 좌시할 수 없었고, 무작정 미국이 한국에 우호적일 거라고 순진하게 생각해서는 안 되었다. 마냥 미국만 바라보다가는 국가를 위험에 빠뜨릴 찰나였다. 결국 박 대통령은 군대와 재벌 기업에게 지체 없이 국방산업을 양성하라고 지시했다.

가장 먼저 재벌 기업은 남쪽 마산에 인접한 창원을 새로운 산업 지역으로 선택했다. 창원은 북한의 공격이 쉽사리 닿을 수 없는 곳이었고 주요 도로망, 항구, 공항과 인접해 국방산업을 위한 지역으로 손색이 없었다. 얼마 후, 공업단지 건설을 위해 인근 마을 열 네곳이 마을이 사라졌지만, 주민들은 매우 관대한 보상을 받았다. 일단 낡은 전통 주택이 사라지고 현대식 주택이 들어섰으며, 토지 보상금과 의료와 교육 혜택도 주어졌다. 또 그들의 자녀는 새로 건설 중인 기술대학에 입학할 경우 장학금 혜택을 받았고, 새로운 공장이 가동되면 이곳 주민들을 우선적으로 채용했다.

나는 창원 건설 때 그 근처에서 육군대학을 다녔으며 임무와도 관련이 있다고 생각해 산업 지역이 건설되는 모습을 처음부터 끝까지 목격했다. 우선 대통령의 임명을 받은 팀들이 토지측량을 하고 구역을 나눠 각 재벌 기업에 구역을 할당했다. 기업들은 이 토지와 함께 특정한 임무를 받았는데, 서로 경쟁하지 않도록 각자 전문분야를 담당한 덕에 불필요한 경쟁 없이 잘하는 분야에만 집중할 수 있었다.

예를 들어, 전자와 하이테크 산업에 경험이 있었던 삼성은 통신, 레이더와 항공 분야를 맡았고, 중공업 설비 제작에 경험이 있던 대우는 경장갑차와 대공무기를 담당했다. 현대는 야포와 한국형 탱크를 생산했다. 이처럼 군수 산업을 담당하게 된 재벌 기업들은 할당된 임무를 수행하는 데 필요한 공학과 생산 기술을 습득하기 위해 분주히 움직였다.

| 자주국방에 도움을 준 미국인들

박정희 대통령은 자주국방이 불가피하다고 판단해 일단 국

방산업에 진출은 했지만, 기술적 기반이 부족했던 만큼 도움을 줄 미국인 조력자를 찾기 위해 동분서주했다. 목표는 가능한 한 미국 무기 체계에 관한 지식과 기술을 많이 습득하는 것이었다.

우선 한국은 이미 한국군에 적용되고 있던 미국의 무기체계에 관한 기술을 습득하는 것을 출발점으로 삼았다. 당시 상황으로서는 놀라운 일도 아니었지만, 미군 장교 대부분은 카터 행정부가 한국에 보인 무관심에 화를 내고 있었다. 미군 관계자를 더 화나게 만든 것은 카터가 자신이 초래한 혼란을 해결하려는 군수뇌부의 조언을 무시했다는 점이다.

새로운 전쟁이 일어나면 피를 흘리고 목숨을 잃는 당사자는 카터가 아닌 수많은 병사들이었다. 미군 장교들은 베트남 전쟁에 참전해 함께 목숨을 걸고 싸웠던 동지들이 버림받고 있다는 사실에 매우 불쾌해 했다. 당시 미군은 특정한 군사 시스템에 관한 상당한 양의 공학, 과학 정보가 담긴 '기술자료 패키지TDP, Technical Data Package'를 보유하고 있었는데, TDP에는 장비의 유지와 보수, 구하기 힘든 부품에 대한 정보 역시 포함되어 있었다. 결국 '한국지원 합동미군사자문단'을 포함한 미군들은 이 TDP를 당국의 허가 없이 수천 건이나 한국군에 이전했으며, 워싱턴 펜타곤에 주재해 있던 군사기술과 시설담당 대표자, 그리고 버지니아 주 알링턴Arlington에 본부를 둔 한국병참지원 부대 등도 TDP의 일부를 이전했다. 결국 미국 기술을 이용 분석해 한국 군수기업에 제공하는 역할을 담당했던 청와대 소속 공학자들은 이 TDP에 적잖은 도움을 받았다.

당시 나는 한국이 미군 기술을 어떻게 적용하는지 속속들이 파악하지는 못했지만 상당 부분을 목격했고, 시설을 건설하고 TDP 자료를 분석하고 이해하는 한국군과 기업들의 속도, 장비를 실제로 분해 분석해 다시 조립한 뒤 독자적으로 장비를 만들어내는 능력에 감탄하지 않을 수 없었다.

창원 공업단지 건설이 한창일 때, 나는 처음으로 그곳을 방문했다. 공업단지와 연결되는 수로가 건설중이었고, 그 외에도 철도를 연장하고 개선해 넓은 도로를 까는 작업이 진행되고 있었다(도로를 넓게 건설한 이유는 비상시에 활주로로 활용하기 위해서다). 이후 여러 해 동안 창원을 방문할 때마다 나는 수많은 공장들이 속속들이 들어서는 모습에 놀라면서도, 한편으로는 '군수산업을 독자적으로 건설하느라 사용된 막대한 자원과 인력을 민간 부문에 사용했다면 어땠을까?' 생각했다.

대우가 버몬트 주 벌링턴에 있는 GE항공 제품을 본따 창원 공단에서 처음 만들어낸 대공 발칸포 개틀링 기관총gatling gun에는 포대와 레이더가 장착되어 있었는데, 박정희 대통령은 이 한국형 발칸포를 공식적으로 시험하는 자리에 청와대 대표단을 파견했다. 비밀리에 시험 사격을 끝낸 뒤, 공식적으로 이를 발표할 예정이었던 것이다.

하지만 시험은 순조롭지 않았다. 발칸포 시스템이 폭발하면서 그 자리에 참석한 몇 명이 부상을 당했고 시험은 실패로 돌아갔다. 하지만 한국은 이에 굴하지 않고 독자적인 무기 체계를 개발하겠다는 일념 하에 계속 개발에 전념했다.

훗날 GE항공에서 일하게 된 나와 동료들은, 한국이 미국의 대공 발칸 시스템 기술을 성공적으로 적용해 2,500개 이상의 한국형 발칸포를 생산했으리라 추정했다. 하지만 과연 미국이 등을 돌릴지 모른다는 우려만 없었더라면, 그처럼 한국이 독자적인 개발을 시작했을까 하는 의문이 든다. 아마 한국이 독자적으로 발칸포 시스템을 만들지 않고 그 무기들을 미국에서 수입했다면, 미국은 4억 달러 이상의 발칸포를 수출하면서 고용창출 기회를 얻었을 것이다. 하지만 미국은 잘못된 압력과 외교 정책으로 인해 돈도 벌지 못하고, 고용도 창출하지 못했으며, 무기에 대한 통제력까지 잃어버렸다. 물론 그렇다고 독자적 국방산업 개발 과정에서 일어난 한국의 기술 역이용, 특허권 침해, 로열티 지급 회피 또는 부당한 기술유출이 정당하다는 것은 아니다. 다만 이처럼 어떤 정책이나 결정이 예기치 못한 결과를 가져올 수 있다는 사실을 말하고자 하는 것뿐이다.

누구나 어떤 일을 하려면, 그전에 우선 목적을 위해 내린 수단이 어떤 결과를 가져올지 충분히 판단해야 한다. 하지만 특정 문제에 근시안적 태도를 고수한 카터 행정부는 인권을 향상시키지도 못했을 뿐더러, 오히려 그 과정에서 많은 사람들을 혼란에 빠뜨리기만 했다.

| 제8장 |

불확실한 시대

    1979년 가을, 나는 한국 육군대학을 졸업하고 서울에 있는 한미연합사령부 내에 새로 설치된 특수전 담당 장교가 되었다. 한미연합사령부는 한국에서 주한미 제2보병사단이 완전히 철수할 경우 한국군에 조금이라도 통제력을 행사하겠다는 목적에서 급조된 조직으로, 통합적인 지휘체계 하에 다양한 계급의 한국군과 미군 장교가 함께 일했다. 그리고 이 한미연합사는 2사단이 철수하지 않았음에도 계속 존속했다.

    이 시절, 우리는 북한을 면밀히 관찰하는 동시에 위기가 닥칠 때 사용할 수 있는 특별한 작전을 고안했다. 한 가지 예로 독수리훈련Foal Eagle에서 벌어진, 특수전 분야를 담당한 사람들 사이에 전설처럼 전해 내려오는 군산 공습 연습을 들 수 있었다. 어느 야밤, 미 공군의 특수작전용 수송기인 탤런 C-130Talon C-130

이 불빛 하나 없는 어둠 속에서 미군 공군기지인 군산 비행장에 착륙했다. 비행기 착륙 사실을 알고 있던 훈련 평가관을 포함해 관제탑에 있는 그 누구도, 소리 죽여 활주로에 앉은 검은색 비행기 소리를 듣지 못했다. 수송기는 프로펠러를 멈추며 활주로 끝으로 서서히 나아가다가 F-16기 격납고 근처에 이르자 수송기 뒷문을 열었다. 순간 한미 합동 특수전 요원이 뛰어나와 전투기에 모의 폭탄을 설치하고 다시 C-130 수송기로 재빠르게 돌아갔다.

잠시 뒤, 귀중한 전투기에서 모의 폭탄이 굉음을 내며 폭파하는 순간, 관제탑에서 근무하던 공군 관제요원들이 혼비백산해서 우왕좌왕하기 시작했다.

결국 이 훈련은 북한 특수부대가 똑같은 작전을 펼칠 경우, 미군과 한국군이 매우 취약한 상태에 놓여 있다는 귀중한 교훈을 남겼고, 또 북한은 충분히 그런 작전을 펼칠 능력이 있음을 재고하도록 만들었다. 비록 공군을 매우 당황하게 만들긴 했지만 정말 멋진 작전이었음이 틀림없다. 또 이외에도 우리는 열심히 훈련해 불가피하게 전쟁이 발생했을 때 유용하게 사용할 수 있는 기술을 갈고 닦았다.

그러는 가운데 박정희는 벌써 18년째 대통령직을 맡고 있었다. 하지만 박정희의 경우는 폭정만 앞세운 형편없는 독재자가 아닌, 성공적으로 임무를 수행해가는 독재자의 모습에 가까웠다. 경제적 측면에서 그는 비록 어려움과 문제점은 있었지만 한국의 경제성장을 잘 이끌어나갔다. 이전에 한국을 방문했다가 다시 찾은 사람들은 너무 많이 변한 한국의 모습에 놀라움을 금치 못했다. 나는 김포공항에 '한국은 많은 발전을 이룩했습니다!' 라는 환영 인사를 걸어 놓아도 괜찮지 않을까 생각했다. 당시 한국은 너무 빨리 달라져 1년만 다른 데 있다가 돌아와도 그 안에 일어난 엄청난 변화에 놀랄 정도였다.

이 시절, 한국은 수시로 철도나 도로와 같은 사회 기초 시설들을 건설했고 연일 새로운 건물들이 올라갔다. 음식과 의복은 빠르게 변하고, 오락시설도 끊임없이 확충되었으며, 거리를 달리는 자동차 수도 급격히 증가했다. 소비재 공급은 여전히 부족했지만 이는 다소 고의적이었다. 예를 들어 그 무렵 전국 각지에서 정책의 일환으로 '허리띠 졸라매기' 운동이 벌어지고 있었으니, 다양한 소비재가 부족하다는 점을 반드시 한국 경제가 취약하다는 증거로 볼 수 없다. 또 당시에도 한국은 사치품을 수입하고 있었지만 정부는 사치품 범주를 넓게 잡아, 토스터기, 향수, 디자이너가 만든 의류나 보석 같은 품목에 엄청난 세금을 부과해 수입을 억제했다. 예를 들어 한국 정부는 수입 자동차에는 200퍼센트에 달하는 수입관세를 매기기도 했다. 물론 소득이 높아진 중산층은 높은 관세 때문에 원하는 물건을 사지 못해 불만이 있었지만, 한국 정부는 아랑곳없이 소득 수준을 넘긴 사치와 과소비를 완고하게 틀어막았다.

1979년까지 한국에서 일어난 괄목할 만한 발전 중 하나는 배고픔이 많이 사라졌다는 것이었다. 또 좀도둑이나 소매치기와 같은 경범죄가 거의 자취를 감췄고, 흔하디 흔한 매춘도 과거지사가 되었다. 거리에서 거지를 만나기조차 쉽지 않았다. 이처럼 범죄가 줄어든 것은 부분적으로 정부에서 펼친 범죄예방 운동 덕이지만, 무엇보다도 경제적 조건이 향상되었기 때문이라 할 수 있다. 또 전국적으로 경제개발 사업을 펼친 결과, 인구 대부분이 한국전쟁 이후 출현했던 배고픔과 박탈의 시대에서 벗어날 수 있었다.

1979년까지 한국은 사회 기반 시설을 크게 확충했고 따라서, 예전에 내가 경험한 불편함도 대부분 사라졌다. 서울에서 부산까지 고속도로가 뚫렸으며, 모든 대도시와 많은 중소도시가 도로를 포장했다. 박정희는 새마을운동에 큰 역점을 두고 농촌 환경 개선에 막대한 자금을 투자했는데, 그중 가장 두드러진 성과는 우물을 개량해 깨끗한 식수를 확보한 것이었다. 또 농촌의 초가집을 없애 현대식 가옥을 도입했는데, 현대식 가옥의 양철지붕은 초가지붕처럼 정겨운 맛은 없어도 매년 새로 지붕을 이을 필요가 없고 내구성이 좋았으며 지푸라기 안에서 들썩이던 쥐들도 사라졌다.

예전에 내가 아는 하사관 한 명은 한국 쥐는 '고양이만큼 크다'고 말하곤 했다. 초창기 특수부대에 근무할 때 시골에서 하룻밤을 지낸 적이 있었다. 저녁 식사를 마치고 나자 여관 여주인이 남은 음식을 거두더니 지붕 위에 올려놓았다. 주인 말로는 쥐가 음식을 찾으러 집안에 못 들어오게 하기 위해서라고 했지만, 우리로서는 이상하게 생각될 뿐이었다. 그날 밤, 우리는 내내 지붕 위를 들쑤시는 쥐들 소리 때문에 제대로 잠을 잘 수 없었다. 다음 날, 군장을 챙겨 야영을 하러 나가면서도 쥐 없는 곳에서 잘 수 있다는 생각에 오히려 안도감이 들 정도였다.

새마을운동이 내온 성과 중 가장 놀랍고 예상치 못한 건 바로 구식 논의 개량이었다. 조상 대대로 내려온 한국 논은 경계가 꾸불꾸불했는데, 박정희는 농업 전문가를 동원해 이 농지들을 정사각형이나 직사각형 모양으로 개혁했다. 나중에 미국 농학자에게 들은 이야기지만, 한국은 이 농지 개혁만으로도 농사 지을 땅을 33퍼센트나 추가 확보했다고 한다. 협소한 국토를 가진 나라에서 경작할 수 있는 땅을 3분의 1이나 더 만들어 내다니 정말 놀라운 업적이 아닐 수 없다. 게다가 정부는 역시 새마을운동을 통해 논밭을 가는 데, 소 대신 사람이 모는 경운기를 쓰도록 했다(농부들은 이 경운기를 '기계 소'라고 불렀다). 게다가 경운기는 연료가 조금밖에 들지 않으며, 이제 농부들은 가축 사료로 쓰이는 곡식을 따로 키우지 않아도 되었다. 물론 많은 농부들이 여전히 가축을 키우고 있지만, 경운기 한 대만 있으면 혼자서도 구획별로 잘 정리된 농지를 관리할 수 있다.

농지개혁을 한 지 얼마 되지 않아 한국은 그간 항상 부족했던 쌀을 자급자족할 수 있는 나라가 되었다. 또 영농의 기계화 덕으로 남아도는 인력은 공장이나 도시지역으로 향해 새로운 교육과 고용의 기회를 잡았다. 이처럼 농촌 개혁의 성공으로 농업 생산량이 대폭 증가하고 농업 노동력 수요가 감소하자, 한국의 산업별 인구 구성비도 획기적으로 변하면서 한국은 이제 도시 중심 국가로 변모하기 시작했다.

쌀 생산이 자급 수준에 도달하자, 한국은 심리적으로나 실질적으로나 자신들이 독립했다는 생각을 가지게 되었다. 적어도 굶어죽지는 않게 되었으니 그런 생각을 할 만도 하다. 농업 개혁은 농지 개혁에 멈추지 않고 계속되어, 계절과 상관없이 과일과

채소를 재배할 수 있는 비닐하우스도 도입했다. 이로써 농부들은 이전보다 크기도 크고 생산성이 좋은 채소와 과일을 수확했고, 똑같은 토지에서 더 높은 소득을 올렸다. 농부들의 생활 수준도 높아지면서, 국민들도 영양가 높은 농산물을 싸게 사먹을 수 있게 된 것이다.

이처럼 한국은 독재자 박정희의 지도 아래 농업 개혁을 성공으로 이끌었지만, 대조적으로 '노동자와 농민의 천국'이라는 북한은 독재자 지배 아래 부패와 인권 남용, 비효율적인 생산, 기아에 시달리는 국가로 전락했다. 같은 땅, 같은 민족이면서도 방법과 동기가 달랐기 때문에 결과는 하늘과 땅 차이인 것이다.

한국은 더 이상 흉년으로 인한 배고픔을 걱정하지 않아도 될 만한 전반적인 경제 향상을 이룩했다. 그러자 사람들은 수입품과 소비재를 자유롭게 소비하고 싶어 했고, 이 수요에 따라 주로 미군 PX나 주한미군 영내 매장에서 흘러나온 물품이 거래되는 등 암시장이 성행했다. 여기서 거래되는 상품들은 미군 스스로 자기에게 배당된 물건을 내다 파는 경우도 있었지만, 대부분 뇌물을 주고 항구나 창고에서 불법적으로 반출하거나 밀수한 것이었다. 실제로 소득 수준은 상당히 높아졌지만 국민들이 소비할 수 있는 상품 범위는 놀라울 정도로 제한적이었다. 이에 비해 당시 한국보다 소득수준이 낮은 필리핀 국민들조차 돈만 있으면 별 제한 없이 원하는 물건을 살 수 있었다.

그간 한국은 산업적인 측면에서 미국에 너무 많이 의존해왔고, 이를 벗어나고자 새로운 해외 시장 개척에 열을 올렸다. 일단 값싼 노동력을 이용해 미국이나 유럽 시장을 공략하는가 하면,

섬유나 중저가 의류, 운동화, 기초 소비재, 전자제품을 생산하고, 일본이나 미국에서 주문자생산방식으로 상품을 만들어 점차 산업 기반을 확장했다.

생활 수준이 절대 빈곤선을 넘어서자 한국 국민들은 정치적 측면에서 만족을 추구하기 시작했다. 1974년 육영수 여사가 암살당한 이후, 박정희 대통령은 언제나 제2의 암살을 염려해왔다. 그는 대중들과의 접촉을 더욱 줄여나갔으며, 대부분의 정보는 경호실장 차지철이나 중앙정보부장이자 친구인 김재규를 통해 받았다. 또 오랫동안 권좌를 유지한 독재자들이 흔히 그러듯이, 현실이나 대중과 거리를 두며 국가 통제를 강화하기 시작했다. 실제로 그는 카터 행정부의 압력 때문에 나중에 몇 가지 조항이 완화되기는 했지만, 권력을 강화하기 위해 1972년에 자신에게 유리하도록 헌법을 개정했다. 그러다가 외부 압력이 심해지자 야당 지도자 김영삼을 포함해 180여 명의 정치범을 석방했다. 하지만 김영삼과 반체제 인사들은 석방되자마자 또다시 박정희 정권에 저항하는 활동을 시작했고, 박정희 대통령은 당연히 이들의 활동을 억압하며 경찰과 군대에 전적으로 의지했다. 탄압이 심했지만 학생, 노동자와 야당은 조직적으로 거리 시위를 벌였으며, 그 규모와 강도는 나날이 높아져갔다.

박정희 정부는 미국 정부로부터 개혁 압력을 받았지만, 당시 미국 정부가 행사한 압력이라고는 그저 미군을 철수하겠다는 위협뿐이었다. 1979년 말, 사람들은 그 위협이 한국의 개혁에 별 효과가 없다는 것을 잘 알고 있었으나, 오직 카터 대통령만이 이 사실을 제대로 인식하지 못하고 있었다. 미국과 계속 긴밀한 관계를 유지하길 원했던 박정희는 국내에서 강력한 통제를 실시하면서도 외국에는 개혁을 약속하는 등 위태로운 줄타기를 계속했다. 한국 관리들이나 국민들은 갈수록 심해지는 박정희의 탄압에 불만을 느꼈고, 평화적인 정권교체를 희망했다. 그러는 동안 북한은 여전히 호시탐탐 남침 기회를 노리고 있었다. 암살 시도, 도발, 교란 활동은 정점에 달했고 도끼살인사건처럼 무자비한 도발은 사람들의 마음속에 생생히 살아 있었다. 하지만 이 같은 북한의 위협에도 개혁을 요구하는 목소리는 정권 내부는 물론, 국민들 사이에서도 점점 높아져 갔다.

1979년 10월 26일 금요일 저녁, 청와대 주변 곳곳에 자리잡은 안가 한 곳에서 만찬이 열렸다. 만찬에는 박정희 대통령과 차지철 경호실장, 김재규 중앙정보부장, 대통령의 두뇌 역할을 하며 신임을 받고 있던 김계원 비서실장, 당대 유명 여가수를 포함한 두 명의 여성이 여흥을 위해 참석했다.

당시 박정희 대통령과 차지철은 김재규 중앙정보부장을 매우 못마땅해 하던 차였다. 특히 박 대통령은 높아지는 민주화 요구를 효과적으로 보고하고 통제하리라 믿었던 육군사관학교 동기인 김재규가 기대에 부응하지 못하자 그를 심하게 비판했다.

당시에 김재규와 차지철은 대통령의 신임을 얻기 위해 극심한 경쟁을 벌이고 있어 충돌이 불가피했다. 두 사람은 '상대의 부족함과 잘못이 나를 좋게 보이도록 만든다'는 제로섬zero-sum 게임을 하듯 대통령 앞에서 서로를 깎아내렸다. 사실 제로섬 게임은 어떤 조직에서든지 흔히 일어나는 권력 게임이다. 그러나 이날 밤, 박 대통령과 차지철은 오직 김재규만을 비판하고 있었다. 오고가는 대화가 갈수록 독설을 띠고 힐난 일색이 되자, 김재규는 분노에 차 차지철에게 비난을 퍼부었다. 아무도 눈치 채지 못했지만, 이때 김재규는 마지막 선을 넘고 있었던 것이 분명하다.

사실 박정희 대통령을 암살할 당시 김재규가 정신적으로 불안정한 상태였거나 스트레스로 판단력을 잃었는지, 아니면 무엇인가 웅대한 계획을 담고 있었는지는 정확히 알 수 없다. 그러나 김재규는 만찬 도중 잠시 자리를 비우고 근처 사무실에서 권총을 들고 돌아왔다. 그리고 만찬장으로 돌아오면서 자신의 경호원에게, 총소리가 들리면 근처에 있는 대통령 경호원 다섯 명을 모두 사살하라고 지시했다. 만찬장으로 다시 들어간 지 몇 분 후, 김재규 권총을 뽑아들어 차지철을 먼저 쏘고 이어서 박정희 대통령을 쐈다. 그러는 사이 권총이 고장 나자 새 권총을 구해 박정희와 차지철을 확인 사살하고, 김재규의 경호원들 역시 만찬장에서 울린 총 소리를 신호로 대통령 경호원들에게 총을 발사했다.[21] 이렇게 박정희 시대는 막을 내렸고, 뒤이어 혼란스럽고 어두운 또 다른 암흑 시대가 도래했다.

| 암살의 여파

1979년 10월 27일, 토요일 새벽까지 박정희의 죽음은 철저한 비밀로 부쳐졌다. 그날, 나는 매주 주말 개최되는 10킬로미터

---

21. 만찬에 참석한 여성 두 명은 무사했고 그날 밤 무슨 일이 벌어졌는지 법정에서 증언했다. 김계원도 아무 부상도 입지 않았고 나중에 재판에서 암살을 공모했다는 죄목으로 유죄를 받았다

마라톤 대회에 참가하기 위해 용산기지에 와 있었다. 출전한 사람이 적어 그날 우승은 단연코 내 차지라는 생각을 하고 있었다. 그때, 저만치 막역한 친구 데이비드가 한국인 아내와 함께 나를 찾고 있는 모습이 보였다. 그의 아내는 흐느끼면서 한국방송공사 KBS 라디오에서 들은 비극적인 사건을 이야기하고 있었다. 그때 라디오는 대통령에게 일어난 일을 '사고'라고 방송했다. 그녀는 남편을 향해 "고든을 찾아 무슨 일이 일어났는지 알아봐요. 그는 상황이 어떤지 알고 있을 것 같아요"라고 말했다고 한다. 하지만 나는 무슨 일이 일어났는지 알지 못했고(사실, 달리기 전에 뉴스를 들었으나 별 신경을 쓰지 않아서 뉴스를 놓친 것 같다) 집으로 뛰어와 미국 대사관의 방송관계 담당자인 짐 포트라츠Jim Potratz에게 전화를 걸었다. 그리고 짐이 서둘러 사무실로 달려갔다는 말을 듣고 불길한 예감에 사로잡혔다. 토요일 오전에 있을 법한 일이 아니었던 것이다.

나는 기억을 더듬어 짐의 사무실 전화번호를 누른 뒤 "어떻게 된 거야?"라고 물었다. 짐은 "구체적인 사항을 말해 줄 수 없네. 내가 무슨 말 하는지 알겠지. 정확한 상황은 모르겠지만 박정희가 죽었어. 지금 바쁘니까 나중에 얘기하고 말조심하게"라고 대답했고, 한국 대통령의 갑작스런 죽음처럼 전화도 갑작스레 끊겼다. 사실 지금껏 한국에서 살아온 사람들에게 박정희 없는 한국은 상상하기 쉽지 않았다.

'앞으로 어떤 일이 일어날까?' 하는 걱정이 머리를 맴돌았다. 하지만 곧이어 우리는 안보문제가 심각하다는 것을 즉시 깨닫고 애타게 남침 구실을 찾고 있는 흉악한 북한의 모습을 떠올렸다. 북한은 '공공질서의 회복'을 위해 어쩔 수 없이 공격했다는 거짓 핑계거리에 목말라 있었기 때문에 한국 사회의 혼란을 절실하게 원했다. 대통령 암살이 혼란을 야기하면서 전쟁이 일어날 수도 있다고 생각한 나는, 가족들에게 여권과 가방을 챙겨 미군의 비전투요원 철수에 대비하라고 시킨 뒤, "내 가방은 꾸리지 마. 난 여기 남을 거야"라고 말했다. 우리 가족은 급한 짐만 넣은 조그만 가방과 여권, 당분간 사용할 현금을 지니고 몇 주를 보냈지만, 다행히 철수할 일은 생기지 않았다.

　　박 대통령이 암살된 후, 몇 주간 사회 전반에 희비가 교차했다. 새 정부가 들어서 민주화가 확립될 것이라는 희망이 번지는가 하면, 군부가 또 다른 쿠데타를 일으킬지 모른다는 불안감도 있었다. 하지만 그중에서도 가장 큰 불안은 북한군의 공격 여부였다. 미군은 대통령 암살 소식을 듣자마자 도끼살인사건 때와 비슷한 최고조의 경계 상태에 돌입했다. 당시 김일성은 박정희의 죽음을 환영하며 이제 한국 동포들도 해방이 되었으니 '지구의 낙원' 북한을 지지하라는 연설을 했다. 하지만 다행히도 암살 직후 그 이상의 일은 발생하지 않았다.

| 암살범 체포

　　어디든 정치적 암살범 이야기는 엉뚱하게 왜곡되기 일쑤다. 박정희 암살 사건도 예외는 아니었다. 박정희가 암살당한 밤, 4성 장군이자 육군참모총장인 정승화는 미리 약속된 김재규와의 만남을 위해 청와대 근처 만찬장에 있었다. 하지만 그는 결국 김재규를 만나지 못하고 다른 방에서 혼자 저녁식사를 했다. 이어

서 총소리를 들은 정승화는 무슨 일이 일어났는지 알아보려 했지만, 곧 중앙정보부 요원이 안가 출입을 막았다. 그리고 한 중앙정보부 요원이 다가와 엄지손가락을 치켜세우며 '넘버 원'이 돌아가셨다고 전했다.

이후 정승화는 목숨을 잃을지 모른다는 두려움과 권력다툼에 대한 걱정으로, 사건 발생 직후 바로 청와대를 떠나 육군본부로 돌아왔다고 증언했다. 그의 수석 부관인 황원탁 대령은 한 특무상사 전역 기념만찬에 참석하느라 청와대에서 일어난 일을 알지 못했다.

다음날, 암살자 김재규와 그의 경호원들이 미군 용산기지와 인접한 국방부 장관을 찾아왔다. 김재규는 국방장관을 만나기 전에 먼저 전화를 걸어, 내부 혼란과 북한의 공격 의도를 잠재우려면 즉시 조치를 취해야 한다고 주장했다. 하지만 그때쯤 국방부에 있던 장군들과 민간인 간부들은, 김재규가 중앙정보부 요원들을 시켜 자신들을 사살하거나 체포해 쿠데타에 참여시키려 들 것이라 의심하고 있었다. 오전에 국방부에 도착한 김재규는 헝클어진 매무새에 매우 흥분한 모습이었다.

장군들은 두 가지 계획을 세웠다. 하나는 김재규가 돌이킬 수 없는 경솔한 행동을 하지 못하도록 진정시키는 것, 또 하나는 위협적인 그의 경호원들을 떼어놓자는 것이었다. 김재규가 찾아오자 국방부 장군들은, 두서없는 말에도 고개를 끄덕이면서 그를 지지한다는 인상을 주었다. 곧이어 그들은 어떤 행동을 취하려면 먼저 상관의 허락을 받아야 하니, 우선 합참의장을 만나 본인의 생각을 설명하라고 김재규를 설득했다. 김재규는 그러겠다고 하면서도 경호원들이 곁을 떠나지 못하도록 했다. 그러나 장군들은 합참의장이 안전상의 이유로 경호원들이 방에 들어오는 것을 허락하지 않을 것이니, 경호원들을 대기실에서 기다리도록 하는 것이 어떻겠냐고 말했고, 김재규는 마지못해 동의했다.

국방부 장군들이 일부러 빙빙 돌아 김재규를 합참의장 집무실로 안내하는 동안, 특수훈련을 받은 국방부 요원들이 대기실 근처 방에 숨어서 명령을 기다리고 있었다. 드디어 김재규가 합참의장 집무실로 안내를 받아 들어갔고, 문이 닫히면서 무장한 보안요원과 헌병들은 우선적으로 대기실에 있는 김재규 경호원들을 제압하라는 명령을 받았다. 잠시 후 중앙정보부 요원들은 조용하지만 확실한 기습에 제압을 당했고, 작전이 성공했다는 신호가 합참의장 집무실로 전해졌다. 결국 김재규는 체포되었으며 그 자리에서 박정희 대통령과 차지철을 쐈던 권총이 증거로 압수되었다. 김재규는 수갑이 채워지자 중앙정보부가 주도한 쿠데타가 실패했다는 것을 깨달았는지 즉시 두려움에 가득 찬 얼굴이 되었다.

이렇게 쿠데타 음모는 좌절되었지만 여전히 권력 승계 문제가 남아 있었다. 박정희가 만든 유신헌법에 따르면 권력 승계 1순위는 국무총리인 최규하였다. 결국 최규하는 선서를 하고 허울뿐인 대통령으로 취임했다. 미 공화당이 해리 트루먼을 선택했듯이, 박정희도 한국에서 지명도가 없었던 최규하를 허울뿐인 국무총리에 임명했던 것이다.

하지만 모든 사람의 예상과 달리 최규하는 명목상이 아닌, 실질적인 대통령직을 수행하게 되었다. 일단 그는 매우 민주적이고 개혁적인 내각을 구성하는 가운데 한국에서는 처음으로 여성이었던 이화여자대학교 총장을 문교부장관에 임명했다. 11월초에서 12월 중순까지 한국은, 독재체제에서 민주체제로 가장 바람직하게 정권을 이양한 듯 보였다. 하지만 불행하게도 커튼 뒤에서는 이 민주화 과정을 가로막을 음모가 진행되고 있었다.

1979년 후반 서울에 있었던 우리는 한국 정부에 새로운 여명이 비치고 있다며 내심 큰 기대를 걸었다. 최규하는 명목상의 국가 수장을 거부하고 뭔가 새로운 일을 의욕적으로 펼치는 중이었다. 역설적이기는 하지만 당시 한국에서는 암살이라는 폭력적 행위가 민주주의를 앞당기는 기폭제로 작용하고 있었다. 하지만 시대의 흐름에 역행하는 불길한 움직임 또한 보이지 않게 진행되고 있었다.

짐 영 대령과 토머스 심스Thomas 'Reb' Sims 그리고 빌 맥킨지 Bill Mckinsey, 그리고 나처럼 한국 전문가 교육을 받은 사람들은 한국 육군 고위층에서 두 개의 그룹이 치열한 힘겨루기를 하고 있음을 깨달았다. 육군사관학교가 4년제로 바뀌기 전에 졸업한 구 그룹과 최초로 4년 정규교육을 받은 신 그룹 장군들이 경쟁을 펼치고 있었던 것이다. 능력을 중시하는 미군 장교의 시각에서 볼 때, 출신지역이나 장교임명 방식 등의 사안을 놓고 한국 고위 장교들이 벌이는 논쟁은 왠지 핵심과는 동떨어진 것으로 보였다. 그러나 한국군 장교들에게 지연이나 학연은 문화적 가치가 있는 것이었고, 그 충돌은 심각하기까지 했다. 거기에다 박정희 대통령이 한국을 짊어질 미래의 지도자로 직접 뽑았다는 '대구 7성'이라는 핵심 장교 그룹이 상황을 더욱 악화시키고 있었다.

이들은 모두 정규 4년제 육군사관학교를 졸업했고 박정희와 같은 지역 출신이었는데, 가장 크게 두드러지는 사람은 이 그룹의 비공식적 리더로 알려진 강인하고 영리하며 야심 찬 젊은 장교 전두환이었다.

　　전두환은 오랫동안 박정희와 친분을 맺어왔다. 1961년에는 박정희의 쿠데타를 도왔고, 북한이 청와대를 공격하려 했던 1968년에는 수도경비사령부에서 근무하다가 한국군을 감시하는 군 정보기관인 보안사령관에 임명되었다(미군에는 이와 비슷한 조직이 없다). 특히 공식적인 명령체계에서 벗어나 있는 보안사령부 장교들은 각 부대 사령관을 관찰하고 그에 따른 정보를 보고하는 임무를 맡고 있었으므로, 보안사령관쯤 되면 군대 최고 지도자들의 동태까지 속속들이 파악할 수 있는 막강한 힘을 가질 수밖에 없었다. 이처럼 박정희는 전두환을 보안사령관에 임명해 그에 대해 특별한 신임을 보인 바 있었는데, 누구나 알 수 있듯이 보안사령관은 권한을 남용하기도 쉬운 자리였다. 게다가 전두환은 누구도 부정할 수 없는 엄청난 야심가였다. 그는 자신의 후견인 박정희에게 매우 강한 유교적인 충성심을 보였는데, 박정희 사후에도 그 충성심은 변하지 않았다. 대통령의 죽음으로 혼란을 맞은 시기, 많은 한국군 장군들이 그랬던 것처럼 전두환도 출세욕, 정의감, 더불어 복수에 대한 열망으로 음울한 정치판에 점차 깊숙이 파고들기 시작했다.

　　박정희 대통령의 암살 후, 김일성은 공산당 회의를 소집해 박정희를 '매국노', '미제국주의자, 반동주의자, 지주와 자본가의 지배로 빠뜨린 당사자'라고 비난했다. 김일성은 계속해 북한을 '사회주의 천국'이라고 선전하며, 북한 주민은 '식량, 의복, 의료와 교육 걱정 없이 완전히 행복한 삶'을 살고 있다고 주장했다(어떤 측면에서 김일성의 말은 거짓이 아니다. 체포, 투옥, 고문, 기아, 죽음 등과 같은 극단적인 상황 속에서 교육이나 노후생활 등에 대한 사치스런 걱정이 있을 수 있겠는가).

이처럼 북한이 대남 공세를 강화하는 가운데 한국에 있던 우리도 북한의 행동을 주시하고 있었다. 북한이 남침을 위해 어떤 트집을 잡을지 몰랐기 때문이다. 게다가 당시 상황으로서는, 박정희 대통령의 우려처럼 한반도에 위기가 발생했을 때 미국 정부가 변덕을 부려 발을 뺄 수도 있다는 걱정도 있었다. 이렇듯 대치로 인한 긴장과 더불어 미국의 태도 변화에 대한 긴장까지, 그 야말로 한반도의 긴장은 최고조에 달해 있었다. 하지만 북한은 다만 맹렬한 비난을 퍼부을 뿐 사태를 관망했다. 그리 나쁜 상황은 아니었지만 우리 가족들조차 가방을 싸놓고 대피 준비를 하고 있었던 것처럼 불안감은 쉽게 가시지 않았다.

| 추웠던 12월 어느 겨울 밤

한국의 한 대중가요 가사에도 나오듯이, 그해 겨울은 매우 추웠다. 많은 사람들은 한국전쟁이 한창이던 1950-1951년 겨울을 가장 추웠던 겨울로 기억할 것이다.

실제로 그해 겨울은 백년에 한 번 오는 추위에 눈발이 강하게 날렸던, 그야말로 최악의 겨울이었다. 나 역시 승리를 코앞에 두고 압록강에서 철수를 해야 했던 꽁꽁 얼어붙은 해병대원들의 사진을 보노라면, 자연스레 그 무시무시했던 추위가 떠오르곤 했다. 하지만 1979-1980년 겨울 초입, 그때와 비슷한 추위가 덮쳐왔다. 12월 중순에 시베리아에서 불어 온 찬바람이 한반도를 꽁꽁 얼려버린 것이다. 밤하늘은 맑아 별을 딸 수 있을 것만 같았고 바람은 세차게 몰아쳤다. 땅에 담요를 덮어 놓은 듯 두툼하게 싸인 눈길을 걸을 때에는 군화 밑에서 뽀드득거리는 소리가 났다.

옴짝달싹할 수 없이 추운 겨울밤, 어디선가 군인들의 군화 소리가 들렸다. 가까이서 들리는 것 같기도 했고, 매우 멀리서 나는 소리 같기도 해서 갈피를 잡기 힘들었다. 그리고 1979년 12월 12일 동이 트기 전, 나는 멀리서 '따다당' 거리는 소리를 듣고 잠을 깼다.

"무슨 소리죠?"

아내가 물었다. 나는 잠에서 번쩍 깨어 "M-16 쏘는 소리처럼 들리는데"라고 답했다. 당시 우리 가족이 머물렀던 곳은 용산 기지의 조그만 관사로 팔 힘만 좋으면 수류탄을 던질 수 있을 만한 거리에 주한미군 사령관인 존 위컴 장군 관저가 있었다. 가장 먼저 머리에 스친 것은, 혹시 북한 특수부대가 낙하산을 타고 기지로 침투해 사령관을 시해하려 드는 건 아닐까 하는 생각이었다. 그만큼 총소리가 가까이 들린 것이다.

먼저 소총 소리가 난 후 M-60기관총 소리가 들렸지만 확실치는 않았다. 총소리만으로 총의 종류를 확실히 구별하기 힘들었다. 하지만 아무래도 북한군이 사용하는 AK-47 카라쉬니코프 Kalashnikov처럼 찢어지는 소리는 아니었다. 나는 사태를 파악하기 위해 자리에서 일어난 뒤 아이들을 1층 거실로 데리고 가 꼼짝 말고 있으라고 말했다. 당시 우리가 살았던 집은 나무 벽이라 총탄을 막을 수는 없었지만, 일반적으로 밤에는 높은 곳을 향해 총을 쏘는 경향이 있다. 나는 혹시 모를 사태에 대비해 아이들에게 몸을 낮추라고 말했다.

몇 분 후, 나는 사격이 영내가 아니라 용산 기지로부터 수백 미터 떨어진 곳에서 벌어졌음을 깨달았다. 거기에는 규모는 훨씬 작지만 미국의 펜타곤에 해당하는 한국 국방부 청사가 있었다. 총소리는 계속 들려왔지만 다소 약해져 있었다. 또 공방전이 격화되고 있음을 알리는 수류탄이나 박격포 또는 로켓포 소리가 들리지 않자 조금씩 마음이 가라 앉았다.

나는 친구에게 전화를 걸어, 밖에서 무슨 일이 벌어지고 있는지 알아보려 했다. 하지만 모든 전화는 통화중이거나 제대로 연결되지 않았다. 구식 교환기가 폭주하는 통화량을 감당하지 못한 모양이었다. 그러다가 기지 반대편에 위치한 지휘 벙커에 근무하는 한 동료에게 어렵게 연락이 닿았는데, 다짜고짜 그는 "확실히 어떤 일이 벌어졌는지 모르겠네. 자네가 필요할지도 모르니 일단 집에서 안전하게 머물고 있게나"라며 다급하게 말했다. 그리고는 전화를 끊으려다 "아, 잠깐. 하여간 북한군 공격은 아닐세"라는 말을 덧붙였다. 그 말을 듣고 나자 또다시 쿠데타가 일어났다는 직감이 들었다.

존 위컴 사령관도 총소리를 듣고 바로 지휘벙커로 향했다. 이 노장은 체구는 작았지만 매우 강인한 공수부대원 출신으로 이제껏 본 사람 중에 가장 짙은 푸른빛의 눈동자를 가지고 있었는데, 정직하고 온화한 성격에 반해 그 눈매만큼은 몹시 날카로

왔다. 그날 밤 위컴 장군은 평소와 달랐다. 사실 지휘관은 노르망디 상륙작전 같은 대규모 전투든, 정글에서 아군과 적군 둘이서 하찮은 교전을 벌이든, 항상 정보에 목말라 하게 마련이다. 위컴 장군도 역시 그날 밤 만큼은 "밖에서 무슨 일이 일어난 거야?" 하는, 아마 군대가 생긴 이래 가장 많이 사용되었을 법한 질문을 던져왔다. 군인은 군대 밥을 오래 먹을수록 부하에게 즉각적인 대답을 듣는 데 익숙해진다.

따라서 위컴 장군 같은 노병에게 상황을 파악하지 못해 작전을 펼칠 수 없다는 것은 최악의 상황을 의미한다. 살을 에는 듯 추운 겨울날, 분명히 무슨 일이 벌어지고 있는데 그것을 파악하지 못한 위컴 장군은 바로 그 최악의 상황에 처해 있었던 셈이었다. 그는 지휘 벙커에 앉아 전투태세를 갖추라고 명령했지만 바깥 상황에는 어떤 힘도 쓸 수 없었다.

사건 몇 달 뒤, 위컴 사령관은 12월 12일에 발생한 이 난동을 '반동 쿠데타' 라고 묘사했다. 12월 12일 밤에 전두환과 그 일패들이 박정희를 합법적으로 승계한 최규하 시민 정권을 접수한 것이다. 나중에 전두환은 위컴에게 변명을 하기 위해 특사를 보내왔지만, 위컴은 어떤 제스처도 받아들이지 않았다. 그는 전두환이 군인으로서 하지 말아야 할 일을 저질렀고, 군인의 명예를 더럽혔다고 생각했다. 또 미국을 대표하는 자신을 무시하는 등 자신을 모욕했다고 느껴 무척 화가 나 있었다. 아울러 12월 12일 밤과 그 이후에 일어난 일련의 사건들을 통해 한국의 위기를 직감한 위컴은, 주한미군 고위 장교들이 느꼈을 법한 분노와 실망, 좌절을 고스란히 절감하고 있었다. 그는 "전두환의 불법적인 강탈은 최근 몇 주 사이(박정희 대통령 암살 이후) 진행되고 있던 정치적 발전을 저해했고, 법을 준수하고 정치에 개입하지 않으며 합헌적 과정을 지지해야 한다는 직업군인의 본분을 완전히 경시한 행위다"라고 말했다. 또한 전두환과 그의 동료들을 경멸하듯 워싱턴에 보내는 보고서에 그들을 '제복을 입은 정치인'이라고 언급했다. 이 말은 직업군인에게는 가장 모욕적인 표현이라 해도 과언이 아니었다.

카터 대통령을 비롯한 미 각료들이 전두환의 행동에 대해 느낀 분노와 좌절은 이후 정책에도 큰 반향을 불러 일으켰다. 미국은 자신들의 태도가 '평소와 다르다'는 것을 보여주기 위한 첫째 조치로, 해마다 한미 양국으로 오가며 호놀룰루나 서울에서 개최했던 한미연례안보회의를 취소했다. 한국의 쿠데타로 미 각료들의 좌절감은 깊어만 갔다. 누구도 이 반동 쿠데타를 용인할 생각이 없었지만, 북한의 남침 가능성 때문에 강한 반대 메시지도 보내지 못했다. 당시 주한미국 대사였던 윌리엄 글라이스틴 William Glysteen은 오랫동안 외교관 생활을 해왔지만 그렇게 힘든 시기는 처음이었다고 회고했다. 뿐만 아니라 한국에서 쿠데타를 일으킨 군인들과 직업적 연관성과 친분이 있었던 우리 같은 하급 관리들도 힘든 시기를 보낸 건 마찬가지였다. 불안과 걱정이 몇 달간 지속되면서, 우리 가족은 여전히 꾸려놓은 짐을 문 옆에 두고 지냈다.

더 이상 군부 쿠데타를 원치 않았던 글라이스틴 대사와 우리는 위컴 사령관의 좌절감을 충분히 공감하고 있었다. 전두환은 시간이 흐르면서 점진적으로 권력을 확대했고, 그때마다 위컴과 미국 대사에게 상황이 호전되고 있다는 식의 모호한 편지를 보내왔다.

전두환은 12.12 사태를 정당화할 요량으로, 암살 당일 청와대 근처 '안가'에서 혼자 저녁식사를 하고 있던 정승화가 박정희 암살을 공모했다고 주장했다. 또 자신은 보안사령관으로서 '적절한 조사'를 해야 할 의무가 있다고 강조했다. 결국 12월 12일 밤, 전두환은 육군본부와 국방부를 접수하고 정승화 참모총장을 체포했다. 당시 정승화 장군의 수석 부관이었던 황원탁 대령은 다음과 같이 상황을 묘사했다.

"여러 명의 군인들이 밤늦게 정승화 장군의 본부를 찾아왔습니다. 우리는 그에 앞서 도시 곳곳에서 수상쩍은 부대가 이동하고 있다는 정보를 받았고, 특전사로 보이는 부대가 접근하는 모습을 보고 무슨 일이 벌어지고 있는지 파악하려 했습니다. 특전사 부대를 이끄는 장교는 다짜고짜 정승화 참모총장을 체포하러 왔다고 말했습니다. 그리고 제 옆에서 듣고 있던 소령이 권총을 뽑으려 하자 서너 번 발포했습니다. 다행히 그는 죽지 않았고, 저 역시 기적적으로 총탄을 피할 수 있었습니다."

황 대령은 운 좋게도 박정희 대통령이 암살당한 날 밤, 정승화 참모총장을 수행하는 대신 어느 특무상사의 전역 만찬에 참석함으로써 음모에 연루되었다는 의심을 피해갈 수 있었다. 만일 그날 밤 청와대에 갔더라면 그 역시 정승화가 재판에서 유죄를 선고받았듯이, 조사를 받고 고초를 겪었을 것이다.

내가 황원탁 대령과 친구가 된 것은 전두환 일당이 나라를 떠나거나, 아니면 체포당하라는 협박을 그에게 전달했을 무렵이다. 당시 군사자문단에 있었던 나는, 그를 펜실베이니아 주에 있는 미 육군 전쟁학교에 추천해 어떻게든 위기에서 구해보려 했지만, 일이 제대로 추진되지 않아 이리저리 궁리를 하고 있었다. 결국 우리는 그를 용산기지에 있는 남가주 대학교University of Southern California의 MBA 과정에 입학시키면 어떨까 생각했다. 그렇게 되면 '외국 학교에 등록'한 셈이 되어, 한국군도 '더 이상 그를 괴롭히지 않을 것'이라고 생각했던 것이다. 급할 때는 일단 내용보다 형식이 중요한 셈이었다.

결국, 나와 황원탁은 그곳에서 2년간 동급생으로 지냈고, 그는 전두환 일당이 잠잠해질 때까지 시간을 벌 수 있었다. 또 그가 남가주 대학교를 졸업하자 전두환은 그의 영민한 두뇌와 뛰어난 언어 실력이 필요할 때를 대비해 대구로 발령을 내려 1년간 근무하도록 했다. 훗날 황원탁은 정전위원회 초대 한국 대표를 지냈고, 김대중 대통령 정부에서 국가안보 보좌관과 독일 대사를 역임했다.

| 펜타곤에서 온 손님

한국에서 혼란이 계속되던 1980년 초, 미 국방부 동아시아 담당 차관보인 니컬러스 플랫Nicholas Platt이 주한미군 사령부를 방문했다. 그는 외교관으로 오랫동안 일하다가 함께 일하자는 마이클 아머코스트Michael Armacost의 요청을 받고 다시 국방부로 돌아온 상황이었다. 당시 나는 보직을 합동군사자문단Joint Military Assistance Group으로 옮겨 기술 장교로 일하고 있었다. 한국 육군대

학과 한미연합사령부 경력을 인정받아 국방부 연락담당관으로 일명 '반항아'라 불리는 토머스 심스 대령을 보좌하라는 명령을 받은 것이다. 합동군사자문단은 기밀유지가 철저해야 할 뿐만 아니라 매우 민감한 사안을 다뤘으므로, 심스 대령은 업무 기준 역시 매우 철저하게 세웠다. 그는 전두환을 필두로한 대구 출신 장군들과 그 지지자들에 관한 자료를 수집해 직속상관과 위컴 장군, 글라이스틴 대사에게 보고했다.

당시, 나와 절친한 사이였던 짐 영은 미국 대사관 무관으로 일하고 있었다. 우리는 그와 함께 한국에 관한 지식, 인맥을 총동원해 정보를 수집했고, 이를 종합해 위컴 사령관에게 보고했다. 이처럼 위컴은 상황을 속속들이 파악하고 싶어 했지만, 의도적으로 쿠데타 세력과 거리를 두는 바람에 정보가 부족했고, 그만큼 우리가 올린 보고서가 중요할 수밖에 없었다. 사실 위컴의 전두환에 대한 개인적 반감, 지극히 제한적인 한국 측 정보 때문에 상황을 제대로 파악하게 힘들었지만 앞서 말했듯 사령관이 원하는 정보를 구하지 못한다는 것은 용납될 수 없는 상황이라 우리는 정보 수집에 더 많은 노력을 기울였다.

그러나 우리가 국방부 특사인 플랫에게 보고를 올리기 직전, 불행히도 어머니가 위중하다는 소식을 받은 심스 대령이 어머니의 임종을 지키러 급히 텍사스로 떠났다. 우리의 보고 사항 이외에 심스 대령의 보고까지 떠맡게 된 셈이었다. 다른 군대 조직들과 마찬가지로 우리도 예행연습을 준비하고, 플랫에게 올릴 정식 보고를, 연습 삼아 선임자인 한 해군 대령 앞에서 발표했다. 전두환을 포함한 측근들의 활동 내역과 관련된, 한국군 지인들을 통해 어렵사리 비밀리에 취득한 민감한 정보들이었다.

당시 전두환은 계속 정치적 야망을 부정하고 있었지만 위컴은 그를 믿지 않았다. 글라이스틴도 마찬가지였다. 하지만 사태를 속단하지 않고 추이를 지켜보는 국무부의 신중한 시스템에 익숙해져 있던 글라이스틴 대사는 사태를 관망하며 워싱턴과 연락을 주고받았다. 당시 나는 그 보고서에 나름대로 상황을 분석한 내용을 포함시켰는데, 그 핵심은 만약 전두환이 보안사령관 직위를 유지하며 중앙정보부장까지 겸임한다면, 반동 쿠데타를 통해 정권을 장악할 것이라는 내용이었다. 나는 "우선 그는 군과 민간 정보기관 모두를 장악하려 들 것입니다. 그런 뒤에는 끝내 정부를 장악하려 든다 해도 그를 막을 수 있는 사람은 아무도 없습니다"라고 보고했다. 핵심 정보기관을 장악하면 어떤 반대 세력도 쉽게 탄압하고 제거할 수 있기 때문이다. 나는 전두환이 우선 중앙정보부를 장악한 다음에 대통령직에 관심을 돌릴 것이라고 확신했고, 이런 보고들을 듣고 있던 해군 대령은 "지금 그대로 국방부 차관보에게 보고해야 할 것 같네"라며 용기를 북돋아주었다.

국방부 차관보 플랫이 보고를 받기 위해 도착한 추운 겨울 아침, 왠일인지 그는 매우 초조하고 날카로워 보였다. 15분 분량에서 3분 정도 보고를 마칠 무렵, 핵심 사항이 채 전달되기도 전에 그가 헛기침을 하며 "대충 무슨 말인지 알겠네"라며 보고를 중단시켰다. 그리고는 형식적인 질문 몇 개를 던진 뒤 곧바로 자리를 떠났다. 나는 약간 기분이 언짢았고, 그간 우리를 격려해왔던 군사자문단 리더 올랜도 곤잘레스 Orlando Gonzales도 당황한 눈치였다. 하지만 무엇보다 안타까운 것은 워싱턴에서 한국 문제에 지대한 영향력을 행사하는 플랫에게 중대한 사안을 보고하지 못했다는 사실이었다. 나중에 플랫의 수행원이자 내 친구였던 중령이 자동차를 타고 가면서 왜 보고를 끊었냐고 묻자 플랫은 "소령의 보고를 중간에 끊지 말아야 했는데……"라며 말끝을 흐렸다고 한다. 하여간 그는 보고를 다 듣지 않았고, 나머지 내용은 끝내 그에게 전달할 수 없었다. 그리고 6주 후, 예상대로 전두환은 보안사령관과 함께 중앙정보부장을 맡겠다고 발표했다. 그는 여름이 오기 훨씬 전에 권력을 강화했고 계엄령을 통해 새로운 대통령이 되어 청와대에 입성했다. 이 소식을 들은 국방부는 예상치 못했던 일이라며 법석을 떨기 시작했다.

| 광주항쟁

한국 남서부에 자리 잡은 전라도는 삼국시대 때 백제의 영토로 지금의 경상도 지방인 신라와 긴장 관계에 있었고 충돌도 많았다. 현재 두 나라에 남은 흔적들은 모두 역사적 유물이 되었지만, 두 지역의 앙금은 지금까지도 계속되고 있다.

그리고 1970-1980년은 그야말로 지역감정이 최고조에 이른 시기였다. 당시 박정희와 전두환 일파는 모두 경상도 출신이었던 반면, 박정희 집권 사절 주요 야당 지도자 였던 김대중은 전라도 출신이었다. 그는 박정희 정권 하에서 체포, 고문, 투옥 등의 수난을 수차례 겪었고 급기야 일본에서 납치되어 바다에 수장될 뻔하다가 미국의 개입으로 간신히 목숨을 건졌다. 이처럼 박정희와 김대중 사이에 두드러진 적대감은 오랜 지역적 반목을 반영하는 것이었다. 하지만 박정희 암살 직후 대통령직을 계승한 최규하 국무총리는 정치적 관용과 개혁 신호로 김대중을 포함한 많은 정치범들을 석방했다.

    12.12 사태에 대한 반대 시위가 격화되면서 사회적 긴장은 높아져 갔다. 그리고 이번에도 그 저항 운동의 선두에는 대중에게 높은 인지도를 얻고 있는 야당 지도자 김대중이 있었다. 이에 전두환은 박정희 지지파들과 함께, 김대중과 반체제 인사들을 친북 성향을 가진 공산주의자로 매도하며 노골적으로 반감을 드러냈다. 더구나 김대중은 북한의 김일성과 밀접한 관계를 유지하고 있는 일본 관서지방에서 망명생활을 했던 전력이 있어 그 의심은 더욱 더 증폭되었다. 일반적으로 보수성 강한 군부 지도자들은 수용보다는 경계와 의심을 주된 처세술로 삼는다. 따라서 그들은 자신의 질서를 위협하는 사람은 무조건 탄압했고, 김대중 같은 반체제 정치인들은 이에 깊은 반감을 보였다. 그리고 1979년 10월에 일어난 박정희의 암살은, 언젠가는 부딪쳐야 할 두 세력을 격렬한 충돌로 이끌어갔다.

    시간이 흐를수록 거리 시위는 확산되었다. 특히 전라도 지방과 도청 소재지인 광주에서 벌어진 시위는 심각할 정도였다. 미군 사령관은 거리에서 연일 일어나는 격렬한 가두 시위와 물리적 충돌, 파업을 주시하며, 모든 촉수를 북한의 행동 변화에 집중했다. 과연 북한이 '고통에서 신음하는 동포를 구제하겠다'는 핑계를 대며 한국 문제에 개입할 것인가가 문제였다. 김일성은 언제나 이런 구실을 상투적으로 내세워 왔지만, 이번만큼은 더욱 간과할 수 없었다. 또 반대파에 대한 전두환 일파의 강경한 대응도 많은 우려를 낳았다. 그리고 1980년 5월, 광주에서 드디어 파국의 조짐이 시작되었다.

어느 날, 주요 대학 인근에서 시위를 벌이던 대열이 '경상도 사투리'를 쓰는 공수부대와 맞서고 있다는 보고가 들어왔다. 경상도와 전라도의 지역적 앙금이 남아있는 상태에서 시위대들은 경상도 군인들을 보자 극도로 흥분했다. 상황은 곧 통제 불가능 상태로 흘러갔고, 시위대 해산을 목적으로 파견된 군인들도 거리에 있는 민간인을 공격하기 시작했다. 고된 훈련 속에서 강한 자존심과 행동력을 우선시 하도록 교육받은 공수부대원들은 자신들에게 돌과 화염병을 던지고 주먹질과 욕설을 퍼붓는 시위대 앞에서 오랫동안 인내를 발휘하지 못했다. 물론 훗날 그들은 자신들의 대응은 정당했으며 자신들은 무고하다고 주장했지만, 사실 책임이 없다고 말하기는 힘들다.

며칠 만에 상황은 대규모 소요로 번졌고 시민들이 군인의 무기와 차량을 빼앗아 무장하기 시작했다. 거리 곳곳에서 총소리가 들렸으며 광주 곳곳에 시체가 즐비하다는 소문이 돌았다. 결국 전두환은 광주에서 발생한 혼란을 이용해 계엄령을 선포하고 광주로 향하는 모든 도로를 차단했다. 하지만 이렇게 사태가 심각해질 때까지 미 당국은 광주 지역에서 일하는 미국 평화봉사단에게서 단편적인 정보만을 들었을 뿐, 제대로 된 상황을 파악하지 못하고 있었다. 연이어 전두환은 광주의 상황이 계속 악화되는 가운데, 지역을 통제하겠다는 이유로 군부대를 투입했다. 투입된 부대 중에는 비무장지대에 배치된 육군 사단도 있었는데, 그 부대를 지휘하는 사단장 역시 전두환에게 충성을 맹세한 이였다. 사단이 움직이고 있다는 경보가 발령되자 이 사단의 당직 장교는 용산 미군 기지의 지휘벙커에서 당직을 서고 있던 영관급 미군 장교에게 전화를 걸어 부대 이동 사실을 알렸다. 그리고 영관급 장교는 '이동을 승인'하며 이 사실을 자신의 업무 일지에 기록함으로써 미국이 '광주항쟁'에 관여하고 공모했다는 오해를 불러일으켰다.[22]

어떻게 보면 일리 있는 추론이지만, 사실 이는 서울에 있는 미 사령관이 한국군에 작전 통제권을 행사하고 있다는 한국인들의 그릇된 판단, 복잡한 명령과 통제구조에 대한 몰이해, 그리고 자세한 분석을 거치지 않은 속단이다. 만일 미군에게 정말로 한국군을 강력히 통제할 만한 권한이 있었다면, 아마 한국군 사단의 광주 이동에 대한 승인을 보류하거나 저지했을 것이다. 그리고 그처럼 권한이 있으면서도 이를 행사하지 않았다면, 물론 미국은 전두환의 잔인한 진압에 동의하거나 적어도 묵시한 공모자가 된다.

하지만 어떤 사람들은 이를 잘 알면서도 정치적 이유로 엉뚱한 말을 만들어냈다. 예를 들어 전두환 일파는 미국이 부대 이동을 승인했다고 이야기를 꾸며내 광주에 대한 비난을 희석시키

---

22. 몇 년 후에 나는 빌 리브시 장군과 그날 밤 일어난 일에 관해 대화를 나누었는데, 장군은 당직 장교가 업무 일지에 그날 밤에 일어난 일을 기록하면서 어휘 선택을 잘못했다고 말했다. "우리는 부대 이동을 승인하지도 불허하지도 않았습니다." 조지아 주 특유의 코맹맹이 사투리를 쓰며 말했다. "하지만 그 당직 장교는 전혀 예상치도 못한 전화를 받자 무척 당황했습니다. 자국의 부대를 이동시키려 하는 한국군 고유의 권한을 거부할 수 없었기 때문에 당직 장교는 부대의 이동을 '승인'했다고 일지에 남겼습니다. 그 외에 달리 쓸 말이 없었기 때문입니다. 단지 부대 이동 사실만을 업무 일지에 기록했더라면 훨씬 좋았을 것입니다. 한국군 부대의 이동은 한미연합사령부에 적절하게 통보되었지만 그 행동에 공모하거나 협조하지는 않았습니다. 나중에 당시 상황을 다시 생각해보며 그런 의문을 제시하지만 사실과 다릅니다."

려 했다. 또 이들과 정치적으로 정반대 관계에 있는 김대중과 같은 정치인들도 이 설명에 의문을 제기하며, 자신에게 유리한 방향으로 여론을 조성했다.

사실 위컴을 비롯한 미군 사령관들도 평화 시에는 한국군 부대에 통제력을 거의 발휘하지 못한다는 것을 알면, 대부분의 한국인들은 매우 놀랄 것이다. 실제로 위컴은 광주항쟁 동안, 통제력을 발휘할 만한 권한이 없었다. 또 놀랍게도 이 기간 광주에서 일어난 사건을 거의 알지 못했다. 전두환은 부대를 보내 단선을 설치하고 민간인 진입을 철저히 통제하는 등 광주 지역의 왕래를 막고 통신을 차단했고, 이로써 전화 통화는 물론 그곳 상황을 전해 줄 아마추어 무전 방송도 없었다. 이런 상황에서 광주 지역에 들어가려는 언론인은 체포 위협을 받고 쫓겨나기도 했다. 그리고 시간이 많이 흐른 후에야 미군 장교들이 한국군 전술 부대와 함께 광주 지역에 들어갔지만, 그때도 광주로 향하는 주요 도로는 통제 상태였다.

광주항쟁이 시작된 직후, 나는 미 대사관 무관 사무실로 오라는 요청을 받았다. 그곳으로 향한 나는 미 대사관에서 무관으로 일하는 돈 블로티Don Blottie 대령으로부터 당시 광주 상황을 전해 들었지만 지극히 제한된 정보에 불과했다.

블로티 대령은 명석한 두뇌에 능력도 뛰어났지만 한국 전문가는 아니었으며, 사귈 때까지 오랜 시간이 필요한 한국군들과 개인적 친분을 쌓지 못한 상황이었다. 하지만 블로티는 나름대로 한국군과 친분이 있었던 부하 짐 영을 통해 정보를 수집했으며, 군사자문단에 있는 나와도 안면이 있었기에 직접 연락을 취해온 것이다. 블로티는 한국인을 통해 얻은 정보는 결코 조직 외부에 누설해서는 안 된다는 군사자문단 참모장의 명령을 잘 알고 있었다. 그러나 그는 한국군이 같은 한국인에게조차 말하지 않은 비밀을 군사자문단인 우리에게만큼은 말했으리라 믿고 있었으므로 아무리 한국군으로부터 별다른 정보를 듣지 못했다고 말해봤자 허사였다.

12.12 사태 이후, 나는 거의 매일 육군대학 동기와 친분이 있는 다른 한국 군인들과 접촉하면서, 그들이 상부로부터 각종 명령을 받고 있다는 소식을 전해 들었다. 또 몇몇 경우에는 직접 명령문을 보기도 했다. 일부는 한국 국방부에서 일하는 소장이나 중장 등 고위 장성에게서 얻은 정보도 있었다.

군사자문단 참모장은 해군 대령 출신이라 배를 지휘하는 데에는 일가견이 있을지 모르지만 한국군의 업무 진행에는 거의 무지했다. 나는 참모장에게 공식적인 정보활동의 중대성을 역설하며 명령체계 밖에서 활동할 수 있게 해달라고 요청했지만, 참모장은 마음대로 굴 경우 징계 위원회에 회부시키겠다고 으름장을 놓았다.

브롤티 대령 역시 이 금지 규정을 모르는 바는 아니었다. 하지만 글라이스틴 대사와 위컴 사령관은 그에게 가능한 한 모든 경로를 동원해 정보를 수집하라고 압력을 행사했고, 서로의 처지를 잘 알고 있었던 우리는 결국 블로티의 초청을 받는 형식으로 대사관 전용 테니스장에서 정기적인 테니스 시합을 갖기 시작했다. 단순히 테니스 경기를 하는 척 참모장의 의심을 받지 않고 블로티 대령에게 은밀하게 정보를 건넨 것이다. 하지만 이후 상황이 급박하게 돌아가자 위장 테니스 시합을 기다릴 겨를도 없이 직접 블로티를 찾아가야만 했는데, 당시 참모장의 거주지가 블로티가 일하는 본부건물에서 그다지 멀지 않은 곳에 있었기 때문에 나는 몇 블록이나 헤드라이트도 켜지 않고 달려와 블로티의 본부로 들어가곤 했다.

확신하건대 그때 미국은 광주 통신망을 두세 개밖에 확보하지 못했을 것이다. 나는 대부분의 정보를 육군사관학교 시절 내가 가르쳤던 한 생도로부터 전달받았는데, 그는 매우 용감하고 헌신적인 데다 정치적 문제에 깊게 관여했던 선배들과 달리 중립을 지키며 군인의 본분을 다하려고 노력하는, 그야말로 한국군의 현재와 미래를 이끌 만한 자질을 갖춘 군인이었다. 광주에서 혼란이 발생했을 때, 그는 보병 중위로 승진해 광주 인근에 있는 군사학교에서 특기교육을 받고 있었다.

평소에도 그와 나는 연락을 주고받았는데, 어느 날 그가 전화를 걸어와 하고 싶은 말이 있다고 했다. 하지만 쉽게 속내를 털어놓기는 어려웠는지 일상적인 전화 통화만 몇 주간 계속했다. 당시 진압부대는 광주 군사학교 시설을 이용했기 때문에, 교육을 받던 장교들은 광주에서 벌어지는 일을 훤히 알 수밖에 없었다. 그들은 진압부대 장교나 병사들과 대화를 나누며 사태를 파악했고, 가끔 몰래 숨어들어간 광주가 전쟁터와 다름없자 충격을 받은 상황이었다.

결국 그 장교는 일요일 아침, 고속버스 첫차로 서울로 왔고, 나를 만나 상황을 설명한 뒤 야간 점호에 늦지 않기 위해 서둘러 다시 광주 행 버스를 탔다. 아무리 힘든 여행이라도 광주에서 일어나고 있는 일을 외부에 알려야 한다는 사명감을 가지고 있었던 것이다. 그로부터 몇 년 뒤, 군의 정치적 개입 가능성을 토론하는 자리에서 그는 확신에 차서 이렇게 말했다.

"이제 더 이상 군이 정치에 개입하는 일은 없을 겁니다. 내 동기들뿐만 아니라 후배들도 그런 행동을 결코 지지하지 않을 겁니다. 우리는 민주주의를 수호하기 위해 헌신하기로 결정했습니다."

사실 광주에서 벌어지고 있는 전투 상황에 대해 위컴 사령관이 전달받은 정보는 정말 보잘것없었고, 그것조차 비공식적인 경로를 통해 입수된 것들이었다. 이처럼 미국 대사부터 주한미군 사령관, 하급 군인들까지 모두들 광주에서 벌어지는 일을 거의 알지 못했기 때문에 상황에 개입하거나 조종하는 일이 불가능했다. 그렇다면 미국이 전두환을 응징하거나 축출하는 등 적극적인 조치를 취하지 않은 것은 무엇 때문일까?

미국 대사인 글라이스틴은 그 이유에 대해 "우리는 식민 지배자가 아니다"라고 답했다. 다시 말해 한국 내부의 정치 문제에 간섭하는 것은 미국의 역할이 아니었다. 당시 미국은 한반도에서 북한의 위협 같은 안보 문제에는 책임을 지되, 내정 간섭은 무모하고 위험한 일이라고 판단했다. 베트남에서도 경험했듯 내정 간섭은 언제나 비극적 결과를 불러들였기 때문이다. 따라서 미국은 직접적으로 간섭하는 것을 피하고 지도, 조언, 원조와 모범을 제시하는 전략을 채택했고 이 전략은 분명히 옳았다. 미국이 전두환의 권력 장악을 허용했다고 비난하는 한국 사람들은, 설사 미국이 그를 강제 축출했다 해도 여전히 미국에 비난의 화살을 돌릴 것이다. 결국 무력진압으로 광주는 질서를 회복했지만, 이 사건에 대한 비난은 아직도 계속되고 있다.

| 국방산업의 성장

미국의 평가에 따르면 한국은 1980년대 초반, 적어도 국민총생산의 6퍼센트 정도를 국방산업에 투자했다. 한국이 만든 완제품을 한국군에 직접 공급하는 단계였다. 하지만 자주국방을 위한 독자적 국방산업이 확대되면서 '의도하지 않은 결과의 법칙law of unintended consequences'에 따라 예기치 못한 상황들이 초래되었다. 장비의 상호 호환성 등은 큰 걱정거리가 아니었지만, 문제는 전쟁이 일어났을 때 한국이 독자적으로 설계하고 생산한 장비가 시스템이 미국과 달라 병참과 통신에 문제가 발생할 소지가 다분하다는 점이었다. 기술이 발전할수록 국방 시스템도 복잡해지고 정교해지기 때문에, 한미 병참 통신의 이질성이 결정적인 영향을 미치게 된 것이다.

또 하나, 한국은 독자적인 행보를 택하면서 더 이상 미국의 조언을 무조건 따라야 한다는 필요성을 느끼지 못하게 되었다. 지금까지 미 군사자문단의 부대장은 한국군에 큰 영향을 미쳐왔다. 하지만 1980년대 중반이 되자 이 조직의 부대장 직급이 중장에서 대령급으로 떨어졌으며, 업무도 미국에서 열리는 국제군사교육 프로그램에 한국군 장교나 하사관을 입학시켜주는 정도로 전락했다. 다시 말해 한국군은 매우 효과적인 도구였던 미 군사자문단과 인연을 끊고 독자적인 국방산업의 길로 들어선 것이다.

이처럼 더디긴 하지만 자주국방을 위한 국방비를 증가시키면서, 한국의 군사력은 북한과 대등한 수준이 되었다. 하지만 북한보다 높은 수준에 이르렀다고 인식하기까지는 시간이 더 걸렸고, 지금 평가해보면 1985년이 전환점이었던 것이 분명하다. 이후 한국은 모든 분야에서 아시아 최고를 달렸다. 국방 능력뿐만 아니라 빠른 경제성장을 달성해 개발도상국가의 모델이 된 것이다. 그러나 1980년대 초반의 수준에서 아직 갈 길이 먼 것처럼 느껴졌다.

1981년 봄, 12.12 사태로 심기가 불편해진 카터 대통령이 1980년 회의를 취소해 한 해 거른 상태로, 레이건 행정부 들어 처음으로 샌프란시스코에서 한미안보연례회의가 열렸다. 알다시피 한미안보연례회의는 양국이 얼굴을 맞대고 현안을 조정하는 드문 기회였고, 당시 나는 군사자문단을 대표하는 준비 장교로 회의에 관여했다.

우리는 몇 주간 회의를 준비하면서 회의가 열리기 전 3일 동안 한국군 당사자들과 잦은 만남을 가졌는데, 한국군은 많은 예비회의를 거쳐 세부 현안까지 사전에 조정하고 싶어했다. 이는 한국 같은 유교 문화에서 흔히 엿볼 수 있는 습관이었다. 그래야 군 수뇌부가 참석하는 본 회의에서 모든 현안이 부드럽게 논의되고, 의견 차이나 대립 없이 멋지게 마무리되기 때문이다. 이 관행은 미국인들에게는 매우 생소했지만 캐스퍼 와인버거Casper Weinberger 국방장관은 한국인의 철학을 이해하며 만족감을 표했다. 그는 '내가 참석한 회의는 뭔가 중대한 사안을 다뤄야 한다. 그저 앉아서 잡담이나 나누고 미소나 지을 수는 없다'고 생각하는 미국의 다른 유력인사와는 달리, 회의에서 웃으며 담소를 나누고 우호적인 관계를 구축하는 것이 할 수 있는 가장 생산적인 일임을 정확히 간파하고 있었다. 그는 현안을 아랫사람에게 맡겨 놓고도 별로 불안해하지 않았다. 그리고 바로 그런 점들이 논쟁거리가 될 만한 문제를 처리할 때, 서로 '얼굴을 붉히지 않도록' 쟁점으로부터 거리를 두는 한국 특유의 방식과 일맥상통했던 것이다. 덕분에 회의는 순조롭게 진행되었고, 회의가 열리기 전날 밤, 11시간 동안 이루어진 현안 조정도 좋은 성과를 이루었다.

회의가 열린 샌프란시스코 요새는 변화무쌍한 샌프란시스코 만을 가로지르는 미국의 위대한 건축물로 뛰어난 경관을 자랑하고 있다. 나는 그 아름다운 경치에 젖어, 부모님과 아시아에서 돌아오는 배를 타고 이 다리 밑을 지나쳤던 기억을 떠올렸다. 그러자 '한국을 지키는 데 일조를 하셨던 아버지가 살아계셨다면 전쟁의 폐허 속에서 발전의 꽃을 피운 한국을 자랑스러워하셨을 텐데!' 하는 생각을 지울 수 없었다. 매일 아침, 나는 자동차를 빌려 동료 장교 몇 명과 함께 요새 뒷문을 통과해 밖으로 향했다. 가로수의 상쾌한 향기가 기운을 북돋아주는 것이 그날 회의도 왠지 성공적으로 끝날 것 같은 기분이었다.

공동발표문 초안은 이미 몇 주 전에 준비되었고, 회의 마지막 날 저녁 발표문의 세부적 표현을 조정하는 최종 논의가 진행되었다. 그날 밤 우리는 좋은 소식과 나쁜 소식을 동시에 접했다.

좋은 소식은 회의가 순조롭게 진행되어 준비했던 초안보다 더 좋은 합의결과를 발표할 수 있다는 것, 나쁜 소식은 이 새로운 합의결과를 최종적으로 다듬어 발표문에 넣을 시간이 부족하다는 것이었다. 회의가 성공적으로 끝난 것은 기쁘지만 양국 대표자의 발표문 조율뿐만 아니라 한국어와 영어 사이에 존재하는 미세한 뉘앙스까지 조정해야 하는 어려운 업무를 촉박한 시간 안에 끝낸다는 것은 다소 불가능했다. 그날 밤 10시쯤, 합의가 마무리 단계에 들어간 듯 보였으나, 미국이 한국 측에서 제시한 사항 중 석연치 않은 한 구절 때문에 망설이는 바람에 회의는 미궁에 빠지고 말았다.

회의에 참석한 중견간부들은 초조하게 결과를 기다렸고, 발표문 최종안을 기다리던 국방장관은 결국 밤늦은 비행기를 타고 워싱턴으로 돌아갔다. 회의가 성공적으로 끝나 별 문제가 없다고 안심했던 우리는 상황이 어렵게 돌아가자 모두 조금씩 불안해졌다. 당시 나는 하급관리였기 때문에 발표문을 직접 손볼 만한 위치가 아니었지만, 3일간의 힘든 회의 끝에 최종 문안은 한국어를 할 줄 아는 사람이 나뿐이라는 이유로 결국 내게 넘어왔다. 나는 한국군 장교가 영어로 번역한 작성문을 받아들고 "제가 한국어 원문을 한 번 살펴보겠습니다"라고 말했다(한국군 참석자 일부는 의사를 영어로 표현할 정도는 되지만 영어 실력이 유창하지는 않았다). 이어서 한 사람이 한국군이 묵고 있는 페어몬트 호텔Fairmont Hotel로 달려가 한국어 사본을 가져왔다. 그리고 한국어와 영어로 된 발표문을 하나씩 대조해가며 읽어본 결과, 두 언어 표현 사이에 미세한 차이와 오류가 있음을 깨달았다. 그래서 나는 한국군 담당자와 함께 문장 하나하나를 비교대조한 뒤 의논해가며 문안을 완성했고, 한 시간도 채 되지 않아 양국 대표가 발표문을 검토하고 발표를 허락했다.

내 직속상관인 곤잘레스 중장은 최종 발표문을 읽고 난 뒤 내 어깨에 손을 얹더니 "고든, 자네의 노력을 매우 고맙게 생각하네"라고 말했다.

　　서울로 돌아온 곤잘레스 중장이 회의 결과를 보고하자 위컴 사령관은 대단히 만족스러워하며, 나를 비롯해 회의를 성공적으로 이끈 몇 명에게 훈장을 수여하겠다고 약속했다. 또 나는 샌프란시스코에 머무는 동안, 워싱턴의 국방부에서 일할 의향이 없냐는 요청을 받고 훈장 수여식에서 이 사실을 위컴 사령관에게 보고했다. 보병 장교로 남을 것인가, 아니면 워싱턴에서 군사정책 업무를 수행할 것인가, 하는 선택의 기로에 놓인 것이다. 그는 나를 뚫어져라 바라보며 잠시 생각에 잠기더니 "워싱턴으로 가게나"라고 답했다. 다음날, 위컴의 부관인 데이비드 린치David Lynch 대령이 찾아와 사본 하나를 건넸다. 그 사본은 위컴 사령관이 내 상관이 될 에릭 본 마보드Eric Von Marbod에게 보내는 개인 서신이었다. 그의 추천서는 나에 대한 극찬으로 가득 차 있었고, 그 만큼 놀라운 힘을 발휘했다. 워싱턴에 근무하는 동료 척 제임슨Chuck Jameson이 한밤중에 전화를 걸어와 "자네가 온다는 소식에 본 마보드가 자네에게 맞는 자리를 마련하느라고 기존 업무 체계를 바꿀 정도야!"라며 매우 들떠서 말할 정도였다. 그후 거의 2주간 나는 업무 인계 등 한국에서의 모든 일을 정리했고 우리 가족은 짐을 꾸려 서울을 떠났다. 총 16년 동안, 이번이 19번째 이사였다.

　　나는 한국에서 매우 역동적이고 유익한 시간을 보냈다. 무엇보다도 한국 육군대학을 졸업한 첫 미군이자, 한미연합사령부

창설 멤버가 되었으며, 특수전 장교, 군사자문단 장교를 지냈고, 펜타곤에서 스카우트 제의까지 받았다. 또 박정희 대통령의 암살, 12·12사태, 광주항쟁을 겪었고 처음으로 마라톤 시합에 나가 뛰어보았으며, 한미안보연례회의에도 참가했다. 그리고 북한의 테러위협이 얼마나 심각한지도 몸소 체험했다. 그린베레 출신 장교로서 더 이상 무엇을 원하겠는가?

그동안 한국은 위기와 불확실성의 시대 속에서 많은 어려움을 겪었지만, 나로서는 매우 소중한 경험을 한 것이 틀림없었다. 한국을 떠나면서 왠지 걱정과 기대가 교차했다. 그동안 얼굴 한 번 맞대기 힘들었던 친구들을 다시 만난다는 기쁨과 함께, 펜타곤에서 새로운 업무를 수행해야 한다는 부담감이 나를 기다리고 있었다.

| 제9장 |

민주주의를 꽃피운 한국

서울을 떠나 워싱턴에서 보낸 6년간, 나는 계속해서 한국 문제에 관심을 기울였다. 처음에는 국방부 산하 조직인 국가안보지원청Defense Security Assistance Agency에서 안보지원 프로그램을 담당했고, 이어서 '국방부-국무부 인사교류Marshall State-Defense Exchange' 프로그램까지 담당했다. 또 1984년 봄에는 국방부에서 동아시아-태평양 지역 차관보를 보좌하는 정치군사 참모에 임명되어 다시금 아시아 문제를 다루게 되었다.

그 무렵 리처드 워커Richard Walker가 제임스 릴리James Lilley 대사 후임으로 새로이 부임했다. 두 사람은 서울에서 군사정권과 안보문제에 적절한 주의를 기울이는 동시에, 한국에서 민주주의를 발전시키겠다는 미국의 정책 목표까지 신경 써야 했다. 그리고 주한미군은 예전과 다름없이 이 두 대사를 도와 북한의 위협을 효과적으로 차단하고, 감시의 눈을 게을리 하지 않는다는 본래의 역할을 훌륭히 수행했다. 하지만 한국 국내 정치 상황은 생각만큼 순조롭게 흘러가지 않지 않았다. 군인 특유의 권위 의식이 대단했던 전두환은 국내 민주화 요구를 강하게 탄압했다.

그러던 1988년 올림픽 개최권이 한국으로 넘어갔다. 서울올림픽 개최는 한국에게, 국내정세를 호전시키고 국제사회와의 관계를 확대할 수 있는 좋은 기회였다. 그러나 올림픽 개최권을 따냈다는 기쁨과 함께 시련이 찾아왔다. 북한이 올림픽 개회를 취소하지 않으 파괴 공작을 벌이겠다는 위협을 가해온 것이다. 또 내부적으로도 올림픽 개최에 대한 논란이 뜨겁게 달아올랐다.

박정희보다도 가혹한 방식으로 한국을 이끌었던 전두환은 1987년 여름, 드디어 정치적 위기에 부딪쳤다. 1980년대 초, 전두환을 반대하는 학생시위가 거의 일상적으로 벌어졌다. 최고의 지성을 자랑하는 서울대학교 교수 한 명이, 4월의 어느 날 연구실 발코니에 서서 깊게 숨을 들이키며 "아, 최루탄 냄새가 또 나기 시작하는군. 봄이 왔나보네" 하고 말했을 정도였다. 학생 시위가 학교 안에서만 그치면 전투경찰도 강력한 진압을 할 필요가 없었다. 한국의 시위는 보통 한낮에 시작해 마치 수백 년간 같은 형식과 같은 구성, 대사, 결과까지 뻔하게 진행되는 일본 전통극 가부키처럼 비슷한 결과들로 끝났다.

해외 거주 한국 동포와 경제계, 한국 군부는 학생 시위에 부정적인 반응을 보였다. 특히 군부는 이 학생 시위를 보고 베트남 전쟁 당시 격렬했던 반전 시위를 떠올렸고, 경제계는 교통을 방해하는 시위대와 격렬한 시위 장면이 외국에 방영될 경우 한국에 대해 나쁜 인상을 심어줄 것이라고 생각했다. 실제로 자세한 전후 사정을 모르고 시위 모습만 본 외국인에게 한국은 폭동과 화염이 난무한 무질서한 나라로 보였다. 또 사회 불안을 지나치게 강조하는 보도 성향 때문에, 외국기업은 정부와 금융 시스템의 안정성을 걱정해 한국 투자를 망설였다.

하지만 1987년 여름, 학생과 노동자, 일반 시민이 펼친 격렬한 시위에는 정당한 이유가 있었다. 그들은 한국 정부가 가혹한 군사 시대를 접고 완전한 민주정부로 이행되기를 갈망하고 있었다. 학생들은 캠퍼스를 나와 거리에서 시위를 벌였고 시민 대부분이 학생들의 요구에 동조했다. 매일 서울 중심부에서 격렬한 시위가 벌어지면서 나라 전체가 민주화 열기에 휩싸였다.

나는 20년 만에 처음으로 가방에 군복을 넣지 않고 여행을 떠났다. 아쉽긴 했지만 GE항공의 제의로 군대를 떠나, 서울 사무소 개설 작업을 맡기 위해 다시금 한국에 오게 된 것이다. 때문에 나는 당시에 벌어졌던 시위가 얼마나 격렬했는지, 최루탄은 얼마나 매웠는지를 잘 기억한다. 한국에 도착한 나는 역사적 장소에 세워진 조선호텔을 현대식으로 재건축한 웨스틴조선호텔을 임시 숙소로 삼았다. 내 사무실은 올림픽 개최까지 남은 시간을 알리는 서울 시청 정문 위 전광판 반대편에 있었고, 호텔과 가까웠으므로 출퇴근은 걸어서 했다. 오후가 되면, 거리 곳곳에 배치된 전투경찰 사이를 뚫고 여기저기를 돌아다녔다. 시위 진압을 하다가 다친 상처를 수습하고 장비를 수선하며, 다음 시위에 대비하고 있던 전투경찰들이 서류가방을 들고 말끔하게 양복을 차려 입은 나를 호기심 어린 눈으로 쳐다봤다.

그저 분위기 타듯 참가한 시민이든 사명감으로 눈빛이 이글이글거리는 학생들이든 골목, 길모퉁이나 전철역 등, 거리 어디에서나 시위대를 볼 수 있었다. 시위대들은 그렇게 위험하지 않았지만, 그들이 나타나는 곳에는 어김없이 최루탄 연기가 자욱했고 만약의 사태에 대비해 소방차들이 대기하고 있었다. 시위가 최고조에 이르면, 시위대들은 어김없이 경찰들을 향해 보도블록, 벽돌, 화염병 등을 던져, 그 잔해들이 길 위에서 어지럽게 굴러다녔다. 그러면 소방차가 나타나거나, 경찰들이 건물의 소화전에서 물을 끌어와 거리를 청소했다. 그 바람에 나 역시 몇 번이나 그곳을 지나가다 신발이 물에 젖어 못쓰게 되었다. 나는 시위를 몇 번 경험하고 나자 꼭 손수건을 준비해 다니며 최루가스로 범벅이 된 얼굴을 씻어냈는데, 주위에서 물을 구해 수건을 적실 수 있으면 금상첨화였다.

하지만 어떻게 보면 당시 시위 현장은 흥미로움이 가득 찬 곳이었다. 많은 기자들이 서울을 뒤덮고 있었고, 특히 시위 장소와 가까운 조선호텔은 통신시설이 구비되어 있을 뿐 아니라 긴장을 풀고 술 한잔 할 수 있는 바가 있어 많은 기자들이 모여들었다. 취재를 위해 한국에 온 기자들은 역시 나보다는 준비 정신이 투철해 모두들 방독면 하나씩은 지니고 있었지만, 머리카락과 옷에 밴 최루탄 냄새는 어쩔 수는 없었다. 나는 하루 종일 시위가 계속되는 거리를 돌아다니다 호텔에 돌아오면 즉시 샤워를 하고 옷을 갈아입었다.

그러나 기자들은 그대로 바나 로비에서 술을 마시며 논쟁을 즐겼기 때문에 호텔 로비는 기자들의 옷에서 풍기는 최루가스 냄

새로 진동해 호텔 종업원들의 따가운 눈총을 받았다.

시위가 격화되자 전두환은 궁지에 몰렸고, 계속되는 민주화 요구와 사회 불안은 세계에 부정적인 이미지를 남겼다. 시위가 격렬해질수록 북한은 올림픽 방해 공작을 강화해 서울에서 올림픽이 열려서는 안 된다는 여론을 전 세계에 확산시키며, 올림픽 경기 일부를 북한에서 개최하거나 개최지 자체를 변경해야 한다는 로비를 벌이고 있었다. 하지만 한국의 입장에서 올림픽 개최지의 변경이나 양보는 결코 수용할 수 없는 문제였다. 상황이 어렵게 돌아가자 전두환은 매우 곤란한 처지가 되었다. 권좌에서 스스로 물러나면 시위는 그쳤겠지만, 과연 그가 권력을 내놓는 위험한 모험을 감수할 수 있었을까?

결국 그는 육군사관학교 동기이자 막역한 친우인 노태우와 많은 논의를 한 뒤, 임기가 끝나면 권좌에서 물러나기로 약속하고 나머지 처리는 그에게 맡겼다. 많은 사람들이 이를 급한 위기를 넘겨보자는 독재정권의 속임수라고 의심했지만, 노태우는 지체 없이 1987년 가을, 자유를 보장하는 직접선거를 치르겠다고 선언했다.

그 선언으로 인해 갑자기 한국에서는 민주주의가 꽃을 피우기 시작했다. 나라 전체가 기쁨에 휩싸여 더 이상 올림픽 개최를 반대하는 사람도 없었다. 몇몇 정치인이 대통령 선거 후보로 나서겠다고 선언했고, 그중에는 투옥 경험이 있는 반체제 인사들도 있었다. 그들은 목소리를 높여 정권의 과거 정책을 비판하고 정치활동 기회를 달라고 요청했다. 오랫동안 반독재 운동을 벌이다가 투옥되었던 김영삼이나 일본에서 중앙정보부 요원에게 납치되어 죽을 고비를 넘긴 김영삼의 라이벌 김대중 같은 정치인들은 모처럼 찾아온 자유로운 정치 활동에 적극 참여했다.

한국의 대통령 유세와 선거는 세계의 주목을 끌었다. 정치 풍자가 P. J. 오로크P. J O'Rourke는 자신의 저서 《지옥에서 보낸 휴일Holidays in Hell》에 실린 평론 〈서울 브라더스Seoul Brothers〉에서 폭발적인 유머와 뛰어난 감정 이입으로 당시 최루 가스에 익숙해진 한국 국민이 처한 상황을 묘사하기도 했다.

12월에 드디어 선거가 치러졌지만, 보수적인 성향을 가진 한국 유권자들은 급진적인 개혁보다는 안정을 원했다. 결국 노태우가 합법적인 절차에 따라 헌법에서 규정한 5년 단임 대통령으로 선출되었다. 이로서 그는 한국에서 마지막 군인 출신 대통령이자 자유선거로 뽑힌 최초의 대통령이 되었고, 국민들의 기대에 발맞추어 정권은 평화적으로 교체되었다.

이처럼 1987년 선거는 한국 국민들에게 근대 들어 처음으로 스스로의 목소리를 내며 신중한 선택을 한 경우였는데, 희한하게도 이후에 치러진 두 번의 대통령 선거에서는 노태우의 정적인 김영삼과 김대중이 차례로 선출되었다. 하여간 한국은 민주주의를 자랑스럽게 쟁취했다. 한참 뒤늦게 찾아온 민주주의였지만 그만큼 위대한 국민의 승리였다.

내가 아는 한국 전문가들은 대다수, 서울은 올림픽을 개최할 만한 능력을 갖추지 못했다고 생각했다. 다들 대놓고 고개를 젓지는 않아도 내심 아직까지는 올림픽을 개최할 정도는 아니라고 생각했다. 실제로 한국의 올림픽 유치 가능성은 낮아보였고, 개최하더라도 최악의 올림픽이 되지 않을까 걱정했으나, 결국 서울은 올림픽 개최권을 따냈다. 일부에서는 조심스럽게나마 한국이 IOC 회원들에게 뇌물을 제공했을지도 모른다는 의구심을 제기하기도 했다. 하지만 서울은 과감히 도전했고 치열한 준비를 거쳐 정당하게 개최권을 따냈다.

한편 8년 전, 소련 공산당 서기장 레오니드 브레즈네프 Leonid Brezhnev가 아프가니스탄 점령을 위해 군대를 보냈다. 미국은 소련에게 아프가니스탄을 공격할 경우 수렁에 빠지게 될 것이라고 강력하게 경고했지만, 소련은 그 경고를 무시하고 아프가니스탄을 공격했으며, 정말로 그로 인해 수렁에 빠져버렸다. 소련은 의욕적으로 대규모 군대와 장비를 보내 아프가니스탄을 점령하려 했지만, 아프가니스탄의 강력한 저항에 부딪혀 뜻을 이루지 못했다. 또 카터 대통령은 소련의 파렴치한 침략 행위에 항의하는 뜻으로 1980년 모스크바 올림픽 불참을 결정했다. 또 군사적으로 맞서는 대신 평화로운 방법을 택해, 세계 각국에 올림픽 불참을 호소했다.

1980년 한국은 모스크바 올림픽을 북한의 강력한 후원자인 소련과 국교를 수립하고 외교적 접근을 할 수 있는 좋은 기회라고 생각하고 있었다. 하지만 카터 대통령은 국무부에게 모든 외교력을 동원해 우방들에게 올림픽 불참 압력을 가하라고 지시했다. 결국 미국과 밀접했던 한국은 좋은 기회를 놓쳤다는 사실을 안타까워하면서도 이를 꽉 물고 올림픽 불참 운동에 동조했다. 다시 말해 한국은 뭐 하나 해주는 것도 없이 툭 하면 주한미군 철수 위협과 인권 문제를 들고 나오는 미국 행정부의 신의를 끝까지 저버리지 않은 것이다.

그로부터 4년 뒤, 미국에서 로스앤젤레스 올림픽이 열렸다. 그 무렵 사람들은 소련과 동유럽 국가들이 모스크바 올림픽 불참에 대해 보복하는 의미로 이 올림픽에 참가하지 않을 것이라 예상했고, 그 예상은 맞아 떨어졌다. 비록 미국은 올림픽은 성대하게 치러냈지만, 많은 국가들의 불참으로 반쪽짜리 행사가 된 것이다. 두 번의 올림픽이 모두 반쪽 대회로 전락한 가운데, 세계는 서울에서 열리는 88올림픽이야말로 모두가 참가하는 완전한 올림픽이 될 것이라 기대했다. 올림픽을 한창 준비하는 서울 거리 곳곳에 '서울은 세계로, 세계는 서울로SEOUL TO THE WORLD; THE WORLD TO SEOUL'라는 표어가 내걸렸다. 서울 시청과 주요 건물 앞에는 올림픽까지 남은 시간을 표시하는 대형 전광판이 설치되었으며 한강 남쪽에는 넉넉한 부지에 올림픽 경기장이 들어섰다. 오래된 건물을 새롭게 단장하는 공사들이 분주하게 진행되고, 올림픽 주경기장 근처에 들어선 대규모 아파트 단지에서는 많은 이들이 복권을 사듯 치열한 입주권 경쟁을 벌였다. 당시 한국에서는 아파트 당첨만큼 확실한 투자가 없었다.

| 북한의 올림픽 방해 공세

서울이 88년 올림픽 개최지로 선정되면서 북한은 심각한 타격을 받았다. 북한은 각국에서 올림픽에 불참하라는 외교 활동을 펼치는가 하면, 테러행위를 하겠다는 위협 등 모든 수단을 동원해 서울 올림픽 개최를 방해했다. 또 올림픽을 공동으로 개최하자고 요구해왔고, 경기장 시설을 파괴해 개최지를 변경시키려는

시도도 했다. 그러나 이러한 활동들은 국제사회의 반발을 일으켜 오히려 북한을 궁지에 모는 결과를 가져왔다.

한국은 올림픽이 열렸던 1988년을 전후로 경제적, 외교적 그리고 사회적으로 북한을 크게 앞지르게 되었다. 북한은 1945년 해방 후, 한국보다 훨씬 우세한 상태에서 출발했지만 그 이점을 살리지 못하고 경제적으로나 도덕적으로나 파산상태에 이르렀다. 따라서 한국의 올림픽 개최로 그 격차가 더 벌어질까 두려워진 북한은 갖은 비난과 위협을 가했지만, 한국은 의연하게 대처했다. 올림픽 위원회는 북한의 말도 안 되는 요구들을 침착하게 거절했고, 그래도 끈질기게 요구를 해오자 경기 몇 개를 평양에서 개최하게 해달라는 요구를 수용했다. 하지만 막상 공동개최를 수용하자 허풍을 떨던 북한은 웬일인지 슬그머니 요구를 철회했다.

팽팽한 긴장 속에서 차근차근 준비를 해나가는 동안 개막식이 가까워지고 있었다. 한국 국민에게 올림픽은 단순한 경기 이상의 의미였으며, 그들은 올림픽 개회를 매우 자랑스럽게 생각했다. 또 우방들뿐만 아니라 적대국까지 참가하는 국제 행사인 만큼, 한국은 놀라운 경제 발전과 성숙한 사회 분위기를 전 세계에 과시할 수 있었다. 올림픽 개최로 서울은 로스앤젤레스, 로마, 모스크바, 파리, 베를린, 도쿄, 멜버른, 뮌헨처럼 유명한 도시로 발돋움했고, 국민들은 힘을 합쳐 서울을 방문하는 운동선수, 관광객, 선수단에게 가장 훌륭한 올림픽을 선보일 수 있는 만반의 준비를 했다. 또 한국은 보통 덥고 습한 7월 말이나 8월에 열리는 올림픽 개최 시기를 건조하고 시원한 가을 무렵으로 한 달 늦춰,

파랗고 높은 가을 하늘 아래에서 경기를 치룰 수 있도록 지혜를 발휘했다.

그 와중에도 김일성과 그의 유별난 아들은 수많은 방해공작을 고안해냈으며, 한국 당국은 북한의 테러에 대비해 경계 수위를 높였다. 그동안 북한은 일본 관서 지방에 암살범을 파견하거나 야밤을 틈타 초소형 선박으로 공비를 침투시켰고, 살육에 능한 특공대를 비무장지대를 가로질러 남으로 보내왔다. 따라서 올림픽이 코앞에 닥친 이 순간, 북한이 올림픽을 저지하기 위해 또다시 그런 도발을 저지르지 않는다는 보장이 없었다. 심지어 올림픽 개최 몇 년 전인 1984년에는 공작원을 파견해 미얀마를 공식 방문중인 대통령을 향해 폭탄 테러를 일으킨 바 있었다. 비록 대통령은 간발의 차이로 목숨을 건졌지만 그 사건으로 많은 각료들이 목숨을 잃었으며, 올림픽 개최 당시만 해도 한국 국민들은 이 충격에서 벗어나지 못한 상황이었다.

북한이 다음번에는 또 얼마나 지독한 테러를 저지를 것인가? 서울 올림픽을 저지할 목적으로, 세상을 깜짝 놀라게 할 제2의 시나리오를 구축하고 있는 건 아닐까?

사실 당시만 해도 북한은 서울 올림픽을 방해하기 위해 모종의 조치를 취할 가능성이 높았다. 그리고 결국 우려가 현실로 나타났다. 1987년 11월 29일, 아부다비Abu Dhabi에서 서울로 향하던 대한항공 858편이 미얀마 안다만 해 상공에서 폭발해 무고한 승객 115명이 사망한 것이다. 비행기를 폭발시킨 사람들은 부녀로 가장한 두 명의 승객이었다. 그들은 바그다드에서 탑승해 아부다비에서 내리면서 라디오로 위장한 폭탄을 비행기에 놔두었다. 이틀 후 이 두 사람은 상급 공작원을 만나기 위해 로마로 향하려다가 바레인 국제공항에서 체포되자, 담배 필터 안에 숨겨진 청산가리로 자살을 시도했다.

남자는 자살에 성공했지만 당시 25세의 김현희는 경찰의 제지로 목숨을 건진 후, 삼엄한 경비 속에서 서울로 압송되었다. 서울에서 한국 당국은 김현희를 고문하거나 강압적으로 조사를 펼치지 않고, 그저 발전하고 있는 서울의 모습을 보여주었다. 처음에 그녀는 일본 여권을 소지한 중국 여행객이라고 주장했다(일본 당국은 이 여권이 위조되었다고 밝혔다). 이에 격분한 중국은 북한이 폭탄 테러의 책임을 자신들에게 전가하려 한다고 강하게 비판했다. 북한에서 받은 강한 세뇌교육으로 묵비권을 행사하던 김현희는 몇 주 후 마침내 입을 열었다. 경호원이었던 한국 여경에게 "미안해요, 언니!"라고 말문을 떼며 자신이 북한 공작원이라는 사실을 실토한 것이다. 그후 김현희는 재판에서 사형을 선고받았지만, 전향했다는 이유로 대통령으로부터 특별 사면을 받았다.[23]

한국은 김현희를 생포함으로써 그녀가 가담한 테러 행위에 대한 자세한 정보를 얻을 수 있었다. 김현희의 실토에 따르면, 북한 정보부는 공작원을 양성하기 위해 아주 어린 소녀였던 그녀를

---

23. 젊은이와 미인에게 관대한 한국적 성향(미국도 마찬가지지만)을 생각할 때, 과연 70세의 남자 공작원이 자살에 성공하지 못하고 살아남았다면 역시 사면을 받아 목숨을 부지했을지는 의문이다. 김현희가 자신의 과오를 고백하고 용서를 빌러 한국 텔레비전 방송에 나왔을 때 나는 회사 파티를 하러 GE의 한국 지사장 아파트에 있었다. 지사장, 비서, 직원들 모두 텔레비전 앞에 모여 김현희가 나오는 모습을 봤다. 김현희를 본 모든 한국 사람들은 이구동성으로 '미인이네' 또는 '예쁘다'라는 말을 했다. 이런 모습을 보면서 나는 상황이 달라져 김현희가 자살에 성공하고 늙은 남자 공작원이 살아남았더라면 교수대의 밧줄을 피할 수 있었을지 의문스럽다. 오히려 김현희는 스타가 되었고 많은 남성에게 구애를 받았으며 지금도 서울에 살고 있다.

선택했고, 그녀는 007에 나오는 제임스 본드처럼 가혹한 신체적 훈련과 살인 훈련, 다양한 장비 사용법과 일본어와 중국어를 현지인 수준으로 배웠다. 그리고 김현희는 서울 올림픽을 저지하기 위해 비행기를 폭파하라는 첫 임무를 김정일에게서 직접 받았다고 증언했다. 한편 그녀는 다른 북한 공작원과 마찬가지로 한국 국민들이 독재정권의 가혹한 지배 아래 비참하게 살고 있다고 들었다. 하지만 자동차로 서울을 돌며 사람들이 즐겁게 살고 있는 모습을 보고, 조국이 자신에게 거짓말을 했음을 깨달았다. 아울러 그녀는 자신으로 인해 115명의 무고한 사람들이 목숨을 잃었다는 자책감에 시달렸다.

김현희가 테러 행각을 자백한 뒤, 한국어를 할 줄 아는 한 미국 관리가 김현희를 만났다. 그는 김현희와 자살한 남자가 정말로 북한 공작원인지를 확인한 뒤 그 인터뷰 내용을 본부에 보고했으며, 보고 결과에 따라 미 국무부는 북한을 테러 국가로 규정했다.

이어서 레이건 대통령은 소련에 편지를 보내 올림픽 참가를 막는 북한의 공작에 따르지 말아 달라고 요청했고, 소련 외무장관은 레이건 대통령과 조지 슐츠George Schultz 국무장관에게 요청을 받아들여 서울 올림픽에 참가하겠다고 전해왔다. 이로써 8년간 냉전의 물결 속에서 반쪽 대회로 전락했던 올림픽은 서울에서 다시 완전한 모습을 되찾았다. 결국 한국은 앞서 두 번의 불완전한 올림픽과는 달리 '세계는 서울로'라는 구호에 걸맞은 올림픽을 개최할 수 있었고, 노태우 대통령은 자랑스럽게 올림픽 개회를 선언했다.

| 서울 올림픽의 성공적 개최

　습기 차고 숨 막히는 1988년 8월이 지나자, 조물주가 스위치 마음대로 날씨를 조정하듯 서울 날씨도 완전히 달라졌다. 하늘은 드높아지고 거리의 매연은 씻은 듯 사라졌으며, 도시는 상쾌한 공기로 가득 차 활기를 띠었다. 쓸모없던 한강 고수부지가 녹지 공간으로 조성되면서 많은 시민들이 나들이 겸 운동과 산책을 하기 위해 이곳을 찾았다. 한강에는 관광과 식사를 즐길 수 있는 유람선이 떠 다녔고, 김포공항에서 올림픽 경기장까지 올림픽 도로가 뚫려 교통도 개선되었다. 모처럼 속도의 즐거움을 선사해 주었던 이 도로는, 특히 일요일 새벽이면 맘껏 속도를 낼 수 있어 그동안 교통정체 때문에 받았던 스트레스를 단번에 해소시켜 주었다.

　자신은 있었지만, 그럼에도 한국은 올림픽을 성공적으로 이끌기 위해 가슴 졸이며 준비를 진행했다. 관광객들이 도착하는 공항에는 전투복을 입은 군인들이 무장을 하고 두 명씩 짝을 지어 순찰을 했고, 덕분에 선수단과 세계 곳곳에서 온 관광객들은 북한의 위협에도 불구하고 안전에 대한 불안을 겪지 않아도 되었다(카터가 주한미군을 철수한다고 위협하는 바람에 모든 군인들은 한국제 무기와 장비를 갖추고 있었다).

　개막식 중에서 가장 인상적이었던 행사는 30명의 스카이다이버들이 하늘 높은 곳에서 낙하하며 올림픽기를 상징하는 다섯 개의 고리를 만든 것이었다. 인원은 총 30명으로 그들은 같은 색 옷을 입은 여섯 명이 한 조로 원 하나씩을 만들었다. 그런 뒤 그들은 주경기장에 정확히 내려앉아 다시 다섯 개의 고리 모양으로 정렬했다. 경기장은 박수 갈채와 환호로 가득 찼다.

150회 이상 낙하 경험이 있었던 나는 그들의 묘기가 거의 불가능에 가까운, 조금이라도 실수하면 큰 사고를 낼 수도 있는 묘기임을 알 수 있었다. 또 단 한 명이라도 고리에서 벗어나면 행사를 망칠 수도 있었다. 잠시 후 나는 이 묘기와 관련된 새로운 사실을 알게 되었다.

개막식을 관람한 뒤, 나는 우연히 이태원 쇼핑 거리에서 특수부대 시절 내 상사이자 지금은 친구가 된 브루스 웍스Bruce Wicks를 만났다. 브루스는 당시 미 육군 공수팀인 골든 나이츠Golden Knights를 이끌고 있는 친구였는데, 오늘 나이츠 대원들과 함께 올림픽 주경기장에서 벌어진 낙하행사에 참여했다고 말했다. 나이츠는 이 놀라운 사실에 대해 다음과 같이 고백했다.

"행여 실수를 할까 걱정해서 우리를 초청한 것 같네. 일부는 한국군이었지만 대부분은 우리 대원들이었어."

결국 그들은 개막식 날 수정처럼 푸른 서울 상공에서 완벽한 고리를 만들며 낙하한 뒤, 파란 눈, 녹색 눈, 담갈색 눈을 들키지 않기 위해 낙하산을 챙겨 나가면서도 고글을 벗지 않았다.

올림픽 경기 입장권 구하는 일은 하늘에 별 따기였다. 1년 전부터 입장권 판매가 시작되자, GE항공 한국 지사장은 비즈니스 매니저에게 입장권을 충분히 확보하라고 지시했다. 전략적으로 중요한 고객들을 초청해 올림픽 경기를 관람시킬 계획이었다. 나 역시 개막식, 폐회식, 사전행사, 주경기장에서 열리는 경기, 인기 종목 등 엄청난 입장권을 주문했다. 그러자 지사장이 나를 사무실로 호출해 의아스럽다는 표정으로 "다른 직원 모두를 합친 것보다 많은 입장권을 주문했는데 이유가 뭔가요?"라고 물었다. 나는 많은 고객들이 올림픽 경기장 입장권을 매우 소중한 선물로 여겨 영업에 많은 도움이 된다고 설명했다.

하지만 그는 내 설명을 이해할 수 없었는지 홍콩에 있는 상관에게 전화를 걸어 내 행동에 불만을 표했다. 결국 '현실적인' 수준에서 입장권을 구입하라는 지시가 떨어졌다.

나는 어쩔 수 없이 신청 물량을 줄였지만, 입장권을 배분하는 것도 문제였다. 올림픽이 열리기 한 달 전 배분 계획을 세웠으나 누구에게 어떤 입장권을 줘야 할지 갈피가 잡히지 않았다. 주요 고객에게는 전부 개막식처럼 주요 행사 입장권을 주고 싶었지만 예상만큼 입장권을 구하지 못한 탓에 고민스러웠다. 결국 나는 올림픽이 열리기 전 고객들을 집으로 초청해 내가 없는 자리에서 그들끼리 입장권을 나눠 갖도록 하기로 결정했다.

올림픽 열기가 나라 전체를 뜨겁게 달구기 시작했다. 사람들은 인기종목, 비 인기종목 가리지 않고 입장권을 구하려고 애를 태웠다. 상황이 이렇게 되자 지사장과 홍콩에 있는 고위간부들도 마지못해 입장권 수요를 '저평가' 했다고 실수를 인정했다. 다행히 내가 가진 입장권 수가 상당했기 때문에 입장권을 구하려는 다른 매니저들이 수시로 내 사무실을 들락댔다. 심지어는 지사장조차 입장권을 '공유' 하자고 간곡히 부탁할 정도였다.

하지만 때는 늦어 있었다. 양궁 경기 입장권 한두 장은 다른 사람에게 줬고, 나머지는 모두 임자가 있었다. 그럼에도 나는 개막식 표 두 장(원래는 12장을 주문했다)을 당시 육군 중장을 맡고 있던 황원탁 몫으로 빼놓았는데, 그것을 받자 그와 그의 아내는 몹시 기뻐했다. 짐 영은 나중에 저녁식사를 함께 하자며 황 장군에게 건배를 권하더니 "8년 전, 전두환이 자네를 죽이려 했지. 이제 그는 체포되어 범죄혐의로 재판을 기다리고 있지만 자네는 올림픽 경기를 관람하고 있지 않나!"라며 속 시원하게 말했다.

만일 그때 서울 올림픽에 북한 선수단도 참석했더라면, 더 바랄 것이 없었을 것이다. 하지만 북한은 선수단들이 한국의 실상을 알게 될까 두려워 올림픽에 참가할 수 없었다. 현실적으로 북한은 거짓 선전을 믿어온 주민들을 철저히 통제하기 위해 아직까지도 나라를 철저히 폐쇄하고 있다. 그렇게 독재 왕국의 어둠은 깊어만 가고 있는 것이다.

| 비무장지대의 현재

야전생활을 싫어해도 군인은 될 수 있다. 하지만 하루 종일 책상에 앉아 하는 행정업무를 원하는 사람은 결코 특수부대원이 될 수 없다. 나는 야생동물이 서식하는 산, 바다, 숲과 정글과 같은 자연 속에 서면 항상 남다른 기쁨을 느낀다. 그리고 이런 내게, 사람 손을 타지 않은 자연 그대로의 비무장지대가 있는 한국에서의 군 생활은 뜻하지 않은 행운이었다.

비무장지대는 멸종되었다고 알려진 생물이 살고 있다거나 곰을 발견했다는 소식은 아주 흔하게 들리고, 심지어 호랑이가 살고 있다는 소문까지 있다. 이처럼 비무장지대는 야생동물의 피난처가 되어 가끔씩 이곳에 오면 쌍안경으로 야생동물의 모습을 관찰하는 조류 학자들을 볼 수 있다.

　몇 년 전에 한 북한군 병사가 까닭 없이 천연기념물로 지정된, 큰 날개를 지닌 아름다운 시베리아 두루미 몇 마리를 총으로 쏴 죽인 일이 있었다. 그러자 사람을 죽였을 때보다 더 큰 항의와 비난이 잇달았다. 현재 수많은 한국인들이 언젠가는 비무장지대가 대규모 국립공원으로 지정되기를 손꼽아 기다리고 있으며, 나 역시 평화가 찾아와 아름다운 비무장지대를 자유롭게 방문할 수 있는 때가 오기를 진심으로 바라고 있다.

| 제10장 |

폭정이 북한을 파괴하다

　북한은 1970년대에서 80년대 말까지 20여 년간 많은 어려움을 겪었다. 처음에는 상승세를 탔지만 시간이 갈수록 끝없는 하락의 길로 들어섰다. 1970년대 후반, 김일성과 김정일은 미국이 베트남 철수를 계기로 아시아 문제에서 한발을 빼는 모습을 지켜보면서, 사소한 사안까지 직접 관리하기 시작했다. 베트남에서 철수하는 미국은 마치 불꽃 가까이에서 놀다가 갑자기 불꽃이 튀자 화상을 입고 허둥대는 듯 보였다.

　카터 행정부가 외부 문제 대신 내부로 시선을 돌리겠다는 인상을 주었던 1970년대 후반, 북한은 미국의 태도 변화를 눈치채고 공격적으로 움직이기 시작했다. 김일성 부자는 내부를 철저히 봉쇄하고 은폐하면서 나라를 꾸려갔지만, 세계에서 어떤 일이 벌어지고 있는지 눈치 빠르게 간파했다. 아울러 소련과 중국이 주도하는 공산주의 세력도 이 기회를 놓치지 않고 세력 확장 움직임을 보였다. 소련은 미국이 위축되는 동안 영향력을 확대했으며, 미국은 미국대로 평화와 반핵운동이 유럽과 미국을 휩쓸고 연속적으로 벌어진 외교적 실수 탓에 통제력을 잃은 듯 보였다. 이런 상황에서 김일성은 남한을 무력으로 통일하겠다는 일념 하에 당연히 핵무기를 포함해 모든 분야에서 군사력을 강화했다.

독재자 김일성은 북한 통치 초기부터 마음 깊숙이 언젠가는 핵무기를 보유하게 될 것이라 생각했다. 사실 북한은 한국과는 달리, 토양은 비옥하지 않은 대신 우라늄과 다른 광물들이 풍부해 핵무기 개발에 유리했다.

김일성은 처음에는 스탈린을, 나중에는 마오쩌둥을 쫓아다니며 핵무기를 개발할 수 있도록 도와달라고 애원했다. 사실 북한은 외부로부터 도움을 받더라도 그 사실과 핵무기 개발 노하우가 드러나지 않기를 바랐으므로, 비밀도 지켜주고 개발 기술도 전수해줄 수 있는 나라로 중국과 소련만큼 믿을 만한 파트너가 없었다. 김일성은 먼저 소련에 접근했지만, 핵무기 개발을 갓 완성한 스탈린은 정보를 공유하려 들지 않았다. 또 몇 년 후에는 새로이 핵 개발에 성공한 마오쩌둥에게도 같은 요구를 했지만, 역시 거절당했다. 두 나라 모두 북한의 핵무기 보유를 원치 않았기 때문이다.

현대 국제사회에서 핵무기는 미국 서부시대 콜트식 자동권총 colt revolver 같은 역할을 한다. 즉, 누구도 핵무기 보유국은 함부로 건드릴 수 없다는 말이다. 또 같은 전체주의 국가끼리도 큰 국가들은 작은 위성국가가 강력한 무기를 보유해 대등한 위치에 올라서는 것을 달가워하지 않는다. 소련과 중국이 북한의 핵무기 보유를 바라지 않는 것도 당연했다.

전후 사정으로 볼 때, 북한이 핵무기를 가진다면 일본과 한국도 핵무기 개발에 박차를 가할 것이 분명했다. 그리고 제2차 세계대전의 악몽을 겪은 소련과 중국에게, 일본이 다시 핵무기를 보유해 군사력을 강화한다는 것은 받아들일 수 없는 일이었다. 또 약소국이라고 생각한 남북한 모두가 핵무기를 보유하게 된다면 동북아 질서의 재편이 개시될 것이며 이는 곧바로 소련과 중국의 세력 약화로 연결될 것이 분명했다. 결국 김일성은 양국의 반대에 부딪쳐 잠시 핵무기 개발을 보류했지만 포기한 것은 아니었다.

1970-1980년대, 미국은 인공위성 사진을 통해 수집하는 첩보활동을 통상적인 1급 비밀보다 높은 최상급 비밀로 분류해놓고 있었다. 심지어 위성첩보 활동을 일컫는 탤런트 키홀Talent Keyhole이라는 암호명조차 비밀로 부쳤는데, 이 때문에 관계자들은 위성정보 수집을 그냥 '그것'이라는 명칭으로 불렀다. 그래서 사람들은 "그것이 뭔가 밝혔어?" 또는 "이 정보는 그것에서 온 것 같은데"라는 식으로 말했다. 나는 대사관에서 일하는 한 준위로부터 인공위성 첩보활동은 언급 자체가 금지되어 있다는 말을 듣고 빙그레 웃었지만, 나와 달리 그는 꽤 진지해 보였다.

당시 인공위성은 요즘에 비하면 초보적인 수준에 불과했지만, 그래도 인공위성으로 정보를 수집한다는 것은 그 자체로 획기적인 일이었다. 당시 인공위성은 지상에서 누가 담배를 피우는지 또는 이름표에 적힌 이름이 무엇인지 세밀한 부분은 식별할 수 없었지만, 전문가가 직접 수집한 자료를 비교 대조해가며 여러 정보를 얻어냈다. 그러면 그들은 제철소, 발전소, 시멘트 공장, 무기 공장, 화학 공장을 어떻게 구별했을까?

당시 우리는 굴뚝 숫자와 종류, 냉각수와 연기 배출량, 전기 소모량 같은 다양한 특징들로 목표물을 식별하는 훈련을 받았다. 하지만 정교한 식별 능력을 지닌 노련한 위 성사진 판독가의 입장에서 보면, 우리가 배운 훈련 내용은 아이들 장난에 불과했다. 일례를 들자면, 1982년 그들은 언제 북한이 영변에 원자로를 건설하기 시작했는지를 알아냈고, 몇 년 후에는 영변에 핵무기에 필요한 플루토늄 생산 기지가 완성되었다는 사실까지 발견해냈다. 또 영변 근처 시험장에서 폭파 실험이 있었다는 사실과 그곳에서 핵폭탄이 터질 때 남는 구덩이 모양의 흔적을 발견하고 소스라치게 놀랐다. 그것은 히로시마와 나가사키에 떨어진 원자폭탄과 동일한 종류의 핵무기였던 것이다.

1977년 육군대학 시절, 나는 미 육군대학에 다닐 때보다 훨씬 많은 관심과 열정으로 교육에 임했다. 한국전쟁을 다각도로 연구하며 북한이 공격해 올 가상 시나리오를 아주 자세히 탐구했는데, 한국에서 전쟁이 일어날 가능성과 양상을 연구하다가 한국군이 김일성의 생화학 무기 보유 사실을 알고 있다는 것에 적잖이 놀랐다. 특히 북한은 VX[24]나 신경 가스만큼이나 치명적인 생화학 무기, 수포성 가스 폭탄을 보유하고 있으며 분쟁이 일어나면 이것을 사용할 가능성이 높았다.

---

24. 피부나 폐를 통해 흡수되는 치명적인 독가스

사실 우리는 미국에서 대량살상무기WMD : Weapons of Mass Destruction에 관한 교육을 받지만, 별로 중요하다고 생각하지 않아 건성으로 넘겨들었다. 하지만 한국군은 북한의 화학 무기 사용 가능성을 매우 심각하게 받아들이고 있었다. 한국인 교관들은 북한이 한국과 미국의 방어선을 돌파하기 위해 화학 무기를 사용할 가능성이 있으며, 또 보급선을 교란시키기 위해 서울에 독가스 공격을 해올 경우 대규모 민간인 희생이 불가피하다고 예상했다. 1400만 명이 거주하는 서울 상공에서 독가스를 살포한다는 시나리오는 듣기만 해도 등골이 오싹했다. 또 누구도 그것을 불가능한 일이라고 생각지 않았다.

우리는 독가스가 한국 공중에 살포될 경우, 그 가스가 바람의 방향에 따라 어떻게 지상에 도착하게 될지를 연구했다. 북한의 화학 무기 공격에 대비해 다양한 계획을 세우고 배운 것이다. 하지만 그때까지만 해도 핵무기에는 어떻게 대처할 것인지에 대해서는 교육받지 못했다.

드디어 후반기 교육에 들어가자 북한이 핵무기를 사용해 한국의 방어선을 뚫는 시나리오가 포함됐다. 세계 어디서나 볼 수 있는 군인들의 교육 현장처럼, 우리도 북한의 공격 상황을 가정하고 비닐을 씌운 지도를 펼쳐 작전을 논의했다. 나는 지도를 가리키며 "북한이 핵무기를 보유하고 있다면 어떻게 대처해야 할까?" 하고 파트너 이종옥 중령에게 물었다.

그는 육군대학에서 내 파트너로 배정받은 뒤 여러모로 고생을 했고, 이제는 늘상 질문을 퍼부어대는 내 행동 방식에도 익숙해져 있었다. 사실 궁금한 것은 무엇이든 꼬치꼬치 캐묻는 내 모습은 보수적이고 의사 표현을 잘 하지 않는 한국군들에게는 다소 이상하게 보였을지 모른다. 그는 눈썹을 치켜 올리고 어깨를 으쓱하며 "그냥 주어진 상황이나 잘 해결하게"하고 핀잔을 주며 손가락으로 지도를 가리키더니, "자넨 너무 질문이 많아서 탈이야!"라고 말했다.

결국 김일성은 소련과 중국의 반대에도 불구하고 핵무기 보유를 결정했다. 김일성이 어째서 그토록 간절히 핵무기에 집착했는지는 모르지만, 아마도 실질적으로 문제를 해결하기 위해서라기보다 소유욕 때문이었던 것 같다. 세계 곳곳의 독재자들을 살펴보면 대다수 '결정적'인 무기를 보유해 무적의 힘을 자랑하고자 든다.

그간 김일성은 남북한 사이의 팽팽한 긴장 관계(김일성이 긴장을 일으킨 장본인이지만)와 한국에 계속 주둔하고 있는 주한미군의 존재에 불안감을 느꼈기 때문에, 핵무기 보유를 일종의 보험처럼 생각했을지도 모른다. 또 김일성은 전쟁이나 위기가 발생했을 때, 과연 소련과 중국이 도움을 줄지 확신하지 못했다.

과대망상적인 성격과 함께 그는 '병적으로' 무소 불위의 권력을 행사하려는 사람처럼 보인다. 그는 물질적으로나 정신적으로나, 자신이 모스크바나 베이징에 종속되어 있다는 것을 못 견뎌했다. 또 운명을 스스로 결정하기 위해 무언가 강하고 획기적인 수단이 필요하며, 자신을 보호해줄 수 있는 수단을 마련하기 위해서라면 어떤 짓도 마다하지 않을 준비가 되어 있었다. 마지막으로 김일성은 주한미군이 핵무기를 보유하고 있다고 확신했다. 당시 미국은 '부정도 긍정도 않는' 정책을 펼쳤으므로, 한반도에 핵무기가 배치되어 있었는지의 여부는 명확치 않았다. 그러나 김일성은 미국의 모호한 태도에 한반도에 핵무기가 존재한다고 생각했고, 미국이 먼저 핵무기로 북한을 위협했으므로 북한의 핵무기 보유도 정당하다는 궤변을 늘어놓았다.

또 김일성의 핵 보유는 일본을 의식한 것이기도 했다. 그는 지역 정세가 불안정해지면 일본이 가장 먼저 핵무장을 시작할 것이라 생각했다. 일본이 이미 핵무기 기술을 습득해 필요한 부품을 생산해놓고 국가 안보에 위협이 닥칠 경우 바로 그것을 조립할 수 있는 상태라는 것이다. 따라서 김일성으로서는 이 상황이 불리한 것만은 아니었다. 즉 북한의 핵무장 시도에 일본도 덩달아 핵무장을 하면, 많은 나라들이 과거 일본의 제국주의적 속성을 우려하게 되면서 한미일 3국의 관계가 악화되고 북한에 대한 관심도 줄어들기 때문이다.

이처럼 김일성은 북한에 맞서는 한국의 동맹국들을 갈라놓기 위해 기회가 있을 때마다 이간질을 서슴지 않았다. 심지어 중국과 소련도 갈라놓으려 했다. 그는 핵무기에 관한 세계 사회의 동향을 정확히 읽고 있었으며, 다른 지역에서 핵개발 의혹이 불거지면 세계의 관심이 그곳에 집중되어 간섭을 덜 받고 핵개발을 할 수 있다는 사실을 간파하고 있었다. 그래서 그는 파키스탄, 이란, 이라크같은 국가에 과학자와 전문가를 보내 그 나라의 핵개발 프로그램을 도왔다. 물론 핵기술을 수출하는 정책은 국제법 위반이었지만, 이 전략은 큰 효과를 거두었으며 현재 김정일도 이 정책을 계속 펼쳐나가고 있다.

1990년 북한은 핵사찰 압력에 부딪쳤다. 북한은 1985년에

'핵무기비확산조약Nuclear Non-Proliferation Treaty'에 가입한 뒤에도 소련이 제공한 구식 시설에만 제한적으로 사찰을 허용해왔다. 이처럼 북한에 대한 핵 의혹이 증폭되는 가운데 로버트 게이츠Robert Gates CIA 국장은, 위성사진을 판독한 결과 북한 핵무기 개발 프로그램이 완성단계에 이르렀다고 경고했고, 비슷한 시기 국제원자력위원회International Atomic Energy Agency의 스웨덴 출신 한스 블릭Hans Blix이 이끄는 유엔 무기 사찰단도 북한의 영변 지역에 핵시설이 건설되고 있다는 CIA 제보를 받았다. 하지만 유엔 무기 사찰단은 북한의 핵시설을 조사한 결과, 시설은 예상보다 컸지만 게이츠가 우려한 만큼 개발이 진전된 것은 아니라고 판단했다. 그때 예상치 못한 일이 벌어졌다. 북한이 자력으로 추출한 플루토늄 한 병을 공개해 사찰단을 놀라게 한 것이다. 8-12파운드 정도로 핵폭탄을 만들기 충분한 양이었다. 곧이어 북한을 막기에는 이미 늦었다는 우려의 목소리가 높아졌다.

꾸불꾸불한 길을 도망쳐가다가 바퀴가 빠진 트럭처럼 1990년대 북한은 통제 불가능한 나라로 보였다. 모두들 북한의 핵무기 개발을 저지해야 한다고 생각은 했지만 소련 붕괴로 세상이 어지러워지자 누구도 그 문제에 깊은 관심을 보이지 못했다.

사실 엔진이 고장난 채 도망치는 트럭을 막다른 길에서 만나면 그 사람은 죽은 목숨이나 다름없다. 그렇다. 북한은 마치 고장난 채 도로를 질주하는 트럭과 같았다. 하지만 절망적인 상황에 몰린 적은 가장 위험할 수도 있었으므로, 당시로서는 북한을 경솔하게 제압할 수 없었다. 다만 북한의 핵 상황이 통제가 불가능할 정도로 악화되어 가고 있다는 조짐만은 분명했다.

| 어두운 이미지

나사NASA의 우주왕복선이 한밤중 한반도 상공에서 찍은 사진을 보면, 남북한의 모습이 확연히 다르다는 것을 알 수 있다. 즉 우주에서 한반도를 내려다보는 우주비행사는 야경만 보고도 어디가 서울인지 쉽게 구별할 수 있다. 한국의 번영은 자랑스럽게 불야성을 이루며 밤하늘을 비추고 있다. 그러나 대조적으로 북한은 거의 모든 지역이 어둠으로 뒤덮여 있어, 위성사진만으로도 이북 지역을 확연히 구분할 수 있다. 하늘에서 본 북한은 평양 시내에 드문드문 보이는 약한 불빛이 전부일 뿐 암흑천지라 인적 없는 버려진 땅처럼 보인다.

조명수단의 보급은 현대 산업사회와 과거를 구별하는 특징 중 하나다. 전기 조명이 보급되기 이전만 해도, 사람들은 밤을 두려워했고 밤이 되면 지직 소리를 내며 타는 기름등잔, 초, 모닥불 같은 자연 조명에 의존했다. 그러나 전기 조명이 발명되면서 밤 활동이 가능해지자 세상도 큰 변화를 겪게 되었다.

새로운 세기가 시작된 21세기 초, 현재 대부분 국가가 전기 조명을 설치해 건강하고 행복한 삶과 경제적 혜택까지 즐기고 있다. 그러나 번성한 대도시 서울에서 북쪽으로 35마일밖에 떨어지지 않은 북한 주민 2천만 명은 중세시대와 같은 암흑 속에서 어둠보다 무서운 독재자의 가혹한 혹정에 시달리고 있다. 정말 가슴 아픈 현실이 아닐 수 없다. 북한 주민은 거의 모든 나라의 국민들이 당연하게 누리고 있는 전기라는 작은 혜택조차 받지 못한 채 고단하고 괴로운 삶을 이어가는 것이다.

다시 말하지만, 위성사진에서 볼 수 있는 조명의 차이는 남북한의 경제력 차이를 극명하게 대변한다. 서울에서는 어렵지 않게 찾아 볼 수 있는 번영과 발전의 상징이 평양에는 없다. 한국의 수도 서울은 생동감이 넘쳐흐른다. 거리에는 자동차들이, 지하철에는 사람들이 가득하고, 상점에는 다양한 종류의 상품이 넘쳐흐른다. 반면 북한의 수도인 평양의 어둡고 인적 드문 거리에는 수척하고 생기 없는 사람들이 걷고 있다. 평양은 포템킨 마을 Potemkin Village[25]의 하나로, 곳곳에 높은 빌딩, 현대식 지하철, 김일성을 찬양하는 거대한 동상이 있지만 거리는 텅 비어 있다. 또 길가에 늘어선 상점에는 팔 물건도, 찾아오는 손님도 없다. 설사 상품이 진열되어 있어도 돈이 없어 사지 못한다.

현재 북한은 경제 악순환의 소용돌이 속으로 끊임없이 빨려들어가고 있다. 도시를 가로지르는 지나치게 넓은 대로는 눈가림용에 불과하고, 이따금 공산당 소속 승용차나 군용차가 지나갈 뿐이다. 평양에 거주하는 사람들은 대다수 특별한 허가를 받은 사람들이지만, 그들조차 어둡고 무표정한 얼굴로 무엇인가에 쫓기듯 빠른 걸음으로 거리를 지나간다. 그들의 눈은 생기를 잃었고, 마음은 굳게 다문 입술만큼이나 폐쇄적이며, 그저 옷깃에 달린 김일성 배지만 햇살에 빛날 뿐이다.

북한의 모습은 어디를 가도 천편일률적이다. 어디나 사람들은 감정과 표정을 감추며 산다. 사실상 북한은 자신들이 관심 있는 부분에만 신경쓸 뿐, 주민의 생활 수준 향상을 위한 시설 마련

---

25. 바람직하지 못한 사실이나 상태를 감추기 위해 겉만 번지레한 위장 마을을 지칭

에는 어떤 투자도 하지 않았다. 즉, 한국을 언제든지 공격할 수 있는 100만 군대와 공산당, 그 간부들에게만 혜택을 준 셈이다. 또 그들은 자신들의 우상화 작업에도 역시 막대한 돈을 들였다. 당 간부들은 남몰래 호화스런 삶을 살고 있지만 주민들은 배고픔에 시달리며 하루하루를 간신히 연명하고 있다. 그나마 끼니를 때울 최소한의 식량이라도 있다면 운 좋은 편에 속한다. 이처럼 궁핍한 평양 외곽의 농촌 지역은 전형적인 제3세계 국가를 연상시킨다. 가끔 2차선 포장도로가 눈에 띄긴 하지만 비포장도로가 대부분이고, 조잡한 건물에는 전기도 변변하게 들어오지 않으며, 교량이나 통신시설은 거의 원시 수준이다.

두 독재자는 국민을 희생시켜가면서 흥청망청 향락을 즐겼고, 그 결과 북한은 마치 세월을 거꾸로 거슬러 올라간 듯 낙후되었다.

적은 수지만 북한에 거주하는 외국인들은 끊임없는 감시를 받는다. 감시인들은 외국인이 집단 수용소, 감옥 또는 대규모 기아지역을 방문하는 것을 철저히 막는다. 최근 북한을 방문한 누군가는 "나는 기아에 시달리는 사람을 한 명도 본 적이 없습니다. 하지만 뚱뚱한 사람 역시 보지 못했습니다"라고 말할 정도였다. 또 북한에서 얼마나 자유롭게 여행을 할 수 있냐고 묻자 "거의 본 게 없습니다"라고 이동의 제약을 호소했다. 그는 북한의 농촌 모습이 40년 전 한국의 모습과 비슷하거나 그보다 좋지 않은 상황이라고 했다. 하지만 램지 클라크, 지미 카터, 매들린 올브라이트 같은 사람들은 북한 방문 때 그 열악한 환경을 목격했으면서도 애써 진실을 부정하며 엉뚱한 주장과 증언을 했다. 방문자들 중에서도 눈치가 빠른 사람은 북한에서 경험한 행동의 제약이 한국 방문 때와 비교했을 때 문제가 있다는 것을 쉽게 깨닫는다. 현재 북한은 외국 방문자를 철저히 통제해 자신들이 보여주고 싶은 장소만 공개한다. 따라서 북한의 인권 상황 같은 사안은 제대로 살펴볼 기회조차 없다. 북한은 구미에 맞는 외국인을 초청해 거짓 선전으로 현혹시키고, 그 거짓말에 넘어간 외국 방문자는 자기 나라로 돌아가 그 왜곡된 선전을 그대로 전한다. 그리고 이 같은 북한의 선전에 넘어간 카터, 올브라이트, 클라크 같은 사람들은 북한을 부정적으로 바라보는 다른 사람을 편협하다고 탓하면서도, 정작 그 자신이 진실을 보지 못하고 있다는 사실은 인식하지 못한다.

유럽의 의사 노르베르트 폴러첸Norbert Vollertsen는 북한을 방문했다가 영양실조에 걸려 성장이 멈추고 사지가 뒤틀린 아이들 사진을 몰래 찍어 들고 나왔다. 또 나치가 운영한 죽음의 수용소를 연상시키는 줄무늬 환자복을 입고 수용시설에 감금된 어린이들을 보고 충격을 받아 사진 전시회를 여는 등, 북한 실상 알리기 활동에 직접 나섰다.

폴러첸은 "그 어느 나라도 아닌 독일인으로서 그런 모습을 보고 어떻게 행동하지 않을 수 있었겠습니까?"라고 반문했다. 이제 그는 북한 당국의 입국 거부자 명단에 올라 더 이상 북한을 방문할 수는 없게 됐지만, 지금까지도 북한의 실상을 알리는 조직을 결성해 활동을 전개하고 있다.

국제원조기관에 의하면 북한의 비참한 식량 부족을 타개하려면 지금보다 훨씬 더 많은 원조가 필요하다고 한다. 의아한 것은 미국을 비롯한 국제사회로부터 식량, 연료 등에 있어 그 어떤 나라보다도 원조를 가장 많이 받은 북한이 어떻게 그토록 비참한 상황에 처할 수 있는가이다. 그 많은 원조에도 기초적인 수준에도 미치지 못하는 삶을 살고 있는 것이다. 이유는 무엇일까?

그것은 바로 일반 주민에 앞서 군대와 당 간부들에게 모든 자원을 최우선적으로 사용했기 때문이다. 북한은 지원 받은 대규모 식량을 군대에 가장 먼저 배급했고, 배급하지 않은 물자는 주민들에게 나눠주는 대신 군 유지에 필요한 다른 식량으로 바꾸었다. 국민에게 돌아가야 할 식량을 뺏고 국민의 배고픔을 도외시하는 것이 과연 올바른 정부인지 의심스러울 수밖에 없다. 또 최근에는 당 간부나 군대에 배급하고 그나마도 남은 식량마저 외화를 벌기 위해 외국에 수출한다는 증거가 발견되어 세계를 경악에 빠뜨렸다.

실제로 북한 당 간부, 특히 고위층 간부의 생활은 상당히 윤택하다. 국민 대다수가 기아에 시달리며 국제사회에 구걸을 하고 있는 상황에서 프랑스 산 고급 코냑과 브랜디 수입률이 세계 1위라는 사실은 군대와 당 간부의 사치스런 생활을 반증하는 것이 아니면 무엇이겠는가? '친애하는 지도자 동지'와 당과 군 간부들은 자신들이 존중한다고 공언하는 노동자와 농민을 오히려 착취하고 탄압하며, 정작 자신들은 방탕하고 사치스런 생활을 즐기고 있다.

최근 한 사내가 소위 '노동자와 농민의 천국'이라는 북한을 탈출해 일본에 숨어들었다. 그는 일본인 요리사로 10년 전 북한에 고용되어 김일성 부자를 위해 스시와 고급요리를 만드는 일을 했다. 어느 날 그는 '친애하는 지도자 동지'를 피해 도망을 쳤고, 북한이 공작원을 보내 자신을 납치하거나 죽일 것이라는 두려움 속에서 숨어 살고 있다.

겐지 후지모토라는 가명을 쓰고 있는 이 사내는 김정일을 비롯한 북한 고위 간부들이 진탕 먹고 마시는 모습을 자세히 담은 책을 썼고, 이 책은 단번에 베스트셀러를 차지했다. 그 책을 읽은 사람들은 대다수 기아와 투옥, 죽음의 수용소와 고문이 연상되는 북한 주민의 참상과는 대조적인 북한 고위층의 향락과 사치에 절로 불쾌한 기분을 느꼈다. 김정일은 세계 도처에서 최고급 요리 재료를 수입해 산해진미를 맛보는데, 주민들은 중노동에 시달리며 하루 두 컵의 죽으로 근근이 목숨을 이어가고 있는 것이 바로 북한의 현실이다.

부패한 국가에서 나타나는 전형적인 붕괴 징조는 바로 난민의 발생이다. 역사적으로 많은 부패국가에서 난민이 발생했다. 사람이란 본능적으로 굶주림과 질병, 억압과 위협적인 환경에 부딪치면 그 원인을 피해 떠나려 든다. 북한 주민에게 고통의 원인이 되는 것은 바로 북한 그 자체이다. 그러나 북한에서 도망칠 수 있는 기회는 매우 희박하며 한국으로 직접 탈출하기란 더더욱 불가능하다. 비무장지대에 매설되어 있는 수많은 지뢰와 근처에 배치된 많은 수의 군인들 때문에 국경을 넘으려는 시도 자체가 어불성설이기 때문이다.

그렇다고 1975년 사이공이 함락되었을 때 소형 선박을 타고 베트남을 탈출했던 수만 명의 난민들처럼 바다로 탈출할 수 있는 것도 아니다. 김일성과 김정일은 1945년, 소련과 그 하수인들이 북한에 진주할 때 들여온 비밀경찰, 감시와 처벌 시스템을 더욱 강화시켜 수십 년간 주민들을 철저히 감시하고 억압해왔다. 따라서 때때로 북한 어부가 남쪽으로 탈출해오는 경우는 있으나, 몰래 배를 만들어 남쪽으로 탈출하려는 시도는 대부분 밀고로 적발된다.

이처럼 동해와 서해를 이용한 해상탈출이나 비무장지대를 통과하는 육상탈출이 불가능해지면서 북쪽 중국 국경을 넘어 탈출을 시도하려는 탈북자들이 많아지고 있다. 북한 주민들은 제2차 세계대전이 일어나기 전, 압록강 북쪽에 살아 북쪽 지형에 익숙하기 때문에 국경 쪽으로 탈출을 감행한다.

언젠가 서울에서 근무했던 한국 지사장이 중국을 여행하다가 북한 국경까지 도달해 근처 마을을 사진 찍어온 적이 있었다. 그가 보여준 사진 속의 마을과 상점은 마치 40-50년 전 한국의 모습을 보는 것과 같았다. 그곳에 있는 한국 상점과 식당은 간판이 한글이었고, 음식도 한국인에게 익숙한 것들이며 모든 음식에 김치가 곁들여 나왔다고 한다. 다만 다른 것이 있다면, 북쪽에서 즐겨먹는 음식인 수제비를 파는 음식점이 다른 곳보다 많다는 것이었다.

그 한국 지사장은 그 마을을 보자 어린 시절이 생각났다고 회상했다. 당시 그는 한 조선족으로부터 강 건너 중국과 북한 사이를 왕래하는 사람들이 있다는 말을 들었다. 북한 주민들이 일자리를 찾아 국경 너머 중국으로 온다는 것이다. 그들은 여기서 돈을 벌어 필요한 물건을 사서 다시 북한으로 돌아갔는데, 예전에는 이처럼 모두들 볼일이 끝나면 알아서 돌아가고 왕래도 빈번치 않아 중국과 북한 모두 별다른 감시를 하지 않았다고 한다. 그러나 북한 사정이 급속히 나빠진 지금 상황은 달라졌다. 밤이면 가끔 북한 경비병이 감시를 뚫고 국경을 넘는 주민들을 향해 총 쏘는 소리도 들릴 때가 있다고 한다. 용케 탈출해 중국에 숨어 사는 한 탈북 난민의 말로는, 평양을 방문해 북한의 겉모습만 보고 돌아온 외국인들의 평가와 달리 현재 북한의 상황은 끔찍할 정도로 악화되었다고 한다.

또 수전 숄티Suzanne Sholte가 이끄는 미국 디펜스포럼 재단Defense Forum Foundation이 북한의 상황을 정확히 알리기 위해 용감한 탈북자 몇 명을 미국에 초청한 적이 있었는데, 그들은 미 의회 청문회에 참석해 캔자스 주 상원의원인 샘 브라운백Sam Brownback 앞에서 북한의 참혹한 실정을 증언했다.

상황이 악화되면서 탈북자 수도 늘어났다. 탈북자들은 정보 제공을 매우 꺼리는 편이지만, 일부는 위험을 무릅쓰고 기꺼이 북한의 현실을 공개했다. 그들은 하나같이 입을 모아, 갈수록 나빠지는 경제 사정으로 주민들이 매우 힘든 생활을 하고 있다고 고백했다. 또 기아로 인한 사망과 미확인 질병이 만연해 있다는 증언도 있었다. 심지어 배고픔에 못 이긴 한 가족들이 굶어 죽은 아이의 인육을 먹었다는 소름끼치는 이야기도 있었다.

상황이 이 만큼 악화되자 북한과 중국은 각자 국경을 폐쇄했다. 특히 북한은 통제를 강화하지 않을 경우 유일한 자원인 값싼 노동력이 대탈출해 위기에 빠질 수도 있었다. 그럴 경우 북한은 막대한 군대를 유지하지 못해 동독이나 발칸반도 공산국가들처럼 비참하게 붕괴될 가능성이 컸다. 물론 북한은 이 같은 추측을 인정하지 않았지만, 어쨌든 중국은 북한의 대량 난민을 처리하기가 곤란해지자 경계를 강화할 수밖에 없었다.

결국 북한은 무자비한 방법으로 북한 주민의 탈출을 막기 시작했고, 국경에 평소보다 많은 군인을 배치시켰다. 국경 수비대가 도망치려는 국민을 총칼로 막는 것은 붕괴 직전의 공산국가에서 흔히 볼 수 있는 광경이었다. 1956년 시민 봉기 이후의 헝가리나 베를린 장벽이 붕괴되기 직전의 동독도, 북한처럼 국경에 병력을 집중 배치한 전례가 있었다.

탈북자가 중요 문젯거리로 떠오르자 중국은 정치, 경제, 외교적 이유로 더 이상 탈북자들을 받아들이려 하지 않았다. 많은 전문가들의 예측처럼, 제한 없이 탈북자를 받아들일 경우 수백만에 달하는 난민들이 홍수처럼 중국으로 밀려들어올 가능성이 높았고, 더불어 북한의 붕괴 속도가 빨라질 수도 있었기 때문이다. 게다가 중국은 대량 탈북자가 유입될 경우, 그들의 굶주림, 질병, 범죄와 인구 문제를 심각하게 우려했다. 따라서 중국은 국경 수비대로 하여금 주기적으로 국경 인근 마을을 수색해 탈북자를 검거해 북한으로 되돌려 보내라고 지시했으며, 입국 허가를 받은 뒤 북경과 같은 주요 도시로 망명하려는 극소수의 북한 사람들조차 가차 없이 북한으로 송환했다. 그렇게 돌려보내진 사람들은 처벌과 고문으로 고통을 당했고, 심할 경우 사형에 처해졌다. 비밀경찰에 체포되어 강제 수용소로 보내진다는 소문도 있었다. 하지만 서양 사람들은 상상조차 할 수 없는 참혹한 실상 하에 놓인 주민들은 비밀경찰과 강제수용소의 공포에도 불구하고, 목숨을 걸고 탈출을 감행할 수밖에 없다.

| 김일성 일가가 독식하는 북한의 권력 승계

　　김일성이 이끄는 북한은 조선 왕조의 세습과 스탈린식 전체주의가 기형적으로 결합한 모습이다. 앞서 언급했듯이 김일성은 스승인 스탈린이나 마오쩌둥보다 오래 살았으며, 그들보다 훨씬 가혹한 통제를 펼쳤다. 결국 그는 나라 전체에 개인숭배를 강요하는 데 성공했다. 그는 미국에서 대통령이 10명이나 바뀌는 동안 권좌에 머물렀고, 또한 자신의 아들 김정일을 후계자로 삼아 권력을 승계함으로써 현대 사회에서 전례가 없는 부자 세습 체제를 구축했다.

　　권력 승계 절차는 용의주도하게 진행되었다. 일단 김일성은 아들에게 권력을 승계하겠다는 계획을 숨긴 채, 김정일로 하여금 공식적으로 모습을 나타내지 않도록 했다.

　　베일에 싸인 김정일의 존재는 갖가지 소문과 추측을 불러일으켰다. 사람들은 '그는 어떤 사람이지?' 또는 '그의 역할은 무엇이지?'라는 의문을 가졌는데, 떠도는 소문 대부분은 김정일의 이상한 성격과 관련이 있었다.

　　김정일은 그토록 미국을 증오하고 주민들에게 반미의식을 고취시키면서도, 한편으로는 영화광으로서 미국 영화감독 드밀De Mille[26]의 열렬한 팬이었다. 또 김정일이 아주 천재라거나 정신적으로 문제가 있다는 소문도 있는데, 완전한 날조는 아닌 것 같다. 그는 오랫동안 외국 고위 인사들과의 접촉을 피했고 대중 앞에

---

26. 〈십계〉, 〈지상최대의 쇼〉 등의 대작을 제작한 미국 영화감독

모습을 드러낸 적이 거의 없었다. 심지어 북한 언론에서도 그의 이름이 거론되는 경우는 아주 드물었다.

이처럼 김일성이 아들을 베일 안에 감춘 것은 권력세습을 위한 고도의 전략으로, 아들이 세상의 주목을 받기 전에 권좌를 차지할 능력이 있는지 은밀히 검증하면서 후계자 수업을 시키려는 속셈이었을 것이다.

하지만 김정일은 이 과정을 답답하게 받아들였다. 그는 본래 사람 많은 곳에 참석하기를 좋아했지만, 아버지의 명령 때문에 그저 열쇠구멍에 눈을 대고 그 모습을 지켜보는 수밖에 없었다. 그리고 김일성의 의도였는지는 모르지만, 김정일은 후계자 수업을 시작한 얼마 후 공식적으로 후계자로 선정되면서 세상에 모습을 드러냈다. 김일성은 아들을 후계자로 임명하자마자 그에게 비밀경찰 관리를 맡겼다. 독재국가에서 비밀경찰 관할만큼 탁월한 후계자 수업은 없었다.

그리고 바로 얼마 후, 김정일은 북한의 테러 활동에 개입하기 시작했다. 북한 공작원들의 증언에 따르면, 김정일은 1980년대 초반부터 테러 작전에 구체적으로 관여했다고 한다. 이것은 아마 아버지가 치르는 새로운 시험과 훈련이었을지 모른다. 김정일은 랭군Rangoon 폭탄 테러와 대한항공 858편 폭파, 홍콩에서 한국인 영화감독과 여배우 납치, 일본인 납치와 같은 활동을 직접 지휘하는 등 출발부터 악역을 맡았는데, 사실 나를 포함한 많은 사람들은 그가 북한 지도자가 되기에 너무 젊다고 생각했다. 심지어 해병대 출신으로 외교관 경험이 많았던 내 동료 하나는 '일본과 미국이 싸울 때 기저귀 차고 응석이나 부렸던 김정일이 북한을 이끌기에는 경험이 너무 없지 않나?'라며 조롱 섞인 농담을 했다. 이처럼 북한을 제법 안다고 생각하는 사람들은 김정일이 후계자 역할을 하기에는 경험이 미천하다고 생각했지만, 이는 명백한 오판이었다.

이외에도 외부 세계 사람들은 김일성 목 뒤에 있는 큰 혹을 지나치게 혹평하는 또 다른 실수를 저질렀다. 언젠가 나도 그 혹을 보면서 "그는 혹 때문에 오래 살지 못할 거야"라고 낙관한 적이 있었다. 아마 1978년 무렵이었던 것 같은데, 그러나 김일성은 보란 듯이 16년이나 더 살았다. 또 권력 승계가 순조롭지 않으리라는 전망과 달리 놀라운 지략과 인내를 발휘해 아들의 권력 승계 기반을 마련했으며, 건강이 심상치 않다는 의심 속에서도 왕성하고 정력적으로 이 모든 것들을 해냈다.

돌이켜보면 북한으로서는, 김일성이 오래 사는 것만이 살아남는 최선의 방책이었을지 모른다. 그가 살아있던 시기의 북한은 적어도 지금보다는 훨씬 강했다. 대부분의 정보에 따르면 김일성이 이끌던 시기, 북한은 최소한 30일에서 90일까지 전쟁을 치를 능력이 있었고 이 정도면 서울을 함락해 전쟁을 승리로 이끌기에 충분한 시간이었다. 또 전쟁에 졌다고 해도 적어도 지금의 국경선을 유지할 수 있었다. 또 한반도 문제를 예의주시했던 사람들은 아무 계획 없이 권력이 승계되었을 때 김정일이 권력을 강화하기 위한 수단으로 전쟁을 일으킬 수 있다고 생각했다. 전쟁을 일으키겠다는 불안한 분위기를 퍼뜨려 반대파를 회유하고 자기편으로 끌어들일 가능성이 있었던 것이다. 하지만 다행히도 김정일은 그 방법을 사용하지 않았다.

북한 자체도 이상한 나라지만 그 나라 권력을 승계하는 과정은 더욱 이상했다. 부자 간 권력 '세습'이라니 먼 과거에서나 벌어질 법한 일이었다. 일단 김일성은 아들에게 독재체제를 성공적으로 물려주기 위해 자신이 죽고 난 뒤에도 김정일이 보호받을 수 있는 정치적 안전망을 마련했다. 즉 자신이 살아있을 때 후계자를 공식적으로 발표했고, 자기가 죽어 영향력을 미치지 못할 때를 대비해 권력 인사들에게 권력세습에 대한 합의까지 받아내는 등 김정일이 권좌에 올라도 이의를 제기하지 못하도록 사전 조치를 취했다.

　사실 유럽 왕조와 소련의 권력 이행 역사를 살펴보면, 선대가 죽을 경우 그 후계자가 권좌에 오르지 못하고 살해당하거나 투옥되는 경우가 많았다. 또 운이 좋다고 해봐야 외국 추방이었다. 사실 김일성을 빗댄 수많은 비난들이 있었지만, 그중에서 '얼간이'라는 별명은 결코 그에게 적합하지 않았다. 그는 자신의 권위만으로는 김정일이 권좌를 보장받을 수 없음을 깨닫고, 권력세습을 반대하는 세력에 무자비한 탄압을 가할 정도로 철저했다.

　사실 우리는 김일성의 권력세습 방법을 자세히는 알지 못한다. 세습을 반대하다가 김일성에게 축출당하고 탄압받았던 사람들조차, 세습 절차의 아주 일부만을 알고 있을 정도이다. 이제 김정일은 아버지 김일성의 철저한 사전 계획 속에서 후계자로 탄생했다. 통상적으로 공산국가에서는 강력한 전임 지도자가 후계자를 지명하거나 많은 유력 후보들이 경쟁하다가 한 명이 최종적으로 권력을 쟁취한다. 이런 점에서 볼 때 50대의 김정일은 충분한 경험이 없어 노련미가 떨어지고 자연히 권력 내부에서도 충분한 지지층을 확보하지 못했을 것이다. 그러나 김일성은 이 점을 고려해 이미 김정일을 보호할 이중 삼중의 안전장치를 준비해 놓았다.

김정일은 경쟁 없이 후계자가 됐고 국가를 실제로 운영해 본 경험이 없었지만, 이를 보완하기 위한 사전 작업이 있었다. 가장 먼저 북한 언론은 그를 '당 중심'이라는 모호한 이름으로 칭하며 점차 보도 횟수를 늘려갔다. 그리고 김정일 자신은 대중 앞에 모습을 드러내거나 공식적인 직책을 맡지는 않는 대신, 공산당 조직 내부에서 활동하며 우호적인 세력을 형성해 긴밀한 관계를 유지해 나갔다.

권력 승계를 위해서는 공산당 내부에 자신을 지지하는 확고한 세력을 마련해야 했고, 최소한 앞으로 권력 서열이 높아질 차세대 지도자들의 지지가 필요했다. 따라서 김일성은 정치적인 야망을 품고 권력을 좇는 이들에게 권력과 지위를 제공하고, 그 대가로 충성을 요구했다.

동시에 김일성도 김정일이 권력을 장악한 후 예상치 못한 충동적인 반란으로 좌초될 최악의 사태에 대비하기 시작했다. 사실 공산당원 특유의 지조 없는 성격을 생각할 때 전혀 불가능한 일도 아니었으므로, 반란의 싹을 품고 있는 세력들은 가차 없이 제거했다. 또 김일성은 아들의 변덕스러운 성격을 애초에 알고 있었으므로, 아직은 외교 전면에 나서기 어렵다고 결정했다. 혹시나 외교 활동을 위해 서양에 나갔다가 문제를 일으킬까. 자유로운 외국여행조차 허락하지 않은 것이다. 대신 김정일은 내부에서 테러 활동과 한국을 공격하는 업무를 담당했고, 이 분야의 성과는 매우 만족스러웠다. 아니 적어도 아버지의 기대에는 부응할 정도였다.

구체적인 증거는 없지만, 김일성은 아들에게 잠재적으로 위협이 될 수 있는 인물들을 미리 제거하거나 감히 움직이지 못하도록 공포 분위기를 조성했을 것이다. 예컨대 역사적으로 흔히 볼 수 있는, 정적이나 라이벌을 인질로 잡는 방법 등일 가능성이 높다.

과거 경쟁 관계에 있었던 봉건 유럽 국가들은 정치적 안전망으로 아내나 자녀와 친척들을 서로 교환했다. 일본 막부시대 봉건 영주大名들도 영지로 떠나 있는 동안 가족을「도쿄」에도 성에 볼모로 남겼다가, 다른 영지로 부임하게 되면 그동안 볼모로 잡혀있던 가족을 다른 가족과 교체했는데, 이 볼모는 매우 효과적인 수단으로 쇼군將軍에 반역을 꾀하거나 공모를 하는 시도를 무력화시켰다. 그리고 김일성 역시 권력세습을 위해 위협과 공포를 일으키는 볼모 제도를 활용했을 가능성이 높은데, 그 볼모를 어떻게 관리했을지 여러 가지로 상상해볼 수 있다.

아마 볼모들을 물질적으로 풍요로운 특정 마을에 집단 수용한 뒤, 무장 경비원들의 삼엄한 감시 하에 놓아 수상한 낌새가 있으면 가차 없이 제거했을 것이다. 아니면 요주의 인물의 가족들에게는 감시원을 일대일 배치해, 유사시 무선으로 즉시 제거 명령을 내릴 수 있도록 했을 수도 있다. 이외에도 김일성은 다양한 위협 수단을 사용하며 반역을 감시했고, 이 방법들이 상당한 효과를 거둠으로써 김정일은 권좌에 안전하게 머물 수 있었다. 그리고 아직도 그런 권력 감시 수단은 그대로 또는 더욱 발전된 형태로 북한에 남아있다.

김정일의 권력세습은, 1970년대 초반에 시작해 1980년까지 10여 년간 이어졌다. 1980년 10월, 평양에서 열린 제6차 노동당 전체회의에서 중대한 발표가 있었다. 당 중앙위원이었던 김정일의 권력 서열이 급격하게 올라가 북한을 통제하는 3대 핵심 직위인 공산당 정치국원, 군사위원장, 당비서를 모두 겸직하게 된 것이다. 공산주의 북한에서 국민의 의사나 열망은 아무 의미가 없으며, 단지 지도자의 명령이 있을 뿐이다.

결국 1980년 선언 이후, 김정일은 공식적으로 '친애하는 지도자 동지'라는 명칭을 얻었고, 이제 북한에서는 그를 다른 명칭으로 부를 수 없게 되었다. 그러는 사이에 권력세습 절차는 더욱 빨라졌다. 북한은 김정일 사진을 대량 인쇄해 모든 사무실, 상점과 가정에 걸도록 했다. 그를 찬양하는 노래도 만들었다. 또 북한에서 일어나는 좋은 일은 모두 김정일 덕분이었다. 예를 들어 정부에서 칭찬 받을 만한 일을 한 시민에게 표창을 수여하면, 그 또한 모두 친애하는 지도자 동지의 가르침 때문이라고 강조했다. 아버지가 그랬듯이 아들도 개인숭배의 대상이 된 것이다.

돈 오버더퍼는 "김정일에 대한 북한 국민의 애정은 그의 아버지 김일성에게만 못하다"고 말하고 있지만, 억압받는 사회에서 과연 국민들이 순수한 애정으로 그들을 사랑했겠는가?

그것은 분명 애정이 아니며, 다만 국가 정책이 북한 주민들에게 소위 '친애하는 지도자 동지'에게 대한 의존하는 마음을 품도록 만든 것에 불과하다.[27]

| 북한 독재자의 죽음

1994년 7월, 지미 카터가 북한을 다녀간 직후, 1945년부터 북한을 지배했던 김일성이 82세를 끝으로 세상을 떠났다. 원인은 심장마비였다.

말년에 김일성은 산속의 별장에서 지냈다. 김일성이 사망할 당시 북한에는 폭풍우가 몰아쳐 육상 교통이 통제되었고, 헬리콥터조차 뜨기 힘든 지경이었다. 게다가 고속도로에서 별장까지 가는 길이 비포장 도로였기 때문에 자동차조차 다닐 수 없어 갑자기 쓰러진 최고 지도자를 신속하게 의료시설로 이송하지 못했다. 결국 50여 년간 북한을 철저히 통치해온 그 역시 엉망인 도로 시설 때문에 오도 가도 못하는 신세로 세상을 끝마쳤다.

그가 죽자 북한 전체는 물론 인근 국가들까지 혼란에 빠졌다. 과연 후계자로 지명된 김정일이 제대로 권력을 장악할 수 있을까? 권력 투쟁이 발생하지는 않을까? 수많은 우려들이 터져 나왔고, 그 와중에도 김일성의 유언은 비밀에 부쳐진 채 진행되었다. 그 몇 달 사이 북한은 그렇지 않아도 음울한 분위기가 더욱더 짙어졌다.

그 무렵 김정일은 막후에서 권력을 확실히 잡고 북한을 통제하기 위해 많은 활동을 전개했다. 처음에 김정일은 공개석상에서 가장 상석을 차지했지만, 어느 순간 상석 아래로 밀려 권력투쟁에서 패배했다는 관측도 있었다. 하지만 그해 말, 김정일은 확

---

27. 《두 개의 한국》에서 인용

실하게 권력을 장악했다. 아들에게 권력을 물려주기 위해 모든 힘을 쏟았던 김일성의 유례없는 권력세습이 완성된 것이다. 북한의 권력세습 과정을 밖에서 지켜본 우리는, 과연 북한이 또 어떤 비상식적인 행동으로 우리를 놀라게 할 것인지 궁금해할 수밖에 없었다.

| 제11장 |

커지는 핵 위협

나는 항상 한국을 잘 안다고 생각해왔지만, 지금까지도 늘 새로운 면모를 발견하게 된다. 언젠가 나는 한국 학자와 대화를 나누다가 한국사람 특유의 정서인 '한恨'과 '정情'에 대해 알게 되었다. 한국인이라면 어린아이도 이 말의 의미를 잘 알고 있었는데, 나는 이 두 가지 정서를 이해해가면서 한국인들과 더더욱 깊은 교감과 친밀감을 나눌 수 있었다. '한'과 '정'은 온갖 역경 속에도 한국인을 하나로 결속시킨 정신적 매개체라고 해도 과언이 아니다. '한'은 지적 자각보다 한 차원 깊은 개념으로 마음 가장 깊은 곳에서 솟아나는 쉽게 표출되지 않는 감정이다. 이 '한'은 서로가 가진 공통적인 아픔과 역경의 기억에서 생겨나며, 더 나은 세상, 더 나은 상황을 위해 최악의 고통을 참으며 살아왔음을 의미한다. 한국 사람들에게 '한'이 무엇이냐고 물어보면 대부분 가슴을 가리키거나 손바닥을 배에 대고 머리를 약간 숙여 그것을 표현한다. '한'은 한민족이 수천 년을 지내오면서 형성된 민족적 정서이므로 외국 사람들은 쉽게 접근하기 힘들다. '한'을 이해하려면 피상적인 것을 초월해 현실적이며 절실한 것에 초점을 맞춰야 하기 때문이다. 또 '한'은 민족적 단결을 요구하면서 외국인을 배제하므로, 일단 '한'이라는 정서가 한국인들은 옳은 외국인보다 잘못한 한국인 편을 드는 경향이 있다. 이처럼 '한'은 한국인들에게 매우 중요한 정서로 그들을 문화를 이해하는 데 반드시 이해가 필요하다.

균형과 조화, 즉 양陽과 음陰을 중시하는 도교 사상은 세상 모두를 두 가지 측면으로 바라본다. 따라서 한에 대비되는 개념도 존재하는데, 바로 '정'이라는 것이다. '정'은 한과 비슷하지만 한에 비하면 표출 정도가 약하다. 정은 좀더 긍정적인 마음으로, 사랑과 선의를 의미하는 반면, 한보다는 큰 이목을 끌지 못한다. 흔히 인간은 좋은 일보다는 비극적인 일에 더 마음이 끌리기 때문이다(한국 사람들은 비극적이고 아픈 현실을 많이 겪어서인지 슬픈 영화를 보면 눈물을 많이 흘린다). 이처럼 한국 문화에서 한만큼이나 중요한 역할을 차지하고 있는 '정'은 정서적 요인으로 '한'을 보완해 양자가 균형을 이루도록 만든다. 한국 사람들은 '정'이란 대표적으로 친절과 호의를 표한다고 설명하며, 이 고유한 문화적 정서를 매우 자랑스럽게 생각한다. 한민족은 역사적으로 모진 시련을 겪었지만 바로 이 '한'과 '정'을 통해 그 모든 상황을 참아낼 수 있었던 것이다.

주한 미국대사를 역임한 도널드 그레그는 '한'을 정확히 이해하고 있는 사람이었다. 그는 외국인을 대하는 한국인의 태도에 대해 "역사적으로 볼 때, 한국은 외세가 좋은 일을 하는 모습을 보지 못했다고 생각합니다. 따라서 이들은 모든 외국인을 의심스러운 눈초리로 바라보고 특히 한국과 이해관계가 얽힌 경우에는 더욱 그렇습니다"라고 설명했다.

"고래 싸움에 새우등 터진다"는 한국 속담처럼 한국인들은 자신들을 일본, 중국, 러시아와 미국이라는 고래사이에 낀 새우라고 생각한다. 강대국의 틈바구니에서 많은 시련을 겪어왔을 뿐만 아니라 국민 개개인도 외세의 침략 속에서 고된 삶을 살아왔기 때문이다.

그럼에도 외세와 외국인에 대한 반감도 한 가지 형태로만 나타나는 것은 아니다. 예를 들어 한국은 계속되는 외세의 침입에 고통을 겪었기 때문에 민족적 차원에서는 외세 공포증과 외국인 배척 성향을 가지지만, 개개인으로 보면 세계에서 가장 친절하고 우호적인 민족이다. 아마 역설적이고 이율배반적이라고 생각할지 모른다. 또 한국 사람들을 만날 때, 외국인에 대한 배타적인 태도와 우호적인 태도 중 어느 쪽과 마주치게 될지 알 수 없다.

서울에 살았던 시절, 저녁 8시경 차를 몰고 퇴근해 집으로 오는 도중 시청 근처에서 신호등에 걸려 잠시 멈추게 되었다. 갑자기 근처 지하철역에서 학생 수백 명이 거리로 쏟아져 나와 거리를 가로막았다. 그들은 모두 머리띠를 두르고 "미국은 돌아가라!" 또는 "양키를 몰아내자!"라는 과격한 구호가 적힌 피켓을 들고 있었다. 학생들은 감정적으로 매우 격앙된 상태로 거리 시위를 벌이고 있었다. 교통이 완전히 정체되면서, 나는 거리 한가운데서 오도 가도 못하는 처지가 되어버렸다. 나는 그냥 차 안에서 무슨 일이 벌어지는지 지켜보기로 했다.

그때 마침 차 옆을 지나가던 학생들이 창문을 통해 나를 발견하고 걸음을 멈추며 "미국 사람이다!"라고 소리쳤다. 그 말을 듣는 순간 나는 바짝 긴장했다. 하지만 그들은 나를 향해 자신들이 아는 모든 영어를 동원해 "Hello?" 또는 "How are you?" 등의 말을 건네 왔다. 어쩌면 학교에서 배운 영어 실력을 시험해보고 싶었는지도 모른다. 놀랍게도 그들은 입가에 미소를 띠고 내 대답을 기다리고 있었다.

처음에는 조금 망설였지만, 나 역시 얼굴에 미소를 지으며 손을 흔들어 인사를 했다. 내 반응을 본 그들은 매우 기쁜 표정이었다. 몇 명은 계속해서 나와 대화를 나누고 싶어 하는 듯 보였지만, 다른 학생들의 부름을 받고 손을 흔들며 시위 대열로 뛰어갔다. 그들은 곧 사라졌고 신호등이 푸른색으로 바뀌었다. 나는 다시 차를 몰면서 여러 가지 생각을 했다. 당시 내가 봤던 학생들의 모습은 외국인에 대한 한국의 독특한 사고 체계를 보여주는 전형적인 모습이었다.

'한'과 '정'은 한국 특유의 내적 갈등에서 비롯된 감정이며 이 두 정서는 외세의 침략을 받았을 때 서로 단결해 그들을 물리칠 수 있는 힘이 되었다. 한편 한국인은 외국 문명과 외국 사람들에게 우호적이며 한국인들이 친절한 민족이라는 사실에 긍지를 느낀다.

한국인들은 식민지 생활, 전쟁의 쓰라린 고통을 모두 겪어

내면서 성공에 대한 동기를 얻었지만, 일면 어렵게 일군 경제적 성공에 치우쳐 한국을 진정으로 우월하게 만든 정신적 가치를 상실해가는 것은 아닌가 고민한다. 또 때로 이런 도덕적 갈등에 혼란을 느낀다. 아울러 한국 사람들은 분단을 고통스러워하면서도 급격한 통일을 이룰 경우 필요 천문학적 비용 때문에 경제가 파탄에 이르지 않을까 하는 걱정도 한다. 하지만 '한'으로 대변되는 민족 통일의 열망이 너무 강한 나머지, 통일을 하면 경제가 어려워질 것이라는 우려는 상대적으로 힘을 받지 못하고 있다.

한국인들은 물질문명이 발달하면서 고유한 정신적 가치를 잃어버리고 있다는 문화적 갈등을 미국이나 소련 등 외세의 탓이라고 책임을 돌리면서 죄책감을 덜어보려고 한다. 이런 정서는 뚜렷하게 드러나지는 않지만 한국 사회 저변에 계속 흐르고 있는데, 1988년, 서울 올림픽에서도 이러한 일면이 표출되었다.

"서울은 세계로, 세계는 서울로"라는 올림픽 표어에는 '한'과 '정', 두 정서가 서로 충돌하고 있다. 올림픽 당시 한국인들은 세계 도처에서 온 사람들과 그들의 이질적인 문화를 건방지고 예의 없다고 생각하면서도, 상당히 신선한 충격을 받았다. 결국 한국은 서울 올림픽을 세계의 축제로 훌륭하게 치러냈으며, 새로 선출된 노태우 대통령은 서울 올림픽의 성공을 활용해 외교력을 강화했다. 노태우는 가장 먼저 신속히 북방정책을 펼쳐 소련을 비롯한 동구권과 중국과의 외교 관계를 개선하는 동시에, 한국의 자유시장경제가 발전하는 모습을 공개해 북한이 침입할지 모른다는 우려에서 생기는 부정적 이미지를 최소화했다.

공산국가를 방문한 노태우 대통령의 특사는 한국은 북한과 공존할 의향이 있다고 역설한 반면, 북한은 한국의 외교 공세를 막기 위해 핵심 없이 비난만 퍼부었다. 또 노 대통령은 중국과 소련과 같은 주요 공산국가는 물론 외교 공세를 강화하기 위해 남부 중국 해안 지역, 폴란드와 발칸반도[28] 국가를 비롯해 소련과 국경을 맞대고 있는 아제르바이잔Azerbaijan과 투르크메니스탄Turkmenistan에까지 대규모 투자를 했다. 이 투자는 경제적인 측면에서는 별 효과를 보지 못했지만 국가에 기업가와 외교관을 파견해 경제적 관계를 강화하는 데 큰 힘을 발휘했다.

헝가리와 체코슬로바키아 같은 국가들은 소련에서 불고 있는 글라스노스트(개방)와 페레스트로이카(개혁)를 이용해 소련과 종속적인 관계를 청산하고 한국을 정치적, 경제적 역할모델로 삼아 19세기의 영광을 되찾으려고 했다. 그리고 한국은 그로부터 1~2년 뒤, 소련식 사회주의와 그 위성국가들이 붕괴하는 현장을 생생히 목격했다. 이처럼 공산주의에서 자본주의로 이행하는 고통스러운 과정을 목격한 한국 관리들은, 내부 사회가 빠르고 급격하게 해체되는 과정을 보면서 '이 같은 과정이 북한에서 발생한다면?' 하는 우려를 지울 수 없었다.

남북한도 동서독 통일을 본보기로 삼으면 큰 문제가 없을 것 같다고 생각했던 것과는 달리, 동구 유럽의 혼란을 보니 통일의 대가와 후유증이 예상보다 클지 모른다는 생각을 가지게 된 것이다.

---

28. 면적 약 50만㎢, 동서 약 1300km, 남부 약 1000km의 유럽 남동부 지중해 동쪽에 돌출한 삼각형의 반도. 반도 내에는 유고슬라비아, 마케도니아, 크로아티아, 보스니아 헤르체고비나, 슬로베니아, 루마니아, 불가리아, 알바니아, 그리스가 있고, 터키 일부도 포함됨

노태우는 각국에 한국과 북한을 같이 인정해달라는 정책을 펼치는 동시에, 남북한 동시 유엔 가입을 받아들이겠다는 의사를 표명했다. 그만큼 자신감이 있었다는 뜻이다.

이전에는 서로를 배제하고 자신들만을 승인해 달라는 식의 치열한 외교전쟁을 벌여왔기 때문에, 북한은 한국의 급격한 태도 변화에 매우 당황했다.

그 무렵 북한은 서울 올림픽을 방해하려는 노골적인 방해공작을 펼쳐 국제올림픽 위원회에서 축출당했고, 대한항공기 테러 사건으로 국제사회의 비난을 받고 있었다. 북한은 경제적으로 고립되고 위축된 반면, 한국 경제는 비약적인 발전을 이룩했다. 한국은 올림픽 개최를 기회로 세계 각국에서 투자를 유치하고, 차관을 빌려오는 등 비즈니스 기회를 창출하며 공산권 국가에까지 외교력을 뻗쳐나갔으며, 많은 국가들이 한국과 외교 관계를 수립하며 관계를 개선했다.

한국은 서울올림픽을 통해 각국의 운동선수와 관광객들에게 발전한 한국의 모습을 보여주면서 남북한 사이에서 정치적·경제적·외교적 주도권을 차지하는 성과를 거뒀다. 하지만 정작 큰 성과는 의도하지 않은 곳에서 나타났다. 즉, 올림픽을 성공적으로 개최하면서 한국과 북한과의 차이를 확연하게 보여주게 된 것이다. 물론 이전에도 차이는 벌어지고 있었지만, 외부에서 볼 때 극명할 정도는 아니었다. 하지만 서울 올림픽 개최를 계기로 세계는 남북한의 차이를 분명히 인식하기 시작했고, 한국은 이후로도 계속해서 발전한 반면, 북한은 파렴치하고 엉뚱한 행동으로 계속해서 비난을 면치 못했다.

경제학의 수요-공급 곡선을 연상하면 두 나라의 발전 모습을 쉽게 연상할 수 있다. 즉, 한 국가는 계속 상승하는 반면 다른 하나는 계속 하락하는 모습만 보인 셈이다. 이제 두 나라는 누가 보더라도 분명한 차이가 있었다.

이때를 계기로 한국에는 자유시장 경제에 기초한 민주주의 제도가 꽃폈다. 처음으로 평화로운 정권교체를 이룩했고, 일시적인 경기침체를 제외하고 꾸준한 경제성장을 이룩했다. 또 이를 통해 한국은 평균수명의 연장, 낮은 유아 사망률, 높은 생활 수준과 생산력을 건설해나갔다. 아울러 정치적으로도 독재정권 시절과는 비교가 되지 않을 정도로 자유로운 삶을 누리고 있었다. 허리띠 졸라매기 운동, 희생, 민방위 훈련, 징병 제도처럼 어려웠던 시절을 잘 참아 넘긴 대가였다.

반면 소련과 중국의 지원, 상대적으로 풍부한 자원 등 유리한 조건에서 출발했던 북한은 한국과 정반대의 길을 걸었다. 그들은 많은 국민을 희생시켜가며 전체주의 정권을 유지했으며, 사회와 경제를 극도로 통제함으로써 성공과 번영은 멀어지게 되었다. 북한은 국민적 합의에 기초한 정권은 고사하고, 국민의 복지에도 아예 뒷전인 채 오직 파괴적이고 사회를 좀 먹는 증오의 이데올로기에 집착했다.

암 세포를 키우면서도 치료는커녕 방치한 나머지 치료 불가능한 상태가 되어 버린 셈이었다. 이처럼 한 민족이면서도 다른 출발, 다른 길을 걸음으로써 한 나라는 번영과 자유를 누리고, 다른 하나는 잔인하고 어두운 전체주의 국가로 전락했다는 것은, 시간을 초월해 민주주의와 공산주의의 분명한 차이를 보여주는 단적인 예이다. 또 남북한 1988년 서울올림픽은 남북한 사이에 결정적인 차이가 나기 시작한 교차점이었다.

한국은 서울 올림픽에서 다수의 금메달을 따내는 쾌거를 이룩했지만, 정작 올림픽이 가져온 영광스러운 성과는 금메달 수, 참가국 수, 선수단 숫자가 아니라 더이상 북한의 위협을 두려워하지 않아도 된다는 점이다. 북한이 많은 문제를 야기할 가능성은 여전히 존재하지만 1988년 이후 북한의 남침과 적화통일 야욕은 영원히 기세가 꺾였고, 이로써 결코 한국을 정복할 수 없게 되었다. 한국의 자유는 이미 튼튼하게 뿌리내렸기 때문이다.

| 천문학적인 통일 비용

1980년대 후반, 베를린 장벽이 무너지면서 독일이 통일되었다. 사람들은 동구권 국가들이 소련의 군화발 아래 고통을 받았다고 짐작만 할 뿐, 정확한 실상은 알지 못하고 있었다. 하지만 양국을 가로막았던 '철의 장막Iron Curtain'이 사라지자 동독의 경제, 정치 그리고 인권이 얼마나 제자리걸음을 했는지 그 진상이 만천하에 드러났다. 또 서독은 동독의 낙후된 현실 앞에서 경제 통합을 달성하려면 엄청난 비용을 치러야 한다는 사실에 두려움을 느꼈다. 취소할 수 없는 큰 계약을 성공적으로 이루어 기뻐하다가 계약 당시에는 몰랐던 막대한 손실을 발견했지만 때가 늦어 어쩔 수 없이 대가를 치러야 하는 사람들 같았다. 남북한도 마찬가지였다. 처음부터 통일 비용이 적지 않을 것이라 예상은 했지만, 동서독 통일 뒤에는 추정 비용이 더 급격히 증가했다. 애초에

미 국방부가 추정한 통일 비용에 0이 몇 개 더 붙었다고 생각하면 된다.

한편 부유한 서독의 정치인과 시민들은, 동독의 동포들을 책임져야 한다는 것에 강한 불만을 표했다. 그간 소련과 공산당은 40여 년간 동독을 마음대로 착취했다. 결국 서독은 그들이 챙겨간 비용까지 부담해야 했다. 다시 말해 소련은 남의 집에 들어와 실컷 놀다가 유리창을 깨고 문도 부수고, 마지막으로 카펫에 오줌까지 누고 도망간 꼴이었다. 그러나 서쪽 사람들의 불평도, 헤어졌던 가족들과 일자리, 의료 혜택, 주택과 음식을 찾아 건너오는 동독 사람들을 막지 못했다.

독일의 통일 과정을 빼놓지 않고 주시했던 한국 지도자들은 남북한의 통일 비용을 평가한 결과, 천문학적인 금액이 나오자 엄청난 충격을 받았고 이 여파는 최고위층에게까지 전해졌다.

베를린 장벽이 무너진 얼마 후, 노태우 대통령의 경제 보좌관과 개인적인 저녁식사를 하게 되었다. 그 자리에서 경제 보좌관은 현재 한국 정부가 공식적으로는 '즉각적인 통일'을 내세우고 있지만, 독일 통일을 목격한 뒤부터 '통일은 나중에, 그것도 한참 나중에'라고 실질적인 결정을 내리게 되었다고 실토했다. 또 통일은 최대한 신중하게, 독일처럼 당사자끼리 무작정 서두를 것이 아니라 제3자가 공정하게 절차를 감시하는 가운데 이루어져야 한다고 말했다. 그러고 보니, '대나무 장막Bamboo Curtain[29]'이 걷힌 뒤 초래될 결과는 상상조차 힘들었다. 동서독 사이에 교류와 대화는 가장 상황이 좋지 않았을 때도, 심지어 남북한 교류가 잘 풀릴 때보다 높은 수준을 유지했다. 이 점을 고려해보면 남북통일은 최악의 결과로 귀결될 가능성이 높았다. 또 그는 다음과 같이 말했다.

"갈수록 절망적인 결과가 나오고 있습니다. 그동안 우리는 통일 잠재 비용을 충분히 검토하지 않았습니다. 단지 통일로 얻는 사회적 편익이 어떤 금전적 비용보다 클 것이라고만 생각했지요. 하지만 독일 통일 과정을 보고나니 갑작스런 한반도 통일이 한국 경제를 붕괴시킬 수도 있다는 생각이 들었습니다."

이 순간 한국인들은 분단 이후 처음으로 민족적 '한'에 의한 무조건적인 통일 욕구를 누르고 있었다. 며칠 뒤 나는, 또다시 현대중공업 사장과 만난 점심식사에서 통일 문제를 꺼냈다. 그러자 자신들의 그룹 사장 또한 즉각적인 통일이 경제와 사업에 매우 큰 장애가 될 것이라 예상했다고 대답이 돌아왔다.

그는 "그동안 너무 순진하게 통일을 추구해왔습니다. 독일에서 일어난 일은 우리에게 큰 충격을 줬습니다.

현대그룹처럼 큰 기업도 통일로 망할 수 있습니다"라고 말했다. 그럼 어떻게 해야 하느냐는 내 질문에 그는 "신중하게 통일을 추진해, 북한이 갑자기 붕괴하지 않을 만한 충분한 경제적 기반을 갖출 수 있는 시간을 확보해야 합니다"라고 답했다. 도움을 주면 북한 체제가 연장되지 않겠냐는 질문에는 "그럴지도 모르지요"하며 어깨를 으쓱해 보이고는, "하지만 북한 경제가 발전하도록 도와주지 않고 통일을 시도한다면, 남북한 모두가 파멸할 위

---

29. 중국과 자유진영의 국가들 사이에 가로놓인 장벽을 중국의 명산물인 대나무에 비유하여 이르는 말이다. 소련의 대비공산권 여러 나라에 대한 폐쇄정책을 가리키는 '철의 장막iron curtain과 구별하여 1949년 이래 중국의 배타적 정책을 가리킨다.

험이 있습니다"라고 답했다.

이후 또다른 점심식사에서 만난 대우중공업 사장은 물어보지도 않았는데 대우그룹의 김우중 회장이 북한에 공업 지역을 건설하고 있다며 "북한에서 생산한 제품은 가격 경쟁력이 있기 때문에 대우가 세계 속에서 경쟁하는 데 도움이 될 겁니다. 또 북한은 꾸준히 현금을 얻게 되니 좋고요. 즉, 모두에게 득이 되는 장사죠"라고 말했다. 그렇게 정부의 승인과 협조 하에 현대와 대우는 비밀리에 북한에서 모종의 사업을 펼치고 있었다.

| 대규모 간첩단 검거

1992년 나는 뉴욕으로 향했다. 꽤 오랜 역사를 지닌 '코리아 소사이어티Korea Society' 운영을 맡기 위해서였다. 이후 나는 운영진들과 함께 조직 활동을 활성화하기 위해서 공공정책 활동을 벌이고, 유엔 대표나 대사 같은 주요 인물들을 초청해 현안 토론회와 세미나를 개최하는 등 기존 프로그램을 확대하는 일을 진행했다.

당시 남북관계에는 낙관적인 기류가 흐르고 있었다. 한국은 과거 공산체제였던 동유럽 국가, 소련, 중국과 성공적으로 수교를 이룩함으로써 북한에 비해 균형 잡힌 외교 관계를 유지했다. 반면 국제사회에서 설 자리가 없어진 북한은 역시나 한국을 비난했지만 옛날만큼 과격하지는 않았다. 또 1992년, 남북한은 유엔에 동시 가입했다. 뉴욕에서 남북한 대사는 오찬을 하며 환담을 나누었고, 북한 대사 허정은 놀라울 정도로 우호적이고 평화적인 태도를 보였다. 한국 대사는 조심스럽게 낙관적 전망을 내놓으면서도 경계를 게을리 하지 않았으며, 상호 신뢰 구축이 중요하다는 의견을 피력했다. 이 자리에 참석한 한국 전문가였던 내 친구는 "북한 대표가 한국 대표보다 우호적이고 평화적인 발언을 할 줄은 상상도 못했네"라며 놀라워했다.

그러나 몇 주 만에 남북한 사이의 화해 무드는 산산이 부서졌다. 서울에서 대규모 간첩단이 검거된 것이다. 이처럼, 항상 현실은 보이는 그대로 믿어서는 안 되고 끊임없는 주의가 필요하다. 당시 체포된 간첩단은 60명이 넘었고 그중에는 남한에서 몰래 활동을 전개한 북한 노동당 고위층 여성도 포함되어 있었다. 검거 발표가 있은 후에도 북한은 몇 달간 이 사실을 부정하며 줄기차게 발뺌했다. 그러나 한국 당국은 그들의 활동을 꾸준히 감시해왔고 마침내 결정적인 순간을 포착, 대량 검거함으로써 구체적인 증거를 제시했다. 한편 돈 오버더퍼는 간첩단 검거에 정치적 의도가 개입하지 않았나 의심하며 다음과 같이 썼다. "왠지 검거 시기가 의심스러웠다. 특히 집권당 대통령 후보인 김영삼을 위해 일하는 사람들은, 북한과의 급격한 관계개선에 불만을 표시했다"고 썼다. 그렇다면 그들은 어째서 남북관계의 바람직한 관계개선에 불만을 표시했을까?

오버더퍼에 의하면 김영삼 측근들은 남북관계의 개선이 강력한 라이벌 김대중에게 유리하게 작용한다고 생각했다. 김영삼 지지자들은 김영삼보다 좌파적인 시각으로 북한과의 관계를 개선해야 한다고 강력히 주장해왔던 김대중의 대북유화정책을 비난하고 있었다. 다시 말해 오버더퍼와 김대중 지지자들은, 당국이 간첩단을 체포해 심각성을 부풀림으로써 집권당 후보에 유리한 환경을 조성하고, 남북관계를 해치려 한다고 생각했던 모양이다. 만일 그것이 정말이라면 큰 문제였지만, 확실히 증명된 사실은 없었다.

간첩단 사건으로 남북관계는 다시금 불투명해졌고, 그 와중 북한은 비밀리에 계속해서 핵 개발 프로그램을 진행했다. 북한은 국제 사찰단을 미국 CIA의 첩자들이라고 비난하며 주요 시설에 대한 사찰을 거부했다. 사실 북한이 진심으로 남북관계의 개선을 원했다면, 남쪽에서 활동중이던 공작원들이나 간첩들을 체포 이전에 철수시켜야 했을 것이다. 이처럼 북한 공작 활동이 여전히 진행되고 있음이 드러나자, 집권당은 북한을 무조건 신뢰해서는 안 된다는 지적이 터져 나왔다.

그러나 모처럼 조성된 남북 간의 화해 분위기를 망칠 수 있다는 우려 때문에, 누구도 먼저 나서서 북한에 대한 경각심을 일깨우지는 못했다. 그러는 사이 북한은 겉으로는 화해의 제스처를 보이면서도 안으로는 적대적이고 이중적인 모습을 보여 한국 사회를 위협했다.

1992년, 미국과 한국에서 대통령 선거가 열렸는데, 두 나라 모두 예상치 못한 후보가 출마했다. 한국에서는 현대그룹 회장인 정주영이 보수적 유권자의 표를 노리고 출마해 김영삼을 위협했고, 미국에서는 EDS 창업자인 로스 페로Ross Perot가 현직 대통령인 공화당 조지 부시 표를 잠식했다. 결국 미국에서는 그 여파로 민주당 후보인 빌 클린턴이 대통령에 당선되었고, 클린턴 행정부는 외교 정책을 담당하던 워렌 크리스토퍼 스트로브 탈보트 매들린 올브라이트같은 신념 있는 정치인들을 다시 기용했지만, 외교 문제보다는 국내 문제에 초점을 두었다. 그 와중 연막에 싸여 있던 문젯거리가 외부로 드러났다. 그동안 감추어왔던 북한의 핵 개발 프로그램이 외부에 알려진 것이다.

　새 행정부는 북한의 핵 개발 프로그램이 상당히 진전됐음을 알고 충격에 휩싸였다. 모든 내각이 참여해 북한 핵 정책, 대응 방안 등을 긴급히 논의했고, 이 자리에서 국무부장관, 국방장관과 CIA국장이 강경한 목소리를 내며 군사작전을 논의했고 전쟁 가능성까지 제기했다. 그러는 사이 한국의 유권자들은 안보와 경제 문제에 보수적 성향을 보인 김영삼 후보를 선택했다.

　김영삼은 김영삼이 자신이 이끄는 야당을 집권당과 통합시켜 대통령에 출마했고, 진보적 인사들은 이를 '배반'이라고 비난했다. 이처럼 각 정치계파들이 이해관계에 따라 이합집산하는 가운데, 선거는 김영삼과 지치지 않는 대중 연설가 김대중의 싸움으로 흐르고 있었다. 유권자들은 김대중이 여전히 급진적이며 좌파적이라고 생각했으며, 북한이 핵무기를 개발하고 많은 간첩을 남파하고 있는 상황에서 혹시나 김대중이 북한에 지나치게 유화적인 정책을 펼치지 않을까 걱정했다. 이 점에서 오버더퍼의 지적은 옳다. 다시 말해 간첩단을 검거 시기가 김영삼에게 유리하게 작용한 것이다.

　결국 한국 유권자들은 북한의 요구를 들어주고 유화적인 정책을 펼칠 후보보다는 북한과 정면으로 상대하는 후보가 안보에 도움이 된다고 판단해 김영삼을 택했고, 김영삼은 박정희 암살 뒤 정권을 이양 받은 최규하 이후 최초 민간인 출신 대통령이 되었다. 또 군부와 김영삼은 특별한 관계가 없었지만 군부는 군을 불신하고 경멸하는 김대중보다는 김영삼이 낫다고 생각했으며 사회적으로도 노태우에서 김영삼으로 정권이 이행되는 것이 순조로워 보였다.

| 북한의 도발적 태도

1993년 한국군과 주한미군이 정례 군사훈련인 팀스피리트 Team Sprit 훈련을 실시했다. 이 훈련은 전쟁이 발발했을 때 미군을 한국에 신속히 투입하기 위한 훈련으로 내내 김일성을 불안하게 만들었다. 사실 군사훈련은 비단 한국뿐 아닌 세계 곳곳에서 벌어지고 있었고, 팀스피리트 훈련은 결국 공격 목적이 아니었지만 어쨌든 북한은 이를 매우 위협적이라고 판단했다.

결국 한미 양국은 북한과 '신뢰관계 구축'을 위해 1992년 훈련을 자발적으로 취소했지만, 1993년 북한이 핵사찰 협상 과정에서 성실성을 보이지 않자 다시금 훈련을 재개했다. 그러자 북한은 자신들도 공격적인 행동을 할 수밖에 없다며 비난의 강도를 높이더니 1993년 3월, 미국이 북한을 대상으로 핵공격을 계획하고 있다고 주장하며 핵무기확산조약에서 탈퇴했다. 북한의 탈퇴는 정권교체 중인 두 나라를 불편하게 만들었다. 이 같은 도발적인 행동은 어쩌면 두 나라의 새로운 대통령들을 시험하려는 것이었을 가능성도 있다.

이 무렵 북한은 여전히 자신들은 '천국과 같은 생활 조건' 속에서 살고 있다고 선전했지만, 12월이 되자 경제적으로 궁지에 몰렸다는 조짐이 드러났다. 1993년, 북한은 모든 면에서 재앙에 가까운 어려움을 겪었다. 식량은 최소한의 배고픔을 해결하기에도 모자랐고, 처음으로 북한의 기아가 세상에 알려졌다.

이제 북한은 더 이상 절망적인 상황을 숨기기 힘들었다. 결국 각국의 정부와 비정부기구NGO들이 북한을 동정해 식량과 의료를 지원했지만, 북한은 구호품 배급을 철저히 통제해 군대에 우선 배급했다. 북한은 어쩌다 그런 지경에까지 이르게 되었을까?

이유는 간단하다. 북한이 자립을 강조하며 내세웠던 '주체사상'은 완전한 허구에 불과했으며, 수십 년 동안 소련이 제공한 은밀한 원조가 사라지자 체제를 뒷받침할 만한 버팀목도 없어지면서 '노동자와 농민의 천국'이라는 선전이 무색하게 국민들에게 기초적인 식량조차 제공하지 못하게 된 것이다. 김일성을 대변하는 당 중앙위원회조차 당시 북한의 경제 사정을 '심상치 않다'라고 표현할 정도였다. 또 외부 세계도 북한의 궁핍이 얼마나 심각한지 간접적으로 인식하기 시작했다. 그리고 김일성은 이처럼 경제파탄으로 궁지에 몰린 상황에서 마지막 협상 수단으로 핵 개발에 박차를 가했을지 모른다.

다음 해인 1994년 여름까지, 한반도 위기는 정점으로 치달았지만, 클린턴 행정부는 한반도 정책의 맥을 잡지 못한 상황이었다. 또 한국 문제를 담당하는 관계자들도 한반도 문제에 시간과 노력을 기울이고 싶지 않은 듯 정보를 교환하거나 조정하려는 노력을 보이지 않았다. 심지어 정부에 우호적인 기자들조차도, 현재 미국이 북한과의 양자회담 때 일관성을 유지하지 못했으며,

관리와 민간 조직의 상호 보조도 엉망이라고 비판했다. 실제로 한국 관련 부서들은 서로 의견을 교환하거나 조율하려는 노력을 하지 않았고, 상부 기관에도 제대로 된 보고를 올리지 않았다. 미국의 외교 정책은 완전히 혼란 속으로 빠져들었다.

한편 서울에 있었던 제임스 레이니James Laney 미국 대사와 게리 럭Gary Luck 사령관은 미국의 한반도에 대한 전쟁 억제력을 고무시키기 위해 필사적으로 노력했다. 다급해진 레이니 대사는 본국으로 날아가 북한 문제를 담당하는 관계자들을 만나 협조를 당부했지만 그 노력은 큰 성공을 거두지 못했다. 당시 미 국방부는 합참의장과 국방부 장관 주도 하에, 한국에서 재래전이 일어날 경우 사용하게 될 '전쟁 계획 50-27War Plan 50-27'을 새롭게 정비하고 있었다. 군 수뇌부는 북한의 영변에 있는 핵 연구 시설과 처리시설을 공습을 통해 제거하는 방안을 대통령에게 건의했는데, 이 소식을 들은 레이니와 럭은 미 정부가 주한미군과 한국 정부의 의견도 묻지 않고 공습계획 실행을 준비하고 있음을 알고 매우 놀랐다.

유엔 활동도 마찬가지로 정체 상태였다. 토머스 허바드 Thomas Hubbard가 유엔주재 북한대사 허정을 뉴욕에서 만나 협상을 했지만 큰 진전을 보지 못했고, 허바드는 더 이상 북한과의 대화에서는 소득을 거둘 수 없다고 생각했다. 그동안 한스 블릭이 이끄는 유엔 무기사찰단은 북한이 민간용 원자력 물질을 전환해 무기를 제조할 목적으로 사용한다는 보고를 해왔는데, 기관별로 정보와 의견 차이는 있었지만 대체로 그 평가에 동의했다. 결국 유엔 안전보장이사회는 상임 이사국인 러시아와 중국의 대북 제제 반대를 예상하면서도 무기사찰단의 평가 결과를 논의하고 대책을 마련하기 위해 회의를 소집했다. 동시에 미국의 대북 협상 담당자인 로버트 갈루치Robert Gallucci에게 혼란을 해결하라는 임무가 떨어졌다. 이와 동시에 지위와 자격이 대사급으로 격상된 그는 비록 성공을 거두지는 못했지만, 그래도 북핵 문제를 해결하려고 최선을 다했다.

    한반도 핵문제가 초미의 관심사로 떠오른 가운데, 북한은 기존에 해왔던 비난과 선전의 강도를 높여 한국과 일본의 주요 도시를 초토화시키겠다는 '불바다' 발언과 '유엔의 제재는 전쟁을 의미한다'는 발언으로 물의를 일으켰다. 물론 이전에도 이 같은 일은 많았지만, 핵무기 문제가 있는 만큼 북한의 불바다 발언은 그냥 지나치기 힘든 위협이었다. 한미 양국은 1994년도 팀스피리트 훈련을 예정대로 실시하고 3만 7천명의 주한미군의 전력을 강화하겠다고 발표했다. 또 핵무기 개발 속도와 전쟁이 벌어질 경우 치러야 할 인명과 경제적 손실에 놀란 클린턴 대통령은 미 상원의원 두 명을 북한에 파견해 김일성에게 직접 회담을 신청했지만 퇴짜를 맞았다. 이제 미국과 한국은 전쟁이 불가피하다는 공감대를 형성하기 시작했다.

    그럼 이 처럼 한반도를 초긴장 상태로 몰고 간 핵심 이슈는 무엇일까?

    위기의 원인으로 간주되는 원자력 사용, 핵연료 재처리, 핵무기 생산 같은 기술적 문제는 차치하고, 중요 핵심은 바로 북한이 핵 발전소를 '보유'했다는 사실이다. 북한은 핵확산금지조약에 가입하면서 이 시설을 핵무기 연구 프로그램에 사용하지 않았다는 증거로 외부 사찰단의 감찰을 허용한 바 있었다. 하지만 북한은 얼마 안 가 이 약속을 번복하고 사찰단의 접근을 거부하고 의심스런 연구 활동과 개발 프로그램을 진행해, 유엔과 핵기술 전문가들로부터 핵 확산 금지 약속을 어겼다는 경고를 받았다.

조약을 준수하라는 국제사회의 압력이 심해지자 북한 지도부는 이웃국가에 전쟁을 일으키겠다는 위협으로 협상을 지연시켰다. 게다가 사태를 호도하기 위해 유엔을 비롯한 미국과 한국에 주권과 독립성을 침해하려 든다는 비난의 화살을 돌렸다. 이 중요한 고비에서 미국과 한국은 북한이 계속 비협조적 태도로 나온다면 극단적인 조치를 취할 수밖에 없다고 생각했다.

북한이 제멋대로 구는 사이, 보수주의자 빌리 그레엄Billy Gragham 목사와 자유주의자 셀리그 해리슨Selig Harrison 기자 등 많은 사람들이 북한을 방문했는데, 그들은 대부분 김일성에게 메시지를 전달하거나 받는 역할을 맡고 있었다. 클린턴은 그레엄을 통해 김일성에게 핵 개발 프로그램을 당장 그만두라는 메시지를 보냈다. 하지만 아무리 보좌관들이 표현을 완곡하게 고쳤다 한들, 외교적으로 볼 때 상당히 무례한 방식이었다. 당연히 김일성은 이 메시지에 분개했고, 해리슨을 통해 미국이 북한에 원조를 해주면 협상을 재개하겠다는 약속을 전달했다.

대북 협상이 교착상태에 빠져드는 사이, 평화중재자를 자처하는 지미 카터가 북한 문제에 개입하기 시작했다. 카터 측근이 먼저 나서 여러 번 방북 허가를 요청했지만, 클린턴 대통령은 이를 수락하지 않았다. 마침내 카터가 '개인자격'으로 북한에 가겠다고 선언하자 클린턴은 어쩔 수 없이 카터 일행의 방북을 허용하면서 노련한 외교관이자 유창한 한국어 실력을 갖고 있는 딕 크리스텐슨Dick Christenson을 함께 보냈다. 1994년 6월 15일, 서울에 도착한 카터가 돌아오지 않는 다리를 건너 북한으로 가는 장면이 한 편의 드라마처럼 펼쳐지면서 많은 뉴스거리를 만들어냈다.

그렇다면 김일성은 이 장면을 보고 무슨 생각을 했을까? 전임 미국 대통령이자, 지금까지 북한을 방문한 미국인들 중 최고위 인사에 속하는 카터가 외교관과 전임 정부 관료들을 대동하고 자신을 만나러 오고 있었다. 카터는 한사코 자신의 방문은 개인적이라고 강조했지만, 김일성은 미국의 의도를 금방 알아차렸다. 오랜 경험으로 볼 때 개인 자격이라는 말은 방문을 거절당할 경우 체면을 지키기 위해 내세운 명분에 불과하며, 클린턴 대신 이곳을 방문한 것이리라 생각한 것이다. 하지만 클린턴이 카터의 방문을 허락하고, 김일성이 이를 받아들인 것은, 어쨌든 양자가 협상을 해야 할 처지에 놓여 있었음을 의미한다. 당시 카터가 북한을 방문한 가장 큰 목적은 평화 유지였고, 반드시 전쟁을 막아야 한다는 카터의 공식 발표는 간접적으로 클린턴과 미국의 뜻을 전하는 것과 다름없었다. 하여튼 김일성은 카터가 이곳을 방문한 것은 미국의 공식적인 접근이라고 생각했으므로, 카터가 판문점에서 손을 흔들며 북한으로 들어오는 모습을 텔레비전으로 보았을 때 승리감을 느꼈을 것이다. 그동안 정성 들여온 각본이 마침내 결실을 보는 순간이었다.

소련이라는 막강한 후원자가 없는 상태에서 북한은 새로운 외부 지원이 절실했다. 결국 김일성은 교활하게 핵무기와 전쟁으로 세계를 위협하면서 미국을 끌어들여 선물 보따리를 풀어놓게 했다. 얼마 안 있어 이탈리아에서 열렸다면 한 편의 희극 오페라처럼 보였을 연쇄 회담이 시작되었다.

    넓고 인적 드문 평양의 대로에 도착한 카터와 그 일행이 리무진에서 내려 정책 문제를 잠시 토론하는 모습이 중계되었다. 진행 상황을 알리기 위해 회담이 진행되는 도중 마치 고대 시대에나 일어났을 법한 상황이 연출되었는데, 전령이 평양에서 비무장지대까지 허겁지겁 달려와 회담 내용을 워싱턴에 전송하는 모습이었다.

    북한에서 회담을 벌이는 동안 카터는 미 당국과 제대로 연락도 취하지 않고 회담의 진행 내용도 알리지 않았다. 때문에 평양 현지에서 위성으로 CNN과 인터뷰를 하던 카터에게 백악관 잔디밭에 서 있는 울프 블리저Wolf Blizer 기자가 질문을 던지는 촌극까지 벌어졌다. 웨스트 윙West Wing[30]에서 이 모습을 본 앨 고어와 샌디 버거등 클린턴 외교 정책팀은 카터가 돌출발언을 하지는 않을까 가슴을 졸이며 텔레비전을 주시했다. 아니나 다를까 카터는 스스로를 부각시키기 위해 클린턴과 사전에 협의되지 않은 정책을 즉흥적으로 제안했고, 그 모습은 모두를 매우 당황하게 만들었다. 그리고 결국 그는 자신이 교묘한 전략으로 북한 지도자를 회유해 소위 '한반도 비핵화 공동선언Agreed Framework'이라고 불리는 합의를 이끌어냈다고 자랑스럽게 발표했다. 이 선언에는 북한에 경수로 두 개를 건설해 전력을 공급하되, 이 시설을 군사

---

30. 대통령 집무실이 있는 백악관 건물

적 목적에 사용하지 않겠다는 조항이 포함되어 있었다.

또 북한은 핵확산금지조약에서 탈퇴하지 않고, 김영삼 대통령과 정상회담을 하겠다는 데 동의했다. 게다가 '자발적'으로 영변 원자로를 폐쇄하면서 생긴 전력 부족을 메우기 위해 수십만 톤의 연료용 석유를 원조 받기로 했고, 식량과 다른 구호물자도 약속받았다. 오버더퍼는 이 공동선언을 설명하면서 "평양은 자신이 갖고 있던 패를 효율적으로 사용해 세계에서 가장 부유하고 강력한 나라를 협상 테이블로 끌어들이고, 세상에서 가장 실패한 나라에 엄청난 양보를 하게 만듦으로써, 핵이야말로 평양이 사용할 수 있는 가장 강력한 압력 수단이라는 사실을 증명했다"고 썼다. 그리고 지금까지도 북한은 핵 위협을 통해 같은 결과를 얻으려 노력하고 있다.

서울로 돌아온 카터는 자신의 북한 방문은 '기적'에 불과하다며 겸손하게 평가했다. 어떤 사람들은 카터야말로 전쟁을 막는 임무를 띤 사람이라고 말한다. 그런 이들은 카터가 위기를 해소해 수많은 인명을 구할 수 있다고 믿는다. 또 비슷한 사례로 이제껏 카터 외에도 많은 전직 대통령들이 노벨 평화상을 받았다.

하지만 카터가 노벨상을 노리고 이 협상안을 이끈 것이라면 무언가 앞뒤가 안 맞지 않을까?(수탉이 울면 해가 뜬다. 그렇다고 수탉의 울음이 해를 뜨게 만들었는가?) 어떤 분석가들은 북한이 당시 실제로 전쟁을 일으키려 했다고 주장하는데 이를 뒷받침하는 확실한 근거는 없다. 북한처럼 폐쇄적인 국가에서는 독재자 스스로 밝히기 전에는 모든 것이 추측에 불과하기 때문이다.

그러나 김일성은 분명히 매우 위험한 수법으로 미국과 한국에 위협과 압력을 가해왔다. 만일 그가 정말로 전쟁을 일으키려 했다면, 적의 마음을 완벽하게 읽은 셈이다.

북한은 카터의 방문을 받아들여 한반도 비핵화 공동선언에 서명했지만, 이후 북한이 벌인 여러 사건들을 통해 보면 처음부터 그 선언을 지킬 마음이 없었음이 분명하다. 북한은 핵무기 프로그램을 플루토늄 기반에서 우라늄 기반으로 변경하고, 시설을 다른 곳으로 옮겼으며, 해외 원조를 굶주린 주민들보다 군대에 먼저 지급했다(외국 원조자들은 이 사실을 모르고 굶주린 북한 주민을 돕고 있다는 사실에 기뻐했다).

카터와 클린턴은 어쨌든 목적 달성을 위해 북한과의 협상을 이루어냈지만 이는 결코 바람직하지 못하다. 우리는 이 같은 실수에서 교훈을 얻어야 한다. 카터의 방문과 공동선언은 당시에는 매우 유망해 보였으나, 결국 북한의 이중성에 걸려들어 완전한 실패로 돌아갔다. 우리는 북한의 협상 전략과 전술이 무엇인지, 그리고 그에 따라 앞으로 북한이 어떤 행동을 보일 것인지 명확히 파악해야 한다. 이는 매우 중요한 사안이다.

| 한국에서 민주주의가 다시 승리를 거두다

그동안 한국에서는 권력형 비리와 부패로 인한 많은 재판이 있었는데, 김영삼 정부도 예외는 아니었다. 한바탕 과거를 비판하는 목소리가 몰아친 뒤 또다시 대통령 선거가 시작된 1997년, 불행하게 한국에도 '아시아 금융위기'가 들이닥쳤다.

그러나 불안한 경제 위기 속에도 한국은 1997년 12월 큰 민주주의 발전을 달성했다. 바로 영원한 야당 지도자 김대중이 대통령으로 선출된 것이다. 군부는 여전히 김대중에게 강한 반감을 보였지만, 그래도 한국은 연속적으로 세 번이나 평화적인 정권교체를 달성한 셈이었다. 사실 김대중에게 낙관적인 기대를 걸고 있던 사람들조차 그가 대통령에 선출되리라고는 생각지 못했지만, 전임 주한미국 대사인 도널드 그레그는 김대중이 앞선 실패와 시행착오를 교훈 삼아 유권자의 지지를 얻어 대통령이 되리라 정확히 예상했다.

김대중 대통령은 역대 누구보다 남북관계를 개선하고 화해와 타협을 이룰 수 있는 대통령이라는 기대를 한 몸에 받았다. 실제로 그는 '햇볕정책'이라는 대북정책을 펼쳐 북한과 대등한 입장에서 타협을 시도했지만, 그 햇볕정책은 사실상 '유화정책policy of appeasement'이라고 불러야 맞다.

나중에 밝혀졌듯이 그가 자랑스러워하던 햇볕정책은 북한에 돈을 주고 달래는 방법이었다. 어쨌든 김대중 대통령은 임기 동안 북한과 함께 통일의 미래를 그리는 위대한 업적을 남고 싶어 했으며, 노벨 평화상 수상자로 역사에 남기고 싶었던 바람 대로 노벨상을 수상했다. 김대중 정부 시절에 한반도는 모든 것이 조화로웠다. 수십 년 동안 북한을 의심의 눈초리로 바라본 나 같은 사람들에게조차, 당시 남북한의 해빙 분위기는 믿기 힘들 정도로 순조로웠다.

그러나 북한은 한국의 지원이 끝나갈 무렵이 되자 다시 핑계와 속임수를 들이댔고, 김대중 정부는 북한의 요구를 수용해 한국 재벌 기업들을 통해 수억 달러를 원조했다. 이 사실이 밝혀지지 김대중 대통령의 화려한 업적에도 흠이 가기 시작했다. 긴장과 갈등이 끊이지 않던 한반도에 평화를 정착시켰다고 외국에서는 추앙을, 내부적으로는 칭찬을 받았지만, 그가 남긴 진짜 유산은 사실 그만큼은 아니었다.

김대중 대통령은 북한의 이중성에 애써 눈을 돌린 채 거짓 평화를 양산해내는 데 일조를 했다. 당시 북한은 한국의 햇볕정책에 보조를 맞추는 척하면서도 안으로는 은밀하게 핵무기를 연구하고 제조했으며, 핵무기를 발사할 미사일을 개발했다. 더 문제가 되는 것은 김대중 정부의 햇볕정책이 아무 근거 없이 북한을 우호적으로 바라보게 만드는 피상적인 화해 분위기를 조성했다는 사실이다. 이 때문에 국민들은 북한의 거짓 연기에 속아 독재자의 탄압 속에 기아, 고문에 시달리며 강제 수용소를 두려워하는 수많은 북한 주민들의 실상을 제대로 볼 수 없게 되었다. 현재 김대중 대통령은 아직도 뇌물 스캔들 혐의를 벗지 못하고 있다. 내 생각에 이제 그는, 남북한 사람들에게 해악을 미친 책임에 일부나마 대가를 치러야 하지 않을까 한다.

| 핵 위기

2002년 12월, 노무현 대통령이 당선될 무렵 북한에서 또다시 핵문제가 불거졌다. 여전히 북한은 핵개발을 부인했지만 핵확산금지조약을 위반했다는 의심은 점점 더 커지고 있었다.

한편 미국은 2년 전 조지 부시가 대통령으로 선출되면서 8년 만에 민주당 정권이 백악관에서 물러났고, 부시 대통령은 역대 공화당 대통령 밑에서 일하던 사람들을 새 정부의 각료와 보좌진으로 임명했다. 일부는 현 대통령의 아버지인 조지 H. W 부시 밑에서 일했던 사람들이었고, 폴 울포위츠, 리처드 아미티지나 존 네고폰트 같은 사람은 레이건 행정부 시절 요직을 맡았던 이들이었다.

출발부터 부시 행정부는 외교문제에 상당한 노력을 기울일 것처럼 보였다. 하지만 부시는 한국 정책을 결정할 때 지나치게 뜸을 들였고, 대통령에 취임한 지 6개월이 지난 2001년 6월 정책을 결정했지만 정작 시행하지는 않았다. 그리고 9.11 테러 공격이라는 참혹한 상황이 벌어진 후에야 비로소 대응책을 마련하기 위해 세계 정책을 급히 재평가하고 수정하기 시작했다.

우선 미국은 국제 테러리즘에 대한 찬반 여부로 각국을 평가하면서, 테러 작전을 직접 수행하고 지원한 전력이 있고 끊임없이 핵무기 보유를 시도하는 북한을, 이란, 이라크와 함께 '악의 축axis of evil'으로 규정했다. 부시가 언급한 이 치욕스러운 명칭은 북한에 우호적인 국가는 물론 한국에도 커다란 충격을 가져왔다. 또 북한은 북한 나름대로 미국을 맹렬히 비난하며 테러 지원 사실을 부정했다.

새로운 세기가 시작하면서 세계는 많은 변화를 겪고 있다. 그러나 북한에서는 시대착오적인 유산을 물려받은 독재정권이 별다른 제지를 받지 않고 권력을 유지하고 있다. 이제 자유세계는 북한이 앞으로 저지를 온갖 범죄를 좌시하지 않을 것이며, 북한은 반드시 그 대가를 치러야 할 것이다.

| 제12장 |

한국의 미래는?
관찰 결과와 다양한 의견

    1993년에서 1994년까지, 나는 코리아소사이어티 사무총장 직을 사임하고 뉴욕의 캣스킬 마운틴으로 이사해 농장에서 알파카alpaca[31]와 라마llama[32]를 키워 그 부드러운 털로 스카프와 숄 등을 만들면서(모직제품을 생산하기 위해 동물을 죽이지 않고 단지 털만 자른다) 저술과 평론 활동을 했다. 지난 18년간 군대와 민간 기업을 오가며 온갖 피곤한 업무를 해온지라 번잡한 대도시를 떠나 새로운 환경을 찾고 싶었다. 또 변화가 필요했고, 공기 맑고 조용한 시골 마을에서 조용히 사색하거나 동물을 키우면서, 아니 무엇보다도 글을 쓰며 살고 싶었다. 하지만 글만으로는 생계를 유지하기가 힘들었기 때문에 한국과 동아시아에서 일이나 사업을 하려는 사람들에게 교육과 자문을 제공하는 일을 했다. 이 무렵 나는 여러 차례,

---

31. 남미의 털이 긴 양
32. 아메리카 낙타

특히 참전용사, 시민과 학생을 대상으로 한 강연을 다니는가 하면, 전국을 돌아다니며 라디오 대담 프로그램에 참여하고, 지역 방송에 평론가로 고정 출연했다. M-16 소총 대신 노트북을, 군용트럭 대신 픽업트럭을 직접 몰고 다니는 등 생활은 바뀌었지만, 나는 여전히 한국 문제에 관심을 기울이며 아시아와의 인연을 저버리지 않았다.

내가 그렇게 살아가는 동안에도 세상은 계속 변했다. 미국은 테러리스트 그룹을 무력화시키고 이라크와 아프가니스탄에서는 성공적으로 전쟁을 끝냈으며, 국제 테러 조직을 추적해 그들의 계획을 분쇄하고 있다. 또한 테러리스트와 그들이 지원하는 국가까지 제거하겠다고 나섰다.

당연히 북한은 그 테러리스트 국가 명단에서 첫째 불량 국가로 규정되었는데, 이는 결코 놀라운 일은 아니다. 북한은 수십 년간 다양한 테러 활동을 벌였고 대량살상무기를 보유하려는 다른 테러 국가를 지원해왔다. 게다가 도덕성이나 합법성에 아랑곳하지 않고 돈을 벌기 위해 테러 조직에 그 무기를 판매하려고 들었다. 따라서 북한을 악의 축으로 규정했다고 해도 그 사악한 본성을 새삼스레 밝혔을 뿐, 전에 없던 위기가 새로이 생겨난 것은 아니다.

미국은 지난 55년간 처음에는 김일성, 나중에는 그의 아들 김정일과 맞서왔다. 북한의 공격을 가로막기 위해 전쟁을 했고 많은 미국인들이 한국의 자유를 지키다가 목숨을 잃었다. 긴장이 고조되던 시기 미국은, 동맹국 한국과 함께 북한의 신경질적인 반응과 위협을 참아가며 무리한 대응을 자제했고, 이처럼 신중한 대처로 전쟁을 피할 수 있었다. 게다가 북한은 심각한 내부 부패로 비난과 비방, 위협을 계속 해나갈 여력이 없는 상태다. 또 재래식 전쟁을 일으킨다고 해도 승리할 가망이 없다. 그럼에도 북한은 핵무기나 다른 대량살상무기를 사용해 무고한 사람들에게 테러 공격을 감행할 만한 능력이 있다.

강연이나 방송을 위해 여러 곳을 방문하면 꼭 다음과 같은 질문을 받는다.

"북한의 핵위협이 얼마나 심각합니까?", "미국이 북한을 공격할까요? 그래야 합니까?", "공격한다면 단독으로 합니까? 아니면 동맹국과 같이 합니까?"

최근 세계의 주요 관심사는 북한의 핵무기 보유 주장과 이를 사용하겠다는 위협에 쏠려 있다. 지금껏 나를 포함한 많은 사람들이, 북한 핵 문제 해결을 소리 높여 외쳐왔다. 그러나 미국은 북한의 전체주의 체제를 오랫동안 다뤄왔으면서도, 문제를 해결하기보다는 방치해온 경향이 짙다. 그렇다면 미국이 궁극적인 해결책 대신 미봉책으로 일관했던 이유는 무엇일까? 북한 핵 프로그램을 넘어 좀 더 넓은 관점에서 살펴보면 어떨까?

미국은 한국 및 지역 국가들과 협력해, 북한이 다시는 대량살상무기를 들먹거리며 위협할 수 없도록 위험한 독재자를 제거하고 고통 받는 북한 주민을 해방시킨 후, 한반도에 자유시장경제에 기초한 단일 국가를 수립해 남북한 모두가 행복해지도록 해야 한다. 여기서 독재자 제거를 통한 민주국가 성립은 분명 가치 있는 목표다. 그러나 과연 이 계획이 현실성이 있을까?

우선은 북한을 철저히 감시하고 주의를 기울여야 한다. 최근 북한군의 전력은 상당히 떨어진 상태다. 군인 수는 많아도 시스템은 낙후했고, 전략도 시대에 뒤떨어지며 군대 사기도 예전 같지 않다는 의심이 든다.

20년 전에는, 북한이 외부의 도움 없이도 90일 동안 전쟁을 수행할 능력이 있다고 평가했다. 하지만 어려운 내부 사정을 고려할 때 현재 북한은 2주 이상 군대에 물자를 보급할 능력이 없는 듯 보인다. 군인 수는 여전하지만, 지금껏 군 발전이 없어 효율성도 떨어지고 있다. 한국전쟁에서는 소련과 중국군의 도움으로 전투를 오래 지속할 수 있었지만, 지금은 그런 막강한 후원자도 없으므로 북한군 자체는 과거처럼 위협적이지 않다.

그러나 북한은 종이 호랑이가 아니다. 전쟁이 일어나면 의외로 높은 전투력을 보일 것이 분명하다. 더구나 북한은 재래식 무기 가운데 중단거리 미사일의 성능을 크게 향상시킨 것으로 보인다. 관찰해본 결과 그 미사일들은 정확성은 높지 않지만 핵탄두 같은 테러무기를 장착할 수 있고, 그 무기가 터질 경우 수많은 인명이 무고하게 살상될 수 있다. 정상적인 군사 행동이 불가능한 상황에서 북한이 사용할 수 있는 위협 수단은 핵위협과 테러활동 밖에 없는 셈이다.

또 북한은 야포, 탱크와 장갑차, 공군력, 보병무기, 통신, 보급, 지원 능력 등 거의 모든 분야에서, 한국에 비해 뒤처져 있다. 비록 국민소득 대부분을 국방비에 쏟아 붓는다 해도 국민소득의 6퍼센트 정도만 국방비로 지출하는 한국에 비해 실제 자금의 유용성 측면에서 차이가 현격하다. 즉 북한 군사력은 한국 군사력과 대조적으로 쇠락 일로에 놓여있다는 의미이다. 하지만 군사력이 뒤처졌다고 해서 무고한 사람들을 해하는 능력까지 사라진 것은 아니다. 오히려 현대식 무기보다는 재래식 무기로 공격받았을 때 사망률이 높기 때문이다. 그렇다면 인해전술을 사용해 미국과 한국의 화력에 맞설 가능성도 있을까?

불행히도 그렇다. 하지만 북한이 실제로 이 방식으로 나온다면 엄청난 인명손실만 겪게 될 뿐 아무 소득도 거두지 못할 것이며, 체제 붕괴도 피할 수 없게 된다.

어떤 방식으로 봐도 북한은 더 이상 한국을 압도할 수 없다. 심지어 전임 국가안보보좌관인 리처드 앨런Richard Allen은 '북한이 공격해올 경우, 서울이 지리적으로 휴전선에 너무 가까워 불리하다'고 걱정했듯이 서울의 위치만 아니라면, 한국이 다른 나라의 도움 없이 홀로 싸운다 해도 북한이 한반도를 수중에 넣을 가능성은 거의 없다.

게다가 이처럼 전력 차이가 분명한 상태에서 우방인 미국이 전력을 보태거나 확실한 개입 의지를 표한다면 북한의 승리는 백 퍼센트 불가능하다. 하지만 케이토 연구소CATO Institute의 덕 밴도우Doug Bandow와 다른 관찰자들은, 비록 전력이 약해졌어도 북한에게는 한국과 서울에 거주하는 미국인을 비롯한 외국인에게 치명적인 손실을 입힐 만한 능력이 있다고 경고했다. 재래식 무기만으로도 시민에게 막대한 손실을 입히고 엄청난 인명을 살상할 수 있다는 것이다. 하물며 대량살상무기를 사용한다면 재앙의 규모는 과히 상상하기 힘들겠지만, 시나리오는 제2차 세계대전 막바지 제국주의 일본조차도 시도하지 못했던 국가적 자살행위를 의미한다.

그럼 여기서 한국의 군사 능력을 한번 살펴보자. 한국은 60여 만 명의 고도의 훈련을 받은 능력 있는 군대를 보유하고 있다. 한국군 훈련은 거의 실전에 가깝고 군인 개개인들도 목적의식이 투철하고 신체 건강하다. 아울러 훌륭한 무기체계와 보급과 지원 시스템까지 보유하고 있다. 최신 미군 전투기와 장비로 무장한 한국 공군은 비행술과 전투력이 최고 수준에 달해 있다고 해도 과언이 아니며, 해군과 해병도 규모는 작지만 전투력이 탁월하다. 또 한국에는 예비군 제도가 있어 비상시에는 이들을 즉시 전투에 투입할 수 있다. 이렇듯 한국군은 강인하고, 항상 준비되어 있는 인력이다.

나 스스로도 한국 육군대학 재학 때 목격했듯이, 한국군 장교들은 능력이 뛰어나며, 한국군 지도자들 또한 아직까지는 기계적인 주입식 교육의 한계는 있지만 계급별로 다양한 경험을 해 상상력이 풍부하고 유능하다. 굳이 미군이 한국에 주둔해 있지 않아도 북한을 격퇴할 충분한 능력을 갖췄다는 뜻이다.

반면 한국은 서울이 비무장지대와 너무 가까워, 북한이 공격해올 경우 시민들이 다수 희생될 가능성이 높다. 클린턴 전 대통령이 비무장지대를 방문한 뒤 "세상에서 가장 무서운 지역"이라고 말했듯이, 비무장지대는 엄청난 병력과 화력이 집중되어 있는 곳이며 서울과 너무 가깝다.

이제 한국 군부는 더 이상 권력을 잡기 위해 정치에 개입하거나 어두운 그림자를 양산하지 않는다. 군부가 정치에 개입하던 시대는 뒤안길로 사라졌다. 육군사관학교 시절, 내가 영어를 가르쳤던 생도들도 이제 한국군을 이끄는 높은 지위에 올라 있다.

언젠가 군부가 정치에 개입할 가능성을 물어보자 그들은 "군대가 정치에 개입하는 일은 없을 겁니다. 우리는 민주주의를 위해 헌신할 각오가 되어 있습니다"라고 단호하게 대답했다. 노무현 현 대통령과 김대중 전 대통령은 군부에 우호적이지 않지만, 군부는 두 대통령을 배척하지 않았으며 강한 충성심을 보였다. 한국군은 국민이 선출한 대통령의 신성함을 충분히 인식하고 있으며, 정치적 중립이라는 약속을 민주주의에 헌신하겠다는 일관된 태도로 증명해왔다.

베트남 전쟁 중에도 한국군은 가장 용맹한 병사들이었으며, 미군도 다름 아닌 한국군을 믿고 함께 싸워나갔다. 나는 훗날 진해에 있는 육군대학에 다녔을 때도 베트남전에서 용맹을 떨친 바로 그 장교들과 함께 수업을 듣고 개인적 친분을 쌓았다. 육군대학 32기 동기 중에는 미국으로 말하자면 의회에서 수여하는 최고 훈장인 영예훈장 Medal of Honor에 해당하는 화랑무공훈장을 받은 장교도 있었고, 일부는 특수부대 요원으로, 일선에서 전투를 지휘한 보병장교로, 아니면 지원 인력으로, 뛰어난 용맹과 능력을 발휘해 모두들 적어도 하나씩은 훈장을 받았다. 그들의 투철한 군인정신과 뛰어난 능력은 더 이상 말할 필요도 없는 셈이다. 이 외에도 나는 육군사관학교에서 가르쳤던 젊은 장교가 하늘을 찌를 듯한 용기와 사기로 부대를 이끄는 모습을 지켜보았다. 한국군의 용기와 능력은 의문의 여지없이 뛰어나다. 오히려 한국 정치인과 국민들이 역부족이라는 느낌이 들 정도다. 이를테면 김대중 정부는 어이없는 햇볕정책, 우유부단한 대북 정책을 펼쳤다. 또 그 결과, 현대를 비롯한 재벌기업들이 북한에 대규모 뇌물을 제공한 사실이 드러났으며, 김대중 대통령은 그런 사실을 모두 주지하고 있었다. 즉 김대중은 뇌물 공여를 공모하고 북한과 비밀리에 후원하는 역할을 한 셈이다.

국가안보 보좌관이었던 리처드 앨런은 "김대중 정부의 햇볕정책은 북한에게 큰 선물 보따리를 안겨주는 것이었다. 남북관계를 획기적으로 개선했다는 공로로 노벨평화상을 받았지만 5년의 집권 기간 중 마지막 몇 달 동안 김대중 정부는 소름끼치는 위험에 직면했다. 북한이 비밀리에 우라늄 농축 시설 개발에 열중하고 있었던 것이다"라고 썼다.

실제로 대북 스캔들이 터지면서 햇볕정책의 허구성도 만천하에 드러났다. 이에 대해 앨런은 "김대중 대통령은 미국에게는 북한을 '합리적'으로 대하라고 강하게 요청하면서도, 자신의 업적을 챙기기에만 바빴다"고 언급했다.

김대중 대통령이 나라를 위험에 빠뜨리면서까지 자신의 명성과 영예를 수호하느라 급급했던 나머지, 북한은 개혁이나 핵확산금지조약의 준수에 대한 압력을 거의 받지 않고도 위험한 시기를 수월하게 넘길 수 있었으며, 동아시아-태평양 담당 국무부 차관보인 제임스 켈리James Kelly와 다른 미국 관리들이 핵합의를 위반했다고 맹렬히 비난하자 그제야 조약 위반은 시인했지만 결코 사과는 하지 않았다. 아니, 오히려 과거처럼 비난과 위협을 서슴지 않았다. 그리고 이 같은 북한의 파렴치한 행동과, 국가 재산을 낭비한 김대중 대통령의 무책임한 행동은 국민들을 혼란스럽고 당황하게 만들었다.

김대중 전 대통령과 노무현 현 대통령은 '이해할 수 없는'

정책으로 한국을 중립적 태도로 이끌어가고 있다. 앨런은, 한국은 "중립적인 위치에서 평양과 워싱턴을 중재하는 역할을 자임하며 오히려 양국에 '신중하라'고 요구하고 있다. 한국이 취하는 냉소적인 태도는 양국의 신의를 저버리는 행동이다"라고 언급했다. 정말로 '이해할 수 없는' 일 아닌가. 또 앨런의 지적처럼, 북한은 언제나 한국과 그 동맹국을 이간질시키려고 안간힘을 써왔고, 특히 한미관계를 분열시키는 데 혈안이 되어 있다. 북한은 한민족의 오랜 정서인 '한'을 통해, 미국에 시달려 왔다는 감정적 호소로 이남 사람들을 선동했고, 유감스럽게도 한국 사람들은 대부분 긍정적인 반응을 보여왔다.

하지만 이러한 대처는 북한으로 하여금, 물리적 충돌을 포함한 모든 대결 국면에서 한국 정부와 한국인들이 유화적으로 대처할 것이라는 오해를 품게 만든다. 즉 북한의 위협을 맹목적으로 부인하는 일부 한국인들의 의지가 한국 정부의 지도력에까지 반영된 듯하다.

이런 한국 정부의 태도는 사실 무척 이해하기 힘들다. 한국 당국은 북한의 공격 가능성을 애써 무시한 채, 미국과 북한 사이의 적대적 관계 때문에 없던 공격 가능성도 생겨났다는 엉뚱한 원망을 하기도 한다. 그러나 이런 태도는 북한 문제에 무관심하다는 사실을 반증하는 것밖에 되지 않는다.

이제 한국 정부는 북한 문제에 좀 더 적극적으로 개입하고 행동해야 한다. 북한 문제는 어디까지나 남북한 민족의 문제며, 위험에 처한 곳은 다름 아닌 한반도이기 때문이다. 또한 한국은 어렵게 쟁취한 독립과 피땀 흘려 일궈낸 경제 성장과 민주주의를 지키기 위해서라도 올바른 행동을 취해야 한다. 이제 최종 선택권은 한국 국민들에게 있다. 미국은 한국이 최선의 선택을 하기를 바랄 뿐이다.

| 중국의 주도적 역할

중화인민공화국은 동아시아 지역에서 가장 큰 영향력을 가진 나라이다. 한국과 중국에서 미국대사를 지낸 제임스 릴리는 중국을 "북한 문제를 해결하는 데 절대적으로 필요한 참여자"라고 표현했다. 사실 릴리만큼 뛰어난 직관력과 분석력으로 동북아시아 문제를 깊이 이해한 사람도 드물 것이다.

중국은 북한의 거의 유일한 우방이었다. 그러나 북한이 부자간 권력을 세습하고 경제사정 악화로 도움을 청해오자, 중국은 더 이상 북한같은 친구를 원치 않게 되었다. 북한은 그런 중국의 태도 변화에 매우 당황했다. 중국은 때론 뻔뻔스럽게 요구를 들이대는가 하면, 때론 저자세로 끊임없이 원조를 바라는 북한을 군말 없이 지원해 왔다.

하지만 중국은 북한이 국제적으로 관계를 개선하고 경제를 발전시키려는 계획에 걸림돌만 될 뿐 아무 도움이 되지 않자, 원조규모를 계속 줄여 나가고 있다. 또 중국은 만일 한반도에서 충돌이 일어나도 중립을 지킬 가능성이 높으며, 기껏해야 국경 근처에 대규모 병력을 배치해 북한을 탈출하려는 대량 난민을 막고 자국에 이익이 되도록 처신할 것이다. 아울러 중국은 정치적 영향력을 확대하기 위해 한반도 갈등을 이용하겠지만 결코 전쟁을 지원하거나 부추기지는 않을 것이다.

중국은 현재 내부적으로 많은 변화를 겪고 있다. 따라서 공격적으로 공산주의 확산에 힘썼던 과거에 비해, 이데올로기 확산에 많은 비중을 두지 있지 않는다. 아울러 지난 수십 년간 이뤄온 꾸준한 경제성장과 번영과 함께 더디지만 정치도 조금씩 개혁해 나가고 있다. 경제성장에 가치를 두고 주변국들과 조화롭고 안정적인 관계를 유지하려는 국가로 변모한 것이다. 중국 공산당 총서기인 후진타오는 워싱턴을 방문하면서 남북한 문제를 평화적으로 해결하기 위해 노력하겠다는 입장을 분명히 밝혔다. 후진타오 역시 다루기 힘들고 호전적인 북한이 중국 발전에 큰 장애가 된다고 본 것이다. 또 그는 경제 발전이야말로 중국을 근대화시키는 주요 동력이라고 생각해, 일본의 점진적인 군사력 증강과 지역 활동의 확대를 눈감아주고 그 대가로 경제 협력을 끌어내려 하고 있다.

하지만 후진타오는 일본이 동북아시아에서 지나치게 세력을 확대해 북한에 강한 압력을 가할 경우, 위기감을 느낀 북한이 핵무기를 개발할 수도 있다고 염려해왔다. 구체적으로 드러나지는 않았지만 다른 공산당 지도부도 비슷한 걱정을 하고 있는 듯했다. 게다가 북한에서 대량 난민이 중국으로 넘어올 가능성이 큰 것도 걱정거리였다. 지금도 몇 천 명밖에 안 되는 북한 탈북자 문제로 골머리를 앓고 있는데, 수백만 명이 몰려든다면 감당하기 힘들다고 판단한 것이다. 이처럼 중국은 여러모로 북한 문제에 골머리를 썩고 있다.

또 극한까지 치달은 북한의 경제상황도 중국에게는 큰 부담이다. 북한은 중국의 자금, 연료, 식량과 기타 지원 물품을 끊임없이 빨아들이는 블랙홀과 같기 때문이다. 북한은 한시도 호전적인 태도를 늦추지 않고 평화보다는 갈등과 분쟁을 일으켜 국제사회의 눈총을 받아왔다. 게다가 중국 지역에 긴장을 조성해 외국인의 중국 투자에 방해가 되어 모든 면에서 중국 정부의 불만을 샀다.

한편 중국은 과거 불편하고 적대적인 관계였던 한국과 급속히 가까워지고 있다. 노태우 대통령이 펼친 성공적인 북방정책 덕이었다. 현재 양국은 그 어느 때보다 긴밀한 관계를 유지하고 있으며, 한국은 중국 투자 규모를 꾸준히 늘리며 경제 영향력을 확대하고 있다. 그리고 중국도 한국과의 교역에 만족하고 있다. 과거 두 나라가 적국이었다는 사실이 믿기지 않을 정도다. 중국은 남북통일이 한국 주도로 이루어져 국경을 맞대게 되어도 그리 걱정할 필요가 없다고 생각하는 듯하며, 오히려 전통적 라이벌인 일본과의 사이에 한국이 완충 역할을 해주고 낙후 지역인 한국과 중국 접경 지역을 발전시키는 데 많은 도움을 줄 것이라 기대한다.

황해로 흘러드는 두만강 물줄기가 있는 이 지역이 만일 중국 남부해안처럼 번영하면 양국 모두에게 큰 이익이 될 것이며, 이 경제적 번영은 북한과 중국의 국경 지역 안정에도 큰 영향을 미칠 것이다. 예를 들어 남북통일로 국경 지역이 새롭게 발전하면 중국은 경제적 편익뿐만 아니라 탈북자 제지를 위해 국경 지역에 배치했던 인력을 생산적인 곳에 활용해 일석이조의 이익을 거둘 수 있다. 이렇게 경제적 측면만 살펴봐도 북한은 중국에 아무 도움이 되지 않는다.

　　물론 경제만 고려하면, 중국이 북한을 포기할지도 모른다는 주장도 설득력이 있고 그럴 만한 가치도 있다. 하지만 중국은 경제적 이유만으로 북한을 포기하지는 않을 것이다. 일본의 핵무장 가능성 때문이다.

　　사실 중국이 한반도 안정을 원하는 이유는, 일본이 비밀리에 핵무기를 개발해 어느 날 그 사실을 공표할 가능성이 있기 때문이다. 육군에서 중국 전문가로 활동했던 진 핸래티Gene Hanratty는 "북한이 일본을 사정권으로 삼는 미사일 시험과 핵 개발을 계속한다면 평화주의를 표방하는 일본도 가만히 있지 않을 것이다"라고 말한 바 있다. 또 헨래티는 북한이 공격적인 핵개발을 완성하리라는 것이 확실해지면, "이 같은 환경에서 일본이 선택할 수 있는 대안은 스스로 핵무장을 하는 것뿐이다. 또 일본의 핵무장은 주변 국가, 특히 중국이 정말로 원치 않는 일이다"라고 덧붙였다.

　　뿐만 아니라 한반도에 평화가 정착되면 한국과 일본에 각각 3만 7천명, 4만 명씩 주둔한 미군의 숫자도 크게 줄어들어 중국도 미국의 군사적 위협을 상대적으로 덜 느끼게 된다. 실제로 만약 한반도가 통일되면, 미국은 대다수의 지상군을 철수시키고 상징적인 의미로 한국 항구를 미 해군함정의 기항지로 선정해 공군기지 하나 정도만 유지할 가능성이 크다. 아울러 일본에 주둔한 미군도 크게 줄어들 것이다. 이것은 중국에게 매우 좋은 소식이다. 중국은 수십 년간 한국에 주둔해온 대규모 미군에 대해 자신들의 주권이 위협받고 있다고 생각했기 때문이다.

중국이 직면한 가장 골치 아픈 문제는 김정일 체제가 붕괴했을 때 중국으로 유입될 대략 수백만 명 정도의 난민이다. 그런 걱정을 하는 것도 무리는 아니다. 혼란이 닥쳤을 때 북한 주민이 선택할 수 있는 탈출로는 북쪽밖에 없기 때문이다. 남쪽 국경은 남북한 모두 비무장지대를 사이에 두고 철통같은 경비를 하고 있으며, 동서쪽은 바다이므로 모두들 절망 속에서 북쪽을 향할 수밖에 없다. 또 중국은 탈북자들을 볼 때 단순한 숫자가 아닌, 그들의 극심한 빈곤 상태를 염려한다. 기아와 질병에 시달리는 탈북자들이 가족을 살리기 위해 무슨 짓을 저지를지 모르기 때문이다.

중국은 그들이 매춘 등 범죄를 저지르거나 노동착취 대상이 되면서 생겨날 감당하기 힘든 사회 문제를 걱정한다. 사실, 국방포럼재단의 수전 숄티 같은 인권 운동가들은 "북한의 인권 상황이 최악"에 놓여 있다는 내용의 보고서를 연이어 발표하고 있다. 노예노동과 매춘 등 우려했던 모든 일들이 북한과 중국 국경 지역에서 일어나고 있다는 것이다.

사실 현재 탈북자 숫자는 앞으로 발생할 난민에 비하면 아주 적은 수에 불과하다. 국경을 넘어 중국으로 탈출하는 북한 난민이 급격히 늘어날 것이라는 전망 때문에 중국은 임시방책으로 국경을 철저히 감시하면서 불법 탈북자를 검거해 북한으로 강제송환하고 있는데, 비록 비인도적이긴 하지만 중국의 입장에서 보면 충분히 이해가 간다. 아울러 중국 지도부는 탈북자 대열로 대책 없이 골머리를 썩는 쪽보다는 오히려 북한 체제를 지원하고자 할 것이다. 이처럼 탈북자 문제는 수수께끼 같은 북한 문제를 푸는 핵심이므로, 우선 탈북자 문제를 해결하면서 나머지 문제를 해결할 실마리를 찾아야 하는데, 그 실례를 동남아시아에서 찾아볼 수 있다.

한때 태국 역시 공산화된 베트남과 크메르루주Khmer Rouge 정권이 들어선 캄보디아로부터 유입된 수많은 난민들로 혼란을 겪었다. 모두들 독재정권의 살인과 폭정을 피해 도망친 이들이었다. 게다가 베트남이 캄보디아를 침공해 크메르루주 정권을 전복시키자 그 수도 더더욱 늘어났다. 이미 국경에는 긴장이 감돌고 있는 가운데 난민 문제는 더더욱 상황을 악화시킬 가능성이 있었다.

결국 태국은 유엔 인권 위원회가 관할하는 난민 수용소를 세운 뒤, 이를 엄격히 통제하고 관리하는 방법을 택했다. 많은 정부와 비정부 기구들이 자금과 구호품을 지원하고 의사, 구호전문가, 보건전문가들이 난민 수용소를 찾아와 위생과 보건, 식량과 출입국 통제 등 다양한 업무를 훌륭히 수행했다.

물론 태국의 경험과 사례에도 긍정적인 측면과 부정적인 측면이 공존하지만, 어쨌든 이 사례를 중국에 적용해볼 수는 있다. 단 그러기 위해서는 중국의 민감한 반응과 탈북 난민들의 절박한 사정을 적절히 고려해야 한다. 우선 미국, 일본, 한국, 유럽국가, 아시아 국가, 호주, 남북 아메리카 국가 같은 많은 관련 국가들로부터 인도주의적 지원을 받아 난민 수용소를 건립한다. 그리고 관련 당사국들과 협의를 통해 완충 지역을 설정하고 탈북 난민이 중국에 있는 완충 지대로 올 경우, 다른 불법 입국자들과 마찬가지로 중국 국내법을 적용해 그들을 처벌하지 말아야 한다.

난민 수용소의 목적은 독재체제 하에서 고통 받는 북한 주민들이 안전지대에서 정신적·육체적 고통을 치유하고, 교육과 직업교육을 받은 뒤, 북한에 인도주의적 정권이 들어섰을 때 다시금 돌아가 새 국가 건설에 이바지하게 만드는 것이다. 또 상황에 따라서는 헤어졌던 남쪽 가족들과 함께 살거나 또 다른 이유로 한국에 정착할 수도 있다. 마지막으로 난민 수용소는 인권 보호나 구호 등 기본적 목표 이외에도, 북한이 자국 국민이나 인근 국가를 위협하지 않도록 북한 김정일 체제를 무너뜨리겠다는 궁극적 목표를 가진다. 아마 북한 주민들은 중국에 안전한 피신처가 있다는 소문을 들으면 스스로 탈북을 결정할 것이다. 물론 김정일이 대량 난민이 발생한다고 권력을 포기할 사람은 아니지만, 내부적으로 체제를 바꾸어야 할 필요성을 느끼게 될지도 모른다.

이와 동시에 지역 동맹국들은 예상치 않은 북한 내의 급격한 변화와 유동적인 상황에 대처할 준비를 갖춰야 한다. 사태 발생에 대비해 다양한 상황을 가정하고 거기에 맞는 시나리오와 철저한 대처 방안을 수립해 두어야 한다는 뜻이다. 이 시나리오는 철저하고 복잡하다는 면에서는 전쟁 계획과 비슷하겠지만, 전쟁을 막기 위해서 준비한다는 점에서는 전쟁 계획과 완전 반대다.

지금의 중국은 과거 김일성 시대 중국과는 완전 다르다. 최근 중국 지도부의 언행은 김일성 시대 언행과 분명히 다르며, 이제 그 달라진 모습을 세계에 증명할 기회가 왔다. 중국은 북한 체제를 변화시키는 연합 세력에 적극적으로 동참하는 국가가 되어야 한다. 그러나 중국은 오랫동안 북한의 가장 가까운 친구였던 만큼, 비록 관계는 예전보다 차가워졌어도 아직은 북한에 동정적 입장을 취하고 있다. 하지만 중국이 김정일 체제의 해체를 받아들일 가능성이 전혀 없는 것은 아니다. 북한 문제에 맞서 연합전선을 형성한 동맹국들이 북한 체제를 변화시켜야 한다고 결정하면, 중국도 마지못해 외교적으로 김정일에게 강경한 입장을 전달할 가능성이 있다.

하지만 동시에 다음과 같은 의문이 떠오른다.

과연 중국은 어느 정도까지 북한에 책임감을 느낄 것인가? 과연 동아시아 안정을 위해 위험을 감수하고라도 북한의 해체를 받아들일까?

언젠가 이 문제를 중국계 미국인 친구에게 물어본 적이 있다. 그러자 그녀는 "아니오, 중국은 대량의 북한 난민을 용납하지 않을 겁니다"라고 단호하게 답했다. 그래서 나는 그녀에게 태국이 인근 난민들을 어떻게 처리했는지 사례를 설명해준 뒤 다시 질문을 했다. 그러자 그녀는 "그렇다면 중국은 북한의 난민을 받아들일지도 모릅니다. 하지만 그 비용은 다른 나라가 부담해야 할 겁니다"라고 대답했다.

사실 경수로 비용에 비하면 난민 수용소 건설비용은 매우 적은 편에 속하며, 그 방법 또한 전쟁과는 비교도 안 될 만큼 인도적이라는 점을 생각할 때, 이 수백만 인명을 구할 비용을 국제사회가 기꺼이 부담할 가능성이 매우 높다.

물론 이런 일들이 진행될 때 김정일이 가만히 앉아서 지켜만 보겠는가, 하는 까다로운 질문도 남아있다. 질문에 질문으로 답하는 것은 썩 훌륭한 방법은 아니지만, 개인적으로 볼 때 이 질문에 대해서는 '미친 사람처럼 야단법석을 떨고 핵무기로 위협하는 것 외에 다른 방법이 있겠는가?' 라고 답하고 싶다. 즉, 그동안 주변국을 위협했던 협박을 계속 사용하겠지만 효과적이고 실제적으로 내밀 수 있는 협상 카드나 위협 수단은 거의 없다. 분명히 김정일은 핵무기를 보유하고 있으며 체제 위협이 들어오면 그것을 사용할지 모른다. 하지만 엄격히 말하면 그 핵무기는 단 한 번밖에 사용할 수 없다. 또 핵무기를 사용하려 든다면 김정일 자신에게 참혹한 결과를 초래하게 될 것이다.

빌 클린턴 전 대통령은 김정일에게, 만일 핵무기를 사용한다면 그 자신뿐만 아니라 나라 전체가 파멸하게 될 것이라 경고했고, 이 말은 아직까지도 유효하다. 중국 고위층도 그럴 경우 김정일과 그의 추종자들에게 가혹한 보복을 하겠다는 동맹국의 의사를 공식적이고 단호하게 전달할 것이다. 다시 말해 김정일은 자칫 잘못된 선택을 할 경우 보복으로 목숨과 모든 것을 잃게 될 것이라는 의미이다. 동시에 모든 것을 포기하고 도망친다면 그것을 용인하겠다는 의지도 명확하게 전달해야 한다. 만일 피신처를 찾는다면 그동안 공산국가로서 우정을 과시해온 카스트로 지배하의 쿠바 해변 정도가 적당하지 않을까?

물론 이러한 전략은 말처럼 간단하지 않고 나름대로 한계도 있다. 무엇보다도 국제사회에 거의 모습을 드러내지 않아 국제사회의 동향이나 메시지를 제대로 깨닫지 못하는 김정일의 폐쇄성이 가장 큰 문제다. 또 하나, 북한에 이 정보들을 효과적으로 전달할 수단이 없다는 것도 늘 등장하는 문제다. 연방수사국FBI 정보전문가였던 스킵 브랜든Skip Brandon도 북한이야말로 '침투하고 정보를 얻는 데 가장 힘든 나라'였다고 토로한 바 있다. 아울러 그는 "북한 사회의 전체주의적이고 폐쇄적인 특성 때문에 북한 정보원들도 정책 결정자에게 정보를 그대로 전달하는 대신 그의 입맛에 맞게 가공해 왜곡되게 전달할 가능성이 크다.

따라서 잘못된 정보에 기초해 중요 정책을 결정할 위험이 크다"라고 경고했다. 이처럼 북한에서 국가 정책을 결정할 수 있는 사람은 오직 김정일뿐인데, 정작 그는 측근들이 만들어낸 정보를 믿고 진실을 제대로 파악하지 못하고 있는 것이 아닌가 하는 우려가 있다.

실제로 김정일은 미국이 유화적인 태도를 보이자 아직도 자신이 강인한 지도자인 줄 알고 허풍과 위협으로 한국으로부터 원조를 끌어내려 한다. 따라서 과거 같은 행동으로는 더 이상 성과를 얻을 수 없다는 점을 그에게 인식시키는 것이 가장 중요한 과제다.

또 그가 현실을 직시하고 마음을 고쳐먹게 만들기 위한 또 다른 방법이 있다. 먼저 신속한 군사 행동이다. 하지만 무력 사용은 이라크와 아프가니스탄에서는 효과를 거뒀지만, 북한 문제에서는 우선시 할 수 없다. 물론 전쟁은 이기겠지만 그 와중 북한이 일본과 한국에 치명적인 손실을 입힐 수 있기 때문이다. 그래도 김정일을 대할 때에는, 늘 군사적 행동을 취할 수 있다는 점을 인식시켜야 한다. 아무리 최후에 선택할 수단이라 해도 협상 테이블에서 그 가능성을 내비쳐 협상을 효과적으로 이끌어야 한다는 뜻이다.

사실 보복 가능성을 배제한 협상은 효과를 거두기 힘들뿐만 아니라 미국의 지위까지 약화시킨다. 역사적으로 히틀러, 스탈린, 사담 후세인, 김정일 같은 독재자와 진행하는 협상에서 채찍 없는 당근을 내미는 행위는 무용지물에 가까웠다. 독재자들은 상대가 무력 사용을 꺼린다는 인상을 주면 더 광폭하고 공격적인 행동을 하게 마련이다.

따라서 미국은 채찍과 당근을 적절히 사용해 북한과 효과적으로 협상을 진행하되, 북한에게 군사 행동 가능성을 경고하게 될 경우에는 정당한 이유와 확실한 목적, 구체적인 공격 목표, 비용과 대가 등을 신중히 분석해야 한다.

하지만 일부 사람들은 이처럼 복잡한 과정을 거치는 것을 달가워하지 않는다. 군사 행동이 어차피 최후의 선택 수단이라면 구태여 협상 과정에서 무력사용 가능성을 언급할 필요가 있냐는 말이다.

대답은 간단하다. 여기서의 군사적 행동이란 실제 적용이라기보다는 외교에 가깝다. 군사 행동을 제시함으로써 협상력도 크게 증가한다는 뜻이다. 예를 들어 신뢰를 구축한다고 협상 과정에서 군사 행동 가능성을 언급하지 않으면, 김정일은 상황을 오판해 협상에 진지하게 임하지 않을 수 있다. 반면 군사 행동 개연성이 있는 상태가 되면, 양측은 합리적이고 현실성 있는 합의를 도출하려고 노력한다. 물론 과거의 협박과 선전이 효과적이었다고 믿고 그때의 영광에 도취해 있는 독재 국가들은 군사적 위협을 제시해도 현실적인 협상을 거부할 수 있다. 북한 역시 협박이 먹혀들었던 과거를 상기해 계속 그 전법을 사용하며 협상을 기피할 수도 있다는 뜻이다.

이런 측면에서 볼 때, 무력보다 회유를 사용했던 미국의 협상은 실패로 끝났고 그 여파가 아직도 국제 외교에 악영향을 미치고 있다.

예를 들어 소말리아에서 미국은 군사 작전을 꺼렸고, 미국이 유화적이라는 메시지를 상대측에게 전달한 꼴이 되었다. 즉, 미국은 말과는 달리 직접적인 군사 개입을 꺼린다는 부정적 인상을 남긴 것이다. 결국 이러한 미국의 과거를 목격한 북한은 계속 적대적 태도를 고수할 가능성이 있다.

반면 이라크와 아프가니스탄에서 취했던 미국의 군사 행동은, 옳다고 생각한 정책에 대해서는 과감하고 단호하게 군사 행동을 취한다는 긍정적 메시지를 전달했다. 북한은 미국의 정책을 선견지명으로 바라보아야 하며, 현재 미국은 북한과의 협상을 성공적으로 진행하기 위해서라도, 역설적이긴 하지만 전쟁을 막기 위해서라도, 이라크전을 성공적으로 마무리 지어야 한다. 그렇지 않으면 북한은 과거처럼 미국을 종이 호랑이로 여길 것이다.

또 하나, 이 과정에서 중국의 역할이 매우 중요하다. 중국은 이제 김정일에게 과거에 취했던 전술이 더 이상 먹히지 않음을 명확히 전달하고, 미국을 비롯한 동맹국과 협조해 김정일 정권을 좌시하지 않겠다는 외교적 메시지를 전할 필요가 있다. 이처럼 관련 당사국들의 공조가 북한 권력이 해체되는 과정에서도 계속 유지된다면 그 효과도 상당할 것이다. 때때로 긴장이 고조되어 위험해 보이기도 하겠지만, 김정일은 무모한 행동을 할 경우 감당하기 힘든 보복이 따른다는 것을 분명히 인식하게 될 것이다. 아무리 허풍을 치고 위협을 해도 한국과 미군의 연합 세력을 당해낼 능력이 없다고 깨달을 것이다. 결국 자살하거나 도망치는 방법 외에는 뾰족한 수가 없으리라.

　이제 미국은 과거와 달리 힘을 바탕으로 한 단호한 의지와 인내로 한반도 문제를 해결해야 한다. 실제로 북한은 이라크 전쟁을 보며 '충격과 두려움'에 휩싸였다. 이라크는 북한군과 마찬가지로 소련군 체제를 답습했지만, 미국은 이라크를 매우 효과적으로 제압했다. 그 모습을 본 김정일은 자신도 미국을 이기기 힘들겠다는 느낌을 받았을 것이다. 사담 후세인을 목표로 한 집중 공격은 김정일의 간담을 서늘하게 만들었을 것이다. 김정일은 허무하게 무너진 사담 후세인을 보고, 자신이 가진 '친애하는 지도자 동지'의 지위도 하루아침에 물거품이 될지 모른다는 두려움에 떨었을 것이다.

　김정일이 아무리 괴팍하다 한들, 그 역시 사람인 이상 죽음을 바라지는 않을 것이다. 따라서 자신과 국가 전체를 자살 공격으로 몰아갈 생각이 없다면, 그는 강한 메시지를 남긴 이라크의 교훈을 따라야 한다. 아마 김정일은 자신에게 전쟁을 이길 능력이 없다는 현실을 인정하기 힘들었을 것이다.

　다른 사람의 목숨은 경솔하게 죽이고 살릴 수 있는 자신의 힘도, 실제로는 보잘 것 없다는 사실을 쉽게 받아들이지 못했을 것이다. 이제 김정일은 한동안 스스로의 초라함을 되씹으며 사실을 받아들여야 한다.

　시간이 걸릴지 모르겠지만, 어쨌든 그도 상황을 자세히 파악하면 할수록 자신의 군사적 능력이 초라하다는 사실을 절감할 수밖에 없을 것이다. 또 김정일이 진실을 파악하기도 전에, 추종자들이 먼저 북한이 처한 절박한 현실을 깨닫고 행동을 취할 가능성도 있다.

| 양자 협상인가, 다자 협상인가?

김대중 정부가 남북협상에서 군사적 사항을 배제하자, 북한도 편안한 마음으로 협상에서 주도권을 잡을 수 있었다. 뿐만 아니라 북한은 협상에 임하는 조건으로 많은 보상까지 받았다. 대북 뇌물 스캔들을 조사한 결과, 한국은 북한이 남북회담에 참석하고 극심한 비난을 거두는 대가로 북한에 '수억 달러'를 지불했다. 결국 북한 지도부는 노무현 대통령과도 동일한 거래를 할 수 있으리라 생각했을지 모른다. 이처럼 미국은 대북 협상에서 혼란이 양산되자, 북한이 원하는 양자 협상이 아닌 다자 협상을 주장하게 되었다. 또 그동안 부시 행정부는 북한과 양자 협상을 고집해 많은 비판을 받아왔다.

잠시 여기서 '북한과 양자 협상을 할 경우 미국이 치러야 할 대가'를 한 번 생각해보자. 미국 사람들은 어릴 때부터 성급한 행동보다는 대화가 먼저라는 말을 듣고 자라왔다. 하지만 북한에 대해서만큼은 사정이 다르다. 북한은 언제나 애초부터 협상할 의도도 없으면서 대화에 참여하는 척해, 미국과 우방국 또는 동맹국 사이를 이간질해왔다. 또 그렇게 해서 이득을 챙기기 위해서 줄기차게 클린턴 행정부에 양자 협상을 요구해왔다.

하지만 미국이 이 같은 요구를 수용할 경우, 북한은 주도면밀하게 거짓 선전과 정보를 흘려 미국과 동맹국 사이의 관계를 단절시키거나 상호 신뢰를 손상시킬 것이다. 따라서 미국은 북한과 협상할 때 강경한 입장을 고수해야 하고 유화적인 태도를 취하지 말아야 하며, 북한과 양자 협상이 아닌 다자 회담을 진행해야 한다. 또 이 말고도 다자 협상이 필요한 이유가 또 있다.

다름 아니라 양자 협상을 하게 되면, 양국의 대화는 대결 국면을 띠게 된다. 즉 승자와 패자로 나뉘면서 부정적인 영향을 미칠 수 있다는 것이다. 아마 북한은 공격적인 자세로 협상 테이블에 임해 미국의 의견이라면 무조건 불신하며 반대할 것이다. 또 대량살상무기 개발 의혹에 대해 유엔 사찰단의 사찰을 받는 조건으로 구체적인 대가를 원할 것이며, 앞서 그랬듯이 막상 대가를 받고나면 말을 바꿔 의무 이행을 교묘히 회피할 가능성이 높다. 반면 최소 중국과 일본, 한국, 가능하면 러시아까지 참가하는 다자 회담은 양자 협상보다 대결적 국면으로 치달을 가능성이 적고 북한도 다른 국가를 의식해 노골적인 적대감을 표시하기 힘들 것이다.

사실 미국은 지금껏 흑백이 나뉘는 양자회담이 결코 바람직하지 않은 결과를 초래한다는 사실을 목격해왔지만, 놀랍게도 한국 정부는 일부 문제에 대해서 북한에 동정적인 입장을 취하고 있다. 어디로 튈지 모르는 북한의 성향을 두려워하는 것이다. 그러면서도 한국은 북한의 위협이 누그러지기를 간절히 바라는 동시에, 관계를 개선해 북한의 저렴한 노동력을 활용하고 한국에서 생산한 기초 소비재를 북한에 판매하고 싶어 한다.

지금까지 경험했듯이 비무장지대를 사이에 두고 나뉜 남북한은 55년간의 애증으로 많은 갈등을 겪었다. 그들은 서양 문명과는 확연히 다른 고유한 문화를 공유하고 있었던 이유로, 추상적으로나마 통일을 달성하리라는 소망을 품고 있었으며, 한국 역시 미국이 예상했던 것보다 많은 사안에 대해 북한에 우호적인 태도를 보였다. 물론 이런 한국의 자세는 다자간 협상에 긍정적인 영향을 미칠 수 있지만, 다만 다른 국가들과 긴밀한 협조 관계를 유지하고 평양과 은밀한 거래를 하지 않을 때의 얘기다. 다자 협상에는 동맹국 사이에 전략적으로 지켜져야 할 원칙이 있기 때문이다.

일본은 역사적으로 동북아시아에서 중요한 역할을 해왔기 때문에 북한과 관련된 회담이라면 어떤 것이든 반드시 참여해야 한다. 많은 이들이 간과하고 있지만, 일본은 만만치 않은 군사력과 막대한 경제력을 갖추고 있어 상당한 영향력을 발휘한다. 냉전시대 미국은, 미·소 양국의 극단적인 대립과 소련과 중국이 동북아시아 지역에 위협적 존재로 남아 있는 상황에서, 일본이 군사력을 키워 아시아 방위에 대한 부담을 덜어주기를 원했다.

결국 미국은 종전 후 일본 군사력을 제한한다는 규정을 의도적으로 외면했고, 미국의 바람대로 일본은 군사력을 증강했다. 자기방어와 단기적 전투 능력에서 가공할 전력을 갖춘 것은 물론, 정교한 미사일 방어 시스템 개발까지 추진하고 있다. 또 북한이 미사일을 실험할 때마다 일본은 방위력 증강에 몰두해 이제는 방어 수준을 넘는 10년 전에는 상상조차 할 수 없었던 공격 능력을 갖추었다. 제2차 세계대전 직후, 일본인조차 존경을 표했던 맥아더 장군은 전쟁을 금지하는 일본 헌법(제4조는 국가 정책으로 전쟁을 불법으로 간주한다)을 제정해 놓았지만, 헌법은 얼마든지 개정할 수 있다. 즉 북한의 심각한 위협에 직면하면 일본 스스로 그 헌법을 개헌할 수 있다는 이야기다.

아울러 일본도 핵무기 개발에도 손을 댈 가능성이 있지만, 아시아의 어떤 국가도 일본의 핵무장을 원하지 않는다. 특히 중국은 공개적으로 일본의 핵무장 가능성을 경계하고 있는 상황이다. 그러나 일본은 현재 막강한 경제력을 보유했고 비이성적이며 잇속에 밝은 북한을 다룰 능력이 있으므로, 동맹국들도 일본의 핵무장 가능성을 알면서도 다자 협상에서 구태여 이 문제를 논의하려 하지 않을 것이다. 과거에 북한은 무고한 시민의 납치, 마약 밀매, 돈세탁, 테러 작전, 일본 근해에 미사일 발사와 같은 상식을 벗어난 행동으로 일본을 경악케 했다. 또 지금도 북한은 일본과의 관계개선에 노력하는 대신 미사일 발사와 같은 무모한 행동으로 일본을 위협하고 있다. 하지만 북한이 잊지 말아야 할 점은, 일본 역시 미국에 버금가는 자본을 북한에 투자할 능력이 있는 국가라는 점이다.

동북아시아에서 위기감이 고조되자 일본은 바람직한 방향으로 신속한 행동을 취했다. 또 북한을 압박하려는 행동을 취하면서도, 필요 이상으로 화려한 수사를 동원하지도 않았고, 아울러 공격적인 언사도 자제했다. 이 같은 행동은 칭찬받을 만하다. 일본은 북한과 고위급 회담을 열고, 최소한 한국이나 미국과 함께 사전 협의한 전략에 따라 행동과 조치를 취하겠다는 의사를 전달했다. 그리고 이런 식의 압력은 김정일로 하여금 더 경직된 태도를 고수하도록 만드는 공개 회담이나 대외적 발표보다 큰 효과를 거두었다.

일본은 오랫동안 북한의 시장 역할을 해왔다. 또 야쿠자 송금 등 현금을 공급하는 원천이었다. 하지만 북한의 비상식적인 행동으로 위기가 고조되자 북한에게 허락했던 암묵적인 교류를 차단했다. 대북 송금은 급격히 줄었고, 마약(헤로인과 필로폰), 위조화폐와 무기를 실어 나르던 북한 선적 화물선도 철저한 수색을 받았다. 또 일본은 안전 점검과 항구 수색을 이유로 북한 선박을 수주일 동안 항구에 묶어 놓는 등 북한에 암시적인 경고를 보냈다. 그리고 사태를 깨달은 북한은 일본으로 가는 선박에 불법 물품을 함부로 싣지 않도록 주의를 기울이거나, 압수당할 각오로 실어야 했다.

일본을 포함해, 호주나 싱가포르처럼 자유 수호에 헌신적인 국가들은 조용하지만 단호하게 북한의 범죄 행위나 테러 행동을 차단하고 있다. 그동안 북한은 현금을 획득하기 위해 범죄 집단과 다름없는 범죄행위를 수없이 저질러 왔다. 그러나 상황이 바뀌어 처벌과 보복 없이는 과거 같은 범죄를 저지르기 힘들다고 판단한 북한은 어쩔 수 없이 변해야만 했다.

다시 말해 일본의 대 북한 전략은 '아나콘다 전략Anaconda Strategy'이라고 칭할 수 있다. 남아메리카 열대우림에 서식하는 대형 뱀 아나콘다는 몸으로 먹이를 조여 죽이는 것으로 유명하다. 하지만 아나콘다는 일반적인 생각처럼 먹이를 한 번에 죽이지 않는다. 처음에는 똬리를 틀어 먹이가 겨우 숨만 쉴 정도로 조이다가, 먹이가 숨을 토해낼 때마다 때를 놓치지 않고 조금씩 조여 나간다. 결국 아나콘다의 전리품은 모든 공기를 다 토해내고 질식해 죽게 된다. 그리고 일본은 이처럼 북한에 봉쇄를 가하는 대신,

불법 해상 운송 제지 등 간접적 방법을 이용했다. 즉, 북한 스스로 불법 활동을 중단할 때까지 조금씩 압박을 가한 것이다. 이처럼 다자간 협상에서 성공하려면 일관적인 노력을 기울이되 묵시적이지만 정확한 메시지를 전달해야 한다. 북한이 진정한 메시지를 듣도록 만드는 것이다.

가장 좋은 전략은 한 손에는 원조라는 당근을, 다른 손에는 군사적 압박이라는 채찍을 쥐는 것이다. 부분적으로 당근을 제시할 수도 있겠지만, 최소한의 손실 내에서 가능한 한 빨리 북한 정권을 교체하겠다는 궁극적 목표를 비밀리에 합의해야 한다. 개인적으로 볼 때, 북한 정권교체라는 힘든 목표를 달성하려면 미국이 나서서 관련 당사국, 특히 중국과 일본, 한국과 완전한 공조체제를 수립해야 한다고 생각한다.

현재 김정일을 몰아내는 가장 조용하고 효율적인 방법은 직접적인 대립이 아닌 내부 붕괴를 유도하는 것이다. 현재 김정일은 두 부류의 사람을 볼모로 잡고 있다. 바로 대도시 서울 시민들과 자신의 발굽 아래 고통 받는 북한 주민들이다. 김정일은 이 사람들을 볼모로 권력을 연장하고 영화를 누리고 있는 상황이며, 그 추종자들은 기꺼이 친애하는 지도자 김정일의 비위를 맞춰주고 그 대가로 권력을 휘두르며 화려한 삶을 즐긴다. 하지만 역사적으로 볼 때 부패가 깊어질수록 나라 사정은 어려워지게 마련이고, 그로 인해 독재자가 제공하는 권력과 재화가 적어지면 충성을 맹세했던 부하들도 등을 돌려 체제가 내부에서 붕괴한다. 현재 우리가 취할 수 있는 것도 바로 이 방법이다.

목장을 운영하는 사람은 동물 하나가 병들면 병이 번지기 전에 가능한 한 고통 없이 그 동물을 도살한다. 김정일 체제 역시 병든 동물과 다름없으므로 북한을 처리하는 방식도 목장 주인의 방식을 따라야 한다.

    김정일은 자신이 저질렀던 비인간적 행동들, 특히 북한 주민에게 자행했던 극악한 행동에 대해 국제사회의 처벌을 받아야 한다. 단기적으로 고대 중국의 전략가 손자가 그랬듯, 김정일에게 도망갈 기회를 제공하는 것도 한 방법이다. 김정일은 체포라는 치욕적인 종말을 피하기 위해 그 제의를 수용할 수도 있다. 그러나 가능한 한 독재체제를 빨리 끝내기 위해서는 망명이든, 투옥 또는 처형이든, 방식은 그리 중요하지 않다. 다만 김정일이 북한과 다른 국가에 더 큰 피해를 입히기 전에 하루 빨리 그를 제거해야 한다.

    몇 가지 측면에서 보면, 김정일의 가혹한 통치는 오히려 북한 체제 변경을 이끌 수 있는 토대가 될 수 있다. 아버지 김일성의 경제 경책을 그대로 따른 김정일은 결국 북한 경제를 회복 불가능한 지경으로 내몰았다. 이는 북한 붕괴 가능성을 유도하는 좋은 징조이다. 북한 주민들은 목숨이 왔다 갔다 하는 극한 상황에 처해 있는데도 김정일과 그 추종자들은 흥청망청 사치스러운 생활에 빠져 있다. 부패한 공산주의 독재자의 전형적인 모습이다. 북한 주민이 도탄에 빠진 것은 바로 그 어리석은 경제 정책과 사치 때문이지만, 그렇다고 김정일이 이 모든 것을 포기하지는 않을 것이다.

    김정일은 만일 궁지에 몰려 공포감을 느끼면, 권력을 유지할 마지막 수단으로 주변국을 협박할 수 있으며, 이 위협은 분명

우려할 만하다. 어떤 협박과 위협일지는 모르지만 김정일의 순간적인 오판으로 무고한 인명들이 목숨을 잃을 수 있다. 이처럼 우리는 권력을 유지하기 위해 물불을 가리지 않는 김정일을 반드시 막아야 한다. 장기적으로 볼 때, 김정일의 몰지각한 행동은 잠시간 체제를 연장시킬 수는 있겠지만 결국 자신의 지위를 더욱 약화시키는 결과를 초래할 것이다. 그리고 바로 그때 관련 당사국들은 협조를 통해 그를 제거해야 한다.

그동안 김정일은 비참한 주민들의 현실을 무시한 채 혼자서 막강한 권력과 호사스런 생활을 누려왔다. 그리고 이제 주변국들은 이러한 그를 역사에서 영원히 제거하기 위해 힘을 합치고, 자멸의 길을 걷고 있는 북한 독재체제에 마지막 일격을 가해야 한다. 여기서 중요한 역할을 담당하고 있는 쪽은 중국과 일본, 한국과 미국이다.

뿐만 아니라 영국도 협력 파트너가 되며 러시아도 도움이 된다. 그리고 이 모든 당사국들은 보조를 맞추어 김정일을 압박하는 전략을 실행해야 한다. 압박은 구체적이고 단호해야 하며 강도를 점점 높이되 흔들리지 말아야 한다. 김정일에게 이제는 더 이상 현 체제를 유지할 수 없으며, 권력에 집착할 경우 힘으로 제압 당할 것임을 분명히 인식하도록 해야 한다. 무력의 사용 여부에 상관없이 조금의 틈도 주지 않으며, 진지하고 단호하게 김정일 체제를 압박해야 한다. 즉 공공연한 협박은 아니더라도, 간과하기 힘든 압박 공세를 펼쳐야 한다는 뜻이다.

또 동시에, 그 사이 김정일이 도망칠 수 있는 출구를 조용히 열어주어야 한다. 하지만 북한 붕괴가 초읽기에 들어갈 경우, 그의 망명을 받아줄 나라가 있을지 의문이다. 절대권력은 절대적으로 부패한다는 속성이 있기 때문이다. 그러나 어쨌든 김정일은 도망칠 곳이 있다는 희망이 있어야만 망명을 받아들일 것이며, 그로 인해 북한 독재체제도 종식될 것이다. 다시 말해 도망칠 곳이 있다는 희망은 체제 종결에 매우 중요한 역할을 한다. 갈 곳이 없다면 또다시 무모한 도전을 해 주변국에 커다란 피해를 입힐 수 있기 때문이다. 모르긴 몰라도 마지막 순간, 옛 친구 하나가 나서 그가 숨어 살 수 있는 자리를 마련해줄 수도 있다. 이 같은 상황이 반드시 일어날 것이라 확신하기는 힘들지만, 역사에 선례가 있으니 불가능하다고만은 할 수 없다. 그러나 김정일을 에워싼 군부가 목숨을 걸고 권력을 지키겠다고 나서면 무력 충돌은 불가피하다. 반면 그들도 도망갈 곳이 있다고 생각하면, 김정일을 배신하고 망명을 선택할 수 있다.

이 순간 동북아시아는 미국의 안보, 현재와 미래, 경제성장에 매우 중요한 지역이다. 중국과 일본, 미국은 세계에서 경제 규모가 가장 큰 국가며, 상당한 경제력을 갖춘 한국도 통일만 된다면 세계 경제를 주도하는 강국이 될 것이다. 그동안 안보 문제로 낭비했던 시간과 정력을 경제 발전에 쏟는다면 얼마나 좋겠는가? 즉 한국과 한반도 전체의 경제 발전을 위해서라도 우리는 북한을 급격히 개혁, 체제를 변경해야 한다. 미국은 북한에 가장 많은 자금을 제공하는 나라인 동시에, 군사작전을 감행할 경우 이를 주도하는 국가가 될 것이다. 아프가니스탄과 이라크에 대한 무력 개입 이후, 미국은 코앞에 닥친 위험을 모르고 날뛰는 국가들에게 시어도어 루스벨트가 시행했던 '곤봉정책Big Stick Policy'을 21

세기적으로 활용하려 한다. 하지만 곤봉정책은 긍정적인 효과보다 역효과가 크고, 북한의 과장된 위협에 적절하게만 대처하면 이 정책은 사용할 필요가 없다. 북한의 허풍은 절망적이고 취약한 북한의 상황을 반증하는 것 뿐이다.

이제 우리는 독재체제 종식에 집중하되 강한 의지를 표현할 수 있는 단호한 지도력을 보여야 한다. 다행히 현재 미국은 위기 경험이 풍부한 정부가 집권하고 있다. 이제 미국은 한반도를 비롯한 동북아시아 지역에 확고한 영향력을 행사하고, 한국을 지키겠다는 불굴의 의지를 천명해야 한다. 그리고 이 같은 미국의 태도는, 김정일로 하여금 미국에게는 북한의 독재체제를 무너뜨릴 만한 충분한 능력이 있음을 십분 자각하게 만드는 데 큰 효과를 발휘할 것이다.

하지만 조급해 하면 오히려 중요한 기회를 놓치고, 위험을 불러들일 수 있다. 한반도에서 전쟁을 피하기 위해서는 적절히 인내해야 한다.

이제 우리는 새로운 도전에 직면해 있으며, 올바른 생각을 지닌 사람들이 책임감 있게 이 도전에 대응해 나가야 한다. 지금도 북한 주민들은 언젠가 다가오게 될 해방의 순간을 고대하고 있음을 잊지 말자.

압제받는 자를 해방하기 위하여 De oppresso liber!

| 감사의 글

    이 책은 한국의 실상과 분단의 현실을 알릴 수 있는 좋은 기회였다. 먼저 조앤 왕Joanne Wang에게 깊은 감사를 보낸다. 그녀는 한국에 대해 당신 같은 관점을 지닌 사람은 거의 없으니 북한에 관한 책을 써보는 것이 어떻겠느냐고 전화를 걸어왔다. 나는 '북한처럼 흉악한 이미지를 가진 나라와 관련된 책이 과연 관심을 끌 수 있을까' 며칠간 망설였지만 곧 그 제의를 받아들였다. 하지만 나는 기존에 출판된 북한 관련 서적과는 다른 방식으로 이 글을 쓰기로 결정했다.
    즉 한국적 관점에서 북한을 바라보고, 여러 가지 상황이 얽혀 있는 한국 분단의 기원과 그 결과 남북한 사이에 어떤 극단적인 차이가 존재하게 되었는지를 설명하려 했다. 또 지금도 계속되고 있는 한국의 분단 상황을 올바로 이해하려면 독자들도 구체적인 사실보다 큰 그림에 초점을 맞춰서 한국을 이해하는 것이 중요하다는 점을 염두에 두었다. 조앤은 내가 제시한 아이디어를 무척 마음에 들어 하면서 이를 여러 출판사에 제시해 마침내 한 곳의 관심을 얻어냈다. 이후 나는 본격적으로 집필을 시작해 본래 아이디어에 충실하게 책을 쓰려고 노력했고 다섯 달 후, 그녀에게 묵직한 초고를 건넬 수 있었다. 조앤은 원고를 하나하나 꼼꼼히 읽으며 1차 교정 작업을 훌륭하게 끝마쳤다. 그녀의 추진력

과 신속한 일 처리는 군인 못지않았다.

우리는 이 책의 내용을 올바로 이해할 편집자를 찾기 위해 많은 노력을 했지만 쉬운 일이 아니었다. 그러던 중 마침내 리사 퍼셀Lisa Purcell이라는 뛰어난 편집자를 만나는 행운이 찾아왔다. 리사는 생소한 내용과 형식을 띤 이 책을 편집할 수 있는 완벽한 배경과 성격, 경험을 갖춘 사람이었다. 그녀는 기꺼이 어려운 편집 작업을 맡아 내용을 다듬고 수정해 지금의 원고를 만들어냈다. 만일 여러분이 이 책을 읽는 데 어려움이 없고 짜임새가 있다고 생각한다면 이것은 모두 리사가 문장 하나하나를 그냥 지나치지 않고 꼼꼼하게 편집한 까닭이다. 그녀는 최고 전문가답게, 편집자를 찾느라고 허비한 시간이 하나도 아깝지 않을 만큼 일처리가 정확하고 빨랐으며 유머감각도 뛰어났다.

사실 작가에게 뛰어난 출판 중개인과 편집자, 훌륭한 출판사 이상으로 더 좋은 환경이 어디 있겠는가? 그리고 이처럼 출판 과정이 훌륭했던 만큼, 책 내용도 여러분에게 흥미로웠으면 하는 마음이다.

사람들은 나를 '한국 전문가'라고 소개하지만, 나는 이 명칭이 부담스럽다. "제가 아는 바로는 현재 살아있는 폭파 전문가는 없습니다. 진정한 폭파 전문가는 살아남지 못하기 때문입니다"라는 한 특수부대 상사의 말처럼, 사실 어떤 문제에 진정한 전문가가 된다는 것은 매우 힘든 일이다. 나는 이 말을 일반적인 상황에도 적용할 수 있다고 생각하며, 나를 소개할 때 전문가라는 호칭을 쓰지 말아 달라고 부탁하는 것도 단지 겸손하게 굴기 위해서가 아니라, 스스로 생각하기에 그처럼 대단한 호칭을 받을 정도는 아니라고 생각하기 때문이다.

한국은 상대적으로 작은 나라지만 역사적으로는 많은 일을 겪어왔다. 수천 년의 오랜 역사, 깊고 다양한 정신세계를 지닌 단일민족으로 구성된 이 나라는 무수한 외세의 침략으로 고통을 겪었고, 마침내 국가가 둘로 분단되는 쓰라린 고통까지 감내해야 했다. 분단 이후, 반쪽은 자유롭고 번영을 누리는 민주국가로 발전했지만, 나머지 반쪽은 독재자의 압제에 시달리는 병들고 굶주린 국가로 변모했다. 그런데 이 상황에서 과연 누가 이처럼 복잡한 역사를 가진 한국을 완벽하게 이해할 수 있겠는가?

한국인이건 외국인이건 어느 개인이 한국을 완벽하게 이해한다는 것은 거의 불가능한 일이다. 따라서 내가 할 수 있는 일도 그저 학생처럼 배우려는 자세로 돌아가 성실하고 끈기 있게 공부하는 것뿐이었다. 그 과정에서 나는 일일이 언급하기 힘들 정도로 많은 사람에게 가르침과 도움을 받았고, 아래에 언급된 사람은 그 일부에 불과하다. 일단 마음에 떠오르는 몇 명은 미국과 한국에서 나에게 한국어를 가르쳐주었던 사람들이다. 그들은 그다지 좋지 못한 내 머리에 단순히 문법과 단어를 주입하는 것 이상의 가르침을 주었다. 가끔씩 나는, 비록 드러내지는 않지만 그들이 진정 가르치고 싶어 하는 중요한 메시지가 무엇인지를 이해할 수 있었다. 또 그중에서도 미국인 스승들은 내가 아시아와 한국을 배우는 과정에서 한 단계 도약할 수 있는 결정적인 역할을 했다. 짐 힝크Jim Hyinck 대령은 아시아에 관한 모든 것을 배우고 이를 심화시키는 과정에서 훌륭한 안내자 역할을 했으며,

나는 그를 통해 분석적인 사고방식을 배웠다. 또 짐 영Jim Young 대령 같은 진정한 '한국 전문가'들은 한국에 대해 잘 이해하지 못했던 부분을 올바로 파악하도록 도움을 주고 새로운 관점을 제시했다. 에베레스트 산을 등정하고 내려오던 길에 불의의 사고로 젊은 나이에 목숨을 잃은 고디 스트릭클러Gordy Strickler 중령은 언제나 긍정적인 사고방식을 가졌던 훌륭한 사람이었다. 그는 항상 모범적인 행동으로 많은 귀감이 되었고 나와 깊은 우정을 유지했다.

또 인내와 끈기로 신임 장교들을 엄격하게 훈련시켜 훌륭한 장교로 만드는 그린베레Green Beret 상사들에게도 고마움을 전한

다. 그들은 높고 엄격한 기준을 제시했으며, 나는 그것을 달성하기 위해 많은 노력을 했다. 또 이들 교관과 더불어 오랫동안 진흙탕을 함께 뒹굴며 동고동락했던 동료 장교들에게도 감사를 전한다. 아울러 내게 친절과 우정을 보여준 존경하는 한국인 친구들에게도 감사의 말을 전한다. 다양한 분야에서 활동하고 있는 이 친구들은 자기가 가진 지식을 아낌없이 나눠주고 깊은 우정을 보여주었다.

나는 그들에게 결코 갚을 수 없는 신세를 졌다. 그들이 이 책을 읽고 공감하는 부분이 있기를 바라고, 아울러 외국인 친구가 값진 일을 했다고 자랑스러워한다면 바랄 나위가 없을 것이다. 한국군에 있는 많은 친구들, 그중 일부는 내게 그다지 호감을 보이지 않았지만, 그럼에도 말보다는 실천으로 명예, 우정, 그리고 충성이 무엇인지를 보여주었다. 그들은 강인하고 헌신적인 군인이며 나는 이 훌륭한 군인들이 미국의 동맹군이라는 사실에 안도한다.

언젠가 한국 특전사 대원들(검은 베레모로 유명한)과 공동으로 낙하작전을 수행한 적이 있다. 그때 나는 그들과 육군대학에서 복잡한 전술과 작전지역을 논의했는데, 특전사 대원들은 언제나 우리에게 아낌없이 도움을 제공했고, 아울러 문제점을 날카롭게 지적하면서 사항 하나하나를 어물쩍 지나치는 법이 없었다. 우리는 어려움이 닥쳐도 웃음을 잃지 않고 함께 술잔을 기울이며 대화를 나누며 그 난관을 극복했다. 이후 쿠데타와 비상사태가 발생해 혼란했던 시기 내가 육군사관학교에서 가르쳤던 생도 몇몇은 나라를 위해 목숨을 바쳤다. 육군대학의 동료 몇 명도 마찬가지였다. 너무도 어려운 시절이었고, 그들의 목숨이 한국이 민주주의로 이행하는 데 얼마나 많은 기여를 했는지 아무도 알지 못할 것이다.

내게 더없이 특별한 사람인 아내 래니 리Ranyee Lee는 지난 몇 년간 누구보다도 많은 어려움을 겪었지만 불평 없이 묵묵히 내 곁에 있어주었다. 아내가 그처럼 내 곁을 든든히 지켜주지 않았다면, 아마 이 책은 세상에 나오지 못했을 것이다. 그리고 어머니, 아들 고디Gordy와 며느리 질Jill, 딸 미셸Michele도 내가 작업을 진행하는 데 한결같은 후원을 보내주었다. 무척 지쳐서 낙담하고 있을 때, 가족들은 누구보다도 큰 힘이 되었다. 가족의 믿음과 기도에 감사한다. 또 지니 핸래티Gene Hanratty도 항상 도움을 준 사람이다.

나는 한국에 부임하기 전부터 지니와 인연을 맺었고 그 뒤로 항상 속마음을 털어 놓을 수 있는 특별한 친구로 내 곁에 있어

| 감사의 글   347

주었다. 우리는 전쟁 때나 평화로울 때나, 그리고 좋을 때나 나쁠 때나 변함없이 굳은 우정을 계속하고 있다. 짐 벨Jim Bell은 원고를 꼼꼼히 읽고 내가 미처 발견하지 못한 오류를 수정해주었다. 짐 덕택에 원고가 한층 세련되고 완성도가 높아졌다. 그리고 이외에도 크건 작건, 도움을 준 사람이 너무 많다. 그들 모두에게 지면을 빌어 고마운 마음을 전한다.

마지막으로 미군, 한국군, 영국군, 프랑스군, 터키군, 그리스군, 필리핀군, 태국군, 남아프리카공화국군, 에티오피아군 등 동북아 끝에 있는 작은 나라의 자유를 위해 자신의 피와 땀을 기꺼이 헌납했던 열여섯 개 참전국 장병들에게 감사한다. 아쉽게도 한국전쟁에서 보여준 희생과 노력은 제2차 세계대전과 베트남 전쟁의 그림자에 묻혀 잊혀져버렸다. 하지만 그들의 용기 덕택에 어둠에 빠질 뻔했던 이 나라에는 지금 찬란한 자유의 횃불이 비치고 있다.

여기서 여러분에 당부하고 싶은 말은 한국전쟁은 결코 잊혀진 전쟁이 아니라는 것이다! 이 순간에도 나는 참전용사들과 그 후손들이 자유를 위해 바친 모든 열정에 감사한다.

앞서 말했듯이 나는 많은 사람들에게 가르침을 받았다. 하지만 반드시 그 이름을 일일이 나열해야만 고마움을 전할 수 있다고는 생각지 않는다. 이 책 내용 중에서 숙고할 만한 좋은 부분이 있다면 그것은 그들이 내게 올바른 가르침을 줬기 때문이다. 하지만 의견이나 분석에서 잘못된 점이 있다면 그것은 어디까지나 내 책임이다.

누구를 위한 통일 인가 / 고든 쿠굴루 지음 ; 황해선 옮김 - 고양 : 길산, 2005

352P. ; 145×211cm

원서명 : Separated at Birth
원저자명 : Cordon Cucullu
ISBN 89-91291-02-3 03900 : 17000

911.07-KDC4   951.9043-DDC21   CIP2005001078

나폴레옹 전기

666 인간 '나폴레옹'
그는 알면 알수록 점점 커져만 간다 (괴테)

역사상 그 누가 모스크바를 점령하여 아침 햇살에 빛나는 모스크바의 둥근 지붕들을 바라보았던가? 이 책은 너무나 잘 알려진 이름임에도 그 동안 감추어져 있었던 영웅 나폴레옹의 진면목을 강렬하고 빈틈없이 요약했다. - 동아일보

펠릭스 마크햄 지음 / 값 13,000원

성서 이야기

기쁨과 슬픔을 집대성한 인류역사 소설
왜 인간은 에덴의 동쪽으로 돌아갈 수 없는가

노벨문학상 수상 작가 펄벅 여사의 '성서 이야기'는 경건한 종교세계는 물론 인류역사의 시작과 그 과정을 특유의 유려한 필치로 흥미롭게 풀어낸다. - 조선일보

펄 S. 벅 지음 / 값 18,000원

베토벤 평전

진실한 삶 속에서 울리는 풍요로운 음악소리
베토벤, 자신을 버린 세상을 끊임없이 사랑하다

악성 베토벤의 인간적 삶에 초점을 맞춘 전기. 알콜중독자 아버지에게 혹독한 훈련을 받던 어린시절부터, 청각을 상실하는 말년에 이르기까지 베토벤의 삶과 예술을 풍성하게 되짚는다. - 조선일보

앤 핌로트 베이커 지음 / 값 8,000원

상형문자의 비밀

고대 이집트의 눈부신 현장이 펼쳐진다

고대 이집트의 멸망과 함께 영원히 비밀 속으로 사라질 뻔했던 상형문자. 어느 날 회색빛 돌 하나를 로제타라는 작은 마을에서 발견하고, 돌 위에 씌어진 상형문자의 해독을 위해 모든 것을 바쳤던 사람들, 바로 그 정열적인 사람들의 신비로운 이야기.

캐롤 도나휴 지음 / 값 12,000원

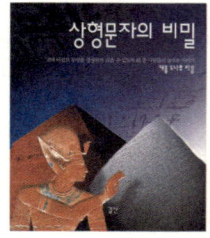

두개의 한국

한국 현대사를 정평한 제 3의 객관적 시각
한반도 현대사는 진정한 핵의 현대사다

전 워싱턴포스트지 기자 돈 오버더퍼의 눈을 통해 한반도 문제의 핵심인 청와대, 평양, 백악관 사이에서 비밀스럽게 진행됐던 수많은 사건들과 핵 협상의 숨막히는 담판 승부를 생생히 목도할 수 있다.

돈 오버더퍼 지음 / 값 22,000원

절대권력 (전 2권)

'돈 對 사상' 현대 중국의 고민

경제 발전에 따른 중국의 부패상을 담아낸 장편소설로 '사회주의적 인간의 건전성'을 찬미하는 데 목적을 두고 있다. 그러나 현대 중국의 갈등과 고민을 당성黨性과 자본주의적 배금주의와의 충돌로 이해하는 데 도움을 준다.
- 중앙일보

저우메이선 지음

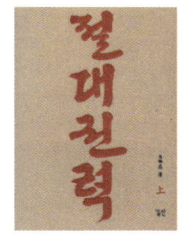

연인 서태후

꽃과 칼날의 여인, 서태후!

지금껏 수없이 오르내렸던 서태후란 이름은 각각의 입장에 따라 다른 해석이 나오게 마련이다. 환란의 청조 말기, 그녀의 이름은 어떤 사람에게는 시대를 밝히는 등불이었으며, 또 어떤 사람에게는 무시무시한 독재자의 이름이기도 했다. 중국에 대해 남다른 애정을 보였던 저자에게 '서태후'란 이름은 특히 매력적이었을 것이다. 이미 대작 〈대지〉로 친숙한 저자의 필치를 통해 '서태후'의 또 다른 모습을 볼 수 있다. 희대의 악녀로 불려왔던 그녀를 순수하고 열정적인 여인으로 재탄생시키고 있는 것이다.

펄 S. 벅 지음 / 값 22,000원

양마담과 세딸

소리 없이 찾아드는 대반점의 밤

이 소설은 거대한 중국 본토에 피의 강을 범람케 했던 '문화대혁명'의 물결 속에서 영혼의 갈등을 겪는 한 가족의 이야기다. 상해 최고 대반점의 여주인으로 언제 무너질지 모르는 아슬아슬한 삶을 사는 어머니와, 조국의 부름과 자유 사이에서 번뇌하는 세 딸들… 온갖 영화의 시기를 구름처럼 흘려보내고 대혁명의 습격으로 인해 문을 닫게 되는 대반점과 양 마담의 비참한 최후는, 인간이 역사에게가 아니라, 역사가 인간에게 가져야 할 도의적 책임은 무엇인가라는 엄중한 물음을 던지고 있다.

펄 S. 벅 지음 / 값 14,000원

매독

매독, 그리고 어둠 속의 신사들

콜럼버스가 신대륙 학살 끝에 얻어온 '창백한 범죄자' 매독은 근 5백 년간 천재들의 영혼을 지배하며 복수의 칼날을 휘둘러왔다. 링컨의 알 수 없는 광증, 베토벤의 청력 상실, 히틀러의 유태인 학살, 니체의 폭발적인 사유, 이 모두가 만일 매독이 불러일으킨 불가해한 현상이라면, 과연 유럽 역사는 어떻게 달라져야 하는가?

데버러 헤이든 지음 / 값 20,000원

해외 부동산투자 20국+영주권

해외투자는 새로운 미래다!

이 책은 투자 천국인 미국, EU 영주권을 제공하는 몰타, 최저비용으로 고품격 삶을 누릴 수 있는 멕시코 등 20국가를 선별해, 금전적 이익과 생활적 자유를 한꺼번에 잡을 수 있는 새로운 차원의 투자 방법을 제시하고 있다. 새로운 경제 돌파구를 마련하고자 하는 소규모 투자자, 세계를 익히고자 하는 의욕적인 사업가, 새로운 문화 속에서 제2의 인생을 꿈꾸는 퇴직자라면, 이 책에서 해외투자에 대한 많은 정보를 얻을 수 있을 것이다.

헨리 G. 리브먼 지음 / 값 15,000원

톨스토이 공원의 시인

톨스토이, 그리고 영혼의 집 짓기

1년 밖에 살지 못한다는 시한부 인생을 선고받고 숲으로 들어와 20여 년을 더 살아낸 20세기 마지막 시인 헨리 스튜어트. 이 책은 삶과 죽음 사이를 흔들흔들 오가며 둥근 지붕 집을 지은 헨리의 특별한 이야기자, 세월 속에서 잃어버린 우리 영혼에 대한 기록이다. 마치 눈으로 보듯 세밀하게 그려진 집 짓기 과정은 부나 명예와 같은 껍데기가 아닌, 내면의 뼈대를 구축하는 일이 얼마나 중요한가를 역설하고 있으며, 곳곳에 녹아 있는 톨스토이의 사상은 매순간 삶에 대한 뜨거운 애정으로 되살아난다.

소니 브루어 지음

2005년 출간 예정

통제 하의 북한 예술 (가제)
김정일과 미래 - 북한의 운명 (가제)